国学漫画

让典籍里的故事“活”起来

典籍里的中国

王宸 / 主审　栗河冰 / 编　马丹红　胡琦楠 / 绘

青少版

電子工業出版社·
Publishing House of Electronics Industry
北京·BEIJING

前言

QIANYAN

我们相信“腹有诗书气自华”，文化的价值是不能量化的，持续被文化内容熏陶，在文化知识中学习进步，给人带来的改变是自内而外的。

少年儿童持续被文化内容影响，往往先从思想开始发生改变，当读过了足够多的好的书籍，领略过了足够优质的文化内容，内心会产生一种自信，伴随自信而生的，是眼界的拓宽，智识的增长，看待事物、思考问题的方式逐渐优化，等等。

一个人的内心足够强大，会如拥有才华一样外溢，会因内部强大而改变外部条件。这也是我们坚信一个人拥有了足够丰富的文化知识，就一定能够创造出外化价值的根本原因。

典籍是人类智慧的结晶，阅读典籍可以帮助少年儿童开阔视野、增长知识、提高语言表达能力，还能培养他们的思考能力和人文素养。读典籍可以让少年儿童了解到中华民族的传统文化，增强他们的文化认同感和民族自豪感。典籍中蕴含着丰富的人生智慧和道德准则，能够帮助少年儿童树立正确的人生观和价值观。最重要的是，读典籍可以培养少年儿童的思考能力和逻辑思维，让他们学会分析问题和解决问题。

本书聚焦中华优秀文化典籍中的经典名篇，通过白话文＋轻松插图的表现方法，讲述蕴含在典籍中的中国故事，展现出中国智慧、中国精神和中国价值。

目录

MU LU

《左传》里故事多·7

郑庄公克段 · 8
石碏大义灭亲 · 12
子都暗箭伤人 · 15
趾高气扬的屈瑕 · 18
父亲比丈夫更亲 · 21
曹刿论战 · 23
唇亡齿寒 · 26
讲究仁义的宋襄公 · 29
申生之死 · 32
重耳流亡 · 35
介之推归隐 · 40
子玉治兵 · 43
城濮之战 · 46
烛之武退秦师 · 50
弦高智救郑国 · 53
殽之战 · 57
勇士狼瞫 · 61
秦穆公伐晋 · 64
一碗羊肉卖国家 · 66
晋灵公之死 · 69
楚庄王问鼎 · 73
若敖氏之乱 · 76
楚庄王围郑 · 80
楚庄王灭萧 · 83
结草报恩 · 86
惹祸上身的齐顷公 · 88

庄子给你讲故事·95

北海的大鱼 · 96
惠子的大瓠瓜 · 98
朝三暮四 · 100
支离疏的幸运 · 101
庖丁解牛 · 102
长寿的栎树 · 104
都丢失了羊 · 106
望洋兴叹 · 107
顺应变化的子舆 · 108
轮扁造车轮 · 110
圣人的勇敢 · 112
埳井之蛙 · 114
邯郸学步 · 116
东施效颦 · 117
拖着尾巴在泥地里爬 · 118
庄子见惠子 · 119
知鱼之乐 · 120
粘蝉的诀窍 · 121
路边的髑髅 · 122
鲁侯养海鸟 · 124
山中大树和鹅 · 126
鲁国的儒者 · 128
斧头削白泥 · 130
车辙里的鲋鱼 · 131
屠羊说辞赏 · 132
屠龙之术 · 134
庄周梦蝶 · 135

晏子给你讲故事·137

挂牛头卖马肉 · 138
晏子立誓 · 139
弦章进谏 · 142
不讲礼数 · 144
齐国大旱 · 146
三条死罪 · 148
圣王的衣服和房子 · 150
景公造大台 · 152
穿重鞋上朝 · 154
社鼠和猛狗 · 156
下雪不冷 · 158
齐景公饮酒取乐 · 160
范昭使齐 · 162
越石父 · 164
国有三不祥 · 167
守门人 · 168
车夫的妻子 · 170
北郭骚的情义 · 171
晏子不换住宅 · 174
齐景公爱槐 · 175
晏子辞千金 · 178
晏子使楚 · 180
橘生淮南 · 181
晏子的遗书 · 183

列子给你讲故事·187

杞人忧天 · 188
聪明的贼 · 190
呆若木鸡 · 192
国君和奴仆 · 194
纪昌学射 · 196
愚公移山 · 199
两小儿辩日 · 202
两个儿子 · 204
余音绕梁 · 206
伯牙和子期 · 208
列子不收赠粮 · 210
九方皋相马 · 212
疑心 · 214
人和万物 · 216
扁鹊的换心术 · 218
华子治病 · 220
燕人返乡 · 222
列子学道 · 224
华胥氏之国 · 226

韩非子给你讲故事·231

曾子杀猪 · 232
子反醉酒 · 234
谋士张孟谈 · 236
扁鹊见蔡桓公 · 239
儿子和邻居 · 242
和氏之璧 · 244
一双象牙筷子 · 246
赵襄子学驾车 · 248
两条蛇 · 250
老马和蚂蚁 · 252
不死之药 · 254
海大鱼 · 256
三人成虎 · 258
滥竽充数 · 260
画鬼最容易 · 262
厨师的死罪 · 264
买椟还珠 · 266
虞庆造房 · 268
自相矛盾 · 270

《吕氏春秋》故事多·273

仇人和亲人 · 274
大力士拉牛 · 276
破衣服不算坏 · 278
桐叶封弟 · 280
秦穆公失马 · 282
刻舟求剑 · 284
孔子疑颜回 · 286
挖井得到一个人 · 288
赵简子杀白骡 · 290
夔只有一只足 · 292
春居谏齐宣王 · 294
防民之口 · 296
黎丘的鬼 · 298
翟璜劝魏文侯 · 300
子罕的品德 · 302
宋王赏罚 · 304
齐宣王爱射箭 · 306
子培救主 · 308
澄子找衣服 · 310
百里奚 · 312
公孙鞅背信 · 314

《史记》里故事多·317

尧舜禹禅让 · 318
武王伐纣 · 324
管鲍之交 · 328
一鸣惊人 · 332
乐人优孟 · 335
西门豹治邺 · 339
伍子胥复仇记 · 342
卧薪尝胆 · 346
商鞅变法 · 350
鸡鸣狗盗 · 353
将相和 · 357
触龙劝太后 · 362
毛遂自荐 · 366
窃符救赵 · 370
荆轲刺秦王 · 376
破釜沉舟 · 382
约法三章 · 387
鸿门宴 · 392
霸王末路 · 398

《前汉书》里故事多·403

韩信报恩 · 404
田横五百士 · 406
贯高护主 · 409
大风歌 · 412
萧规曹随 · 414
姐弟重逢 · 416
节俭爱民的汉文帝 · 418
张释之执法 · 420
缇萦救父 · 422
游侠郭解 · 424
张骞通西域 · 427
终军请缨 · 430
飞将军李广 · 433
李陵的悲剧 · 436
苏武牧羊 · 439
司马迁著《史记》 · 442
奇人东方朔 · 445
张汤审判老鼠 · 448
西汉的富商 · 450
相如和文君 · 453
霍光辅政 · 456
忠诚孝敬的金日磾 · 458
明辨是非的汉昭帝 · 461
故剑情深 · 464
聪敏明察的黄霸 · 467
萬章不贪财物 · 470
楼护不忘老朋友 · 472
公平仁厚的薛宣 · 474

《后汉书》里故事多·479

昆阳大战 · 480
大树将军 · 483
聪慧的东海公 · 485
老当益壮 · 488
伏湛赈饥平盗 · 491
志高力行的张堪 · 493
隐士严子陵 · 495
“强项令”董宣 · 498
义仆李善 · 501
有情有义的廉范 · 503
刚正明智的虞延 · 505
守诺重义的范式 · 508
母亲做的饭菜 · 510
王景治理黄河 · 513
班昭续写《汉书》 · 515
乐羊子的夫人 · 517
班超投笔从戎 · 519
虞诩增灶破羌 · 522
科学家张衡 · 525
蔡侯纸 · 528
善于识人的郭泰 · 530
梁上君子 · 532
偷牛还剑 · 534
物归原主 · 536
杨震不受黄金 · 539
清廉能干的张奂 · 541

《搜神记》里故事多·545

干将莫邪 · 546
左慈戏曹操 · 549
黄衣少年 · 552
细腰 · 554
孝子董永 · 556
于吉请雨 · 558
蚂蚁报恩 · 560
七枚玉璧 · 562
杨伯雍种玉 · 564
隗炤藏金 · 566
颜超延寿 · 568
寿光侯捉妖 · 570
熊妈妈 · 572
李寄斩妖蛇 · 574
田螺姑娘 · 577
为虎接生 · 580
孙登医龙 · 582
一只金钩 · 584
伯裘报恩 · 586
桃花源 · 589

《左传》里故事多

郑庄公克段

郑武公[①]的夫人武姜，一共生了两个儿子，大儿子是郑庄公[②]，小儿子是共叔段[③]。庄公出生的时候，是难产。他是倒着出娘胎的，脚先出来，武姜夫人为此受了很大的痛苦，所以不喜欢他。武姜生共叔段时是顺产，因此非常宠爱小儿子。她常常请求武公立共叔段为太子，但武公没有同意。

后来武公去世，庄公即位。武姜让庄公把制邑这个地方赐给共叔段。庄公说这个地方地势险要，关系国家安危，所以不行，其他地方都可以听武姜的。武姜顺势要求京这个地方。郑庄公只好把京封给共叔段。于是人们都称共叔段为“京城太叔”。

注释

①郑武公：姓姬，名掘突，春秋时期郑国第二任国君。郑国首任国君桓公是周厉王的小儿子，被封在郑。

②郑庄公：名寤（wù）生，就是逆生、倒生的意思。

③共叔段：本名段，因为后来出奔共国，所以史称共叔段。

京是郑国的一个大城，城墙长达三百丈，土地广阔，人民众多。郑国的大夫祭仲[④]因而劝庄公说，京的城墙**超过制度规定**，把这样重要的大城封给共叔段，将来恐怕要闹乱子。庄公说：“我母亲要求这样，如果将来要闹乱子，也没法避免呀。”

祭仲说：“武姜夫人怎么会**满足**呢？她宠爱共叔段，一心想让他做国君。您还是趁早设法安排，不要让她滋生事端。野草初生的时候，还容易除去，等到蔓延开来，要除去便**费力**了。共叔段的势力一旦扩大了，就难以对付。”

庄公说：“多行不义必自毙[⑤]。我们现在不必除他，他自有灭亡的一天。你且等着看吧。”

没过多久，共叔段就要求西部和北部边境在听从庄公命令的同时，还得听自己的命令。公子吕[⑥]劝庄公采取措施，庄公回答说：“用不着，他会自食其果的。”共叔段又扩大地盘，把郑国的一些土地据为己有。公子吕劝庄公动手，庄公说：“没有正义就不能号召人。虽然他的土地扩大了，但还是会垮台的。”

注释

④祭仲：本名祭足，字仲，春秋时期郑国大臣。大夫是古时的官名。春秋战国时期，诸侯国中，国君之下有卿、大夫、士三级。

⑤多行不义必自毙：违反正义的事做多了，一定会自己垮台的。“毙”是扑倒、倒下去的意思，“死亡”的意思更晚才出现。

⑥公子吕：姓姬名吕，字子封，郑武公的弟弟，郑庄公的叔叔。

共叔段修理城墙，储备粮草，制造盔甲兵器，充实兵车和步军，准备袭击郑国都城。而武姜打算给他做内应，等他的军队一到，武姜就把城门打开，让共叔段直接杀进来。

但是庄公知道了他们要**造反**的事，说："他自取灭亡的日子到了。"就命令公子吕率领二百辆战车进攻京。京的人民都反对共叔段，不肯替他卖命。共叔段只好逃到鄢（yān）地。庄公亲自带兵去攻打，共叔段只好逃去共国[⑦]了。

庄公赶走共叔段之后，把母亲武姜送到城颍（yǐng）这个地方，让她住在那里，并且发誓："不到黄泉[⑧]就不要相见了。"意思是活着就不会见面了。后来庄公觉得这话**说得太重**了，有点儿懊悔，但因为发了重誓，不好圆回来。

郑国管理颍地的官员名叫颍考叔，听说庄公和母亲**关系闹僵**的事情，就趁向庄公献贡品的机会去拜见。庄公赐给他饭食。颍考叔吃饭的时候，留着一碗炖肉不吃。庄公问他原因，他回答："小人家里有个**老母亲**，小人敬奉的食物她都吃过，但从来没吃过国君赏赐的炖肉，请允许我把这碗炖肉带回去孝敬她。"

注释

⑦共国：西周时期分封的诸侯国，故址在今河南辉县西北一带。

⑧黄泉：一般指传说中人去世后居住的地方，还有一个意思是地下的泉水。

庄公非常感动，叹息道：“你有母亲可以孝敬，我怎么偏偏没有呢？”

颍考叔佯装不知情，问道：“请问您为什么这么说呀？”

庄公便把从前的事情**详细**告诉他，然后说：“我现在虽然后悔，但因为发过重誓，无法补救了。”颍考叔说：“您不用担心。只要往地底下挖，见到泉水，然后再挖一条隧道，和您母亲在隧道中见面，不就是到了黄泉见面吗？”

庄公按他说的挖了一条大隧道，跟母亲在**隧道**中见了面，并且在那里作了一首诗：“大隧道之中相见，多么欢乐愉快啊！”武姜走出隧道之后，也作了**一首诗**：“大隧道之外相见，多么舒畅快乐啊！”从此他们恢复了以前的母子关系。

石碏大义灭亲

卫庄公[①]有个儿子叫州吁，是宠妾生的。庄公非常宠爱州吁，他就恃宠横行霸道，而且生性喜欢**兵器**，总是用武力欺压人。但庄公也不禁止他这样做。

卫国大夫石碏（què）[②]看不下去，就向庄公进谏，劝他约束州吁。石碏说："我听说做父母的喜爱儿子，应该用道义去教育他，不要让他走上邪路。骄傲、奢侈、放荡、逸乐，这是走上**邪路**的开始。之所以产生这四种恶习，是由于宠爱和赐予太过分。如果您想让州吁做太子，那就该定下来；如果还不定，会逐渐酿成祸乱。"但庄公不听。

石碏的儿子石厚和州吁是**好朋友**，石碏禁止儿子和州吁这样交好，他不听。后来庄公去世，卫桓公[③]即位，石碏就告老回家了。

注释

①卫庄公：姓姬，名扬，卫国第十二任国君。卫国是周朝的姬姓诸侯国，首任国君是周文王第九子康叔姬封。

②石碏：姬姓，名碏，字石，所以被称为石碏。据说是卫国第六任国君卫靖伯的孙子，又称公孙碏。

③卫桓公：姓姬，名完，卫庄公之子。庄公的夫人庄姜没有生育，庄公又娶了陈国的一对姐妹厉妫、戴妫。戴妫生了桓公，由庄姜抚养长大。

没过多久，州吁就杀害了桓公，自立为国君，但是人民不听他的话。石厚知道父亲很有智谋，就回家询问父亲如何能让人民**心服**、君位安定。

石碏说：“可以去朝觐（jìn）④周天子。如果周天子接见，就等于获得承认，有了合法地位。”

石厚说：“怎样才能去朝觐呢？”

石碏说：“**现在**周天子非常信任陈桓公⑤，陈国跟卫国的关系很和睦。如果去拜访陈桓公，托他求周天子，就一定可以成功。”于是石厚跟随州吁一起去陈国。

石碏暗地里**派人**赶在他们前头到达陈国，对桓公说：“卫国地方狭小，国家不幸，出了这两个**乱臣贼子**，杀害了我们的国君。我年老力薄，奈何他们不得。现在他们要来贵国，请您趁这个机会惩治他们。”桓公答应了。

注释

④朝觐：诸侯朝见天子，叫“觐”。古时候，统治天下的帝王叫天子，说他是天的儿子，奉了天命来统治人民。当时的天子是周桓王。

⑤陈桓公：妫姓，名鲍。陈国是西周至春秋时期的诸侯国，国君是舜帝的后裔。陈桓公在位时间较长，受到周天子的宠信，国力较强盛，在诸侯国中有一定影响力。

州吁和石厚一到陈国，就被捉住，**派人**通知卫国来治他们的罪。

卫国就派右宰丑⑥去把州吁杀了。石碏也派他的家宰⑦獳（nòu）羊肩去把石厚杀了。人们**称赞**石碏是大义灭亲的**忠臣**。

注释

⑥右宰丑：右宰是卫国的官名，丑是人名。

⑦家宰：古代卿大夫的家臣。春秋时期，诸侯、卿、大夫、士等贵族的宗族组织称“家”。大的家族拥有大片土地和众多人口，势力很大，是国中之国，也是地方组织。管理一家事务的人称为家宰，宰下也有官属，分掌家中事务。

子都暗箭伤人

颍考叔和子都[1]都是郑庄公手下的武将。颍考叔**曾经献计**，让庄公跟母亲恢复了关系。子都是郑国宗室子弟，相貌英俊，武艺出众，深受庄公喜爱。

有一年，庄公要出兵攻打许国[2]。按照习惯，平常没有战事的时候，兵器都收藏在大宫[3]里。遇到要**出征**的时候，国君先到大宫祭告，然后把收藏的兵器拿出来，分发给士兵，这个典礼叫“授兵”。

庄公分发兵器的时候，颍考叔和子都因为争夺**一辆兵车**，起了冲突。颍考叔力气大，用胳膊夹着车辕（yuán）[4]，拖着兵车就走。子都随手拔出一支戟（jǐ）[5]，拼命**追上去**，一直到了大路上。但颍考叔跑得快，子都没有追上。兵车最

注释

①子都：郑国大夫。姬姓，名阏（yān），字子都，是公子吕的儿子、郑桓公的孙子，所以人称公孙阏。

②许国：周朝时期的一个诸侯国，国君为姜姓。

③大宫：祭帝王诸侯的祖庙，读为“太宫”。祖庙是古时天子诸侯奉祀祖宗的庙。古代列国祭祖的处所，都称为大宫。

④车辕：大车车身前伸出的两根直木，用来驾着牲口以便拉车或作人拉车的把手。

⑤戟：古代兵器，在长柄的一端装有青铜或铁制成的枪尖，旁边附有月牙形锋刃。

后还是被颍考叔拖走了，子都非常愤怒。

郑国军队在庄公的带领下来到许国城前，开始猛攻。颍考叔拿着庄公的蝥弧（máo hú）[⑥]大旗第一个登上城墙。子都在城下看见颍考叔首先登城，占了**头功**，心中非常妒忌，竟然暗地里取出弓箭，瞄准颍考叔后背的中心部位，一箭射个正着，颍考叔跌下城墙死了。

正在攻城的郑国士兵看见颍考叔忽然从城墙上掉下来了，都**大吃一惊**，动作一下子慢了下来，甚至要往后退。

郑国的勇将瑕（xiá）叔盈[⑦]反应迅速，连忙拿起蝥弧大旗，**飞身跃上**城墙，一面挥舞着大旗，一面大声喊道：“郑国国君登城了！”郑国士兵才重振士气，纷纷冲上城墙。许国城破，国君逃去了卫国。

注释

⑥蝥弧：郑国国君大旗的名字。古时行军，君主和元帅都有旗子做标识。

⑦瑕叔盈：春秋时期郑国大夫。瑕，本意为玉上面的斑点。

郑国军队虽然打了胜仗，但对颍考叔中的箭产生了怀疑。因为这支暗箭是从颍考叔背后穿入的，可以断定是从城下射上去的。城下都是郑国士兵，难道是自己人放暗箭射自己人？

由于缺少确切的证据，大家没办法指认凶手，郑庄公决定举行一个仪式为颍考叔出气。他对士兵们说：“放暗箭射颍考叔的人，下这种毒手，是该死的。我们虽然不知道这个心狠手辣的人究竟是谁，但神明一定知道。我们要为颍考叔报仇。所以你们大家拿出牲畜来当祭品，每一百个人出一只公猪，每二十五个人出一只鸡和一只狗。我们用这些祭告神明，诅咒凶手，请神明惩罚他。”

趾高气扬的屈瑕

屈瑕[1]是楚武王[2]的儿子，曾担任楚国最高官职“莫敖”。他率领楚国军队打过大胜仗，所以武王很器重他，让他担任元帅，领兵攻打罗国[3]。

斗伯比[4]为屈瑕送行。回来时，斗伯比对他的马车夫说：“莫敖大人这次去打仗，一定会失败。你看他走路时脚抬得很高，神气十足。这副趾高气扬的样子，说明他的心思飘了。”

注释

①屈瑕：芈（mǐ）姓，熊氏，名瑕，史称“楚莫敖”。因被封于屈邑，后代以封地为氏，称屈氏，大诗人屈原是其后裔。

②楚武王：芈姓，熊氏，名通，楚若敖之孙，楚霄敖次子，楚厉王之弟。

③罗国：春秋时期小国，是夏商时代芈部落穴熊的支裔，和楚国同祖。后来被楚国灭亡。

④ 斗伯比：楚国大臣。芈姓，熊氏，又名熊伯比，楚国第十四任君主楚若敖熊仪之子，曾任楚国令尹。

于是他去**进见**武王，说：“一定要给屈瑕增派军队呀！”

武王觉得奇怪，就拒绝了他，回宫把这件事**告诉**自己的夫人邓曼[5]。邓曼说：“斗伯比身为大夫，肯定知道楚国军队已经全部跟着屈瑕出发了。他说这话的意思，不是嫌去打仗的军队人数少，而是说君王要用诚信来镇抚百姓，用德义来训诫官员，用刑罚让屈瑕有**畏惧**之心。屈瑕以前打了大胜仗，自以为很了不起，觉得做什么都是对的，必然会轻视罗国。大王您如果不加管束控制，任由他**骄傲轻敌**，等于对敌人毫无防备。”于是武王派赖国[6]的人去追赶屈瑕增援他，但是没有撵上。

屈瑕派人在军中通告：“敢大着胆子提意见的人，要用**刑罚惩治**他！”楚国军队走到鄢（yān）水，过河的时候没有组织好，全军乱七八糟，毫无秩序，各支队伍你争我抢，而且没有安排防护设施和人手。

注释

⑤邓曼：曼姓，邓国国君的女儿。邓曼聪颖睿智，善于思考，明达事理，会对楚武王提出有帮助的建议。

⑥赖国：西周至春秋时期的诸侯国，春秋时期依附于楚国，后被楚国所灭。

楚军到达罗国之后，被罗国和卢戎[7]的军队自两边夹攻，大败而归。屈瑕在荒谷上吊自杀，以死谢罪。其他将领被**囚禁**起来，等待处罚。武王说："楚国战败，**不怪你们**，是我没有管好屈瑕。"然后赦免了这些将领。

注释

⑦卢戎：古族名，戎族的一支。"戎"是古时候中原华夏族对生活于西方、北方及东方部分少数民族的泛称。

父亲比丈夫更亲

郑国的大夫祭仲专权，一切国事都自己**拿主意**，不把国君放在**眼里**。因此郑厉公①很气愤，还担心君位不保，就决定除去他。

祭仲的女婿雍（yōng）纠很得厉公信任，厉公就命令他去把祭仲杀了。

雍纠接到命令后，思考再三，想出了一个好下手的**计划**。他觉得家里头人多嘴杂，恐怕计划泄露，不方便动手，所以决定第二天在郊外摆个酒席，请祭仲赴宴，预先在附近的树林里埋伏好武士，趁祭仲**吃饭喝酒**的时候，冲出来杀掉他。雍纠主意已定，就写了请帖去邀岳父第二天赴宴，同时把这个计划告诉了妻子雍姬。

注释

①郑厉公：姬姓，名突，郑庄公次子。庄公死后，长子郑昭公继位。由于姬突母亲的娘家是宋国，宋国国君逼迫祭仲帮厉公夺位。祭仲无奈答应，昭公听说后逃走了。厉公继位，国事都由祭仲掌管，所以厉公不高兴，想要铲除他。

雍姬知道了这个刺杀计划，很是着急。她**陷入矛盾**之中：“父亲的生命有危险，做女儿的不能见死不救；可要杀父亲的又是自己的丈夫，而且奉了国君的命令。如果不把丈夫的计划告诉父亲，父亲肯定会被杀死；但是如果告诉了父亲，父亲一定会因丈夫的背叛和谋杀行为而愤怒，会杀死丈夫。救父亲，便要送丈夫的命；保丈夫，就没办法救父亲。到底该怎么办呢？”

她拿不定**主意**，就去问自己的母亲：“父亲和丈夫，谁更亲近呢？”

她母亲回答：“世间的男子，都有做你丈夫的可能，但**父亲**只能有一个。丈夫怎么比得上父亲呢？”

雍姬听了母亲的话，认为有道理，就赶紧通知祭仲：“您的女婿不在家中宴请您，却要把宴席设在郊外，恐怕其中有密谋。请父亲您老人家小心点儿！”

到了第二天，祭仲带了许多勇士，让他们扮作仆人，身上藏着兵器，到郊外去赴宴。正在吃饭饮酒时，雍纠埋伏的武士突然闯进来行刺，但被祭仲带来的勇士杀死，雍纠也当场被擒。祭仲吩咐把他杀了，然后把尸首丢在一个池塘边。

厉公知道**事情失败**，只好去收了雍纠的尸首，装在车子里，逃去了蔡国②。

注释

②蔡国：周朝分封的姬姓诸侯国。

曹刿论战

齐国①派军队攻打鲁国②，鲁庄公③将要率军出战。

鲁国有个人，名叫曹刿（guì）④，听说庄公要抗击敌军，就准备去进见庄公。同乡**阻止**他说："国家大事，自有穿锦衣、吃肉食的大臣去应对处理。你又不是他们，何必去参与呢？"

曹刿说："这些穿锦衣、吃肉食的大臣**目光短浅**，没有远大的谋略和深远的计划。"

于是曹刿去拜见庄公，问他："您凭什么让老百姓拥护您**打仗**呢？"

注释

①齐国：从西周到春秋战国时期的一个诸侯国，开国君主是周王朝的开国功臣姜尚（姜太公），分为姜姓吕氏齐国和妫姓田氏齐国两个时代，疆域为今山东省大部。

②鲁国：周朝的同姓诸侯国之一。周武王灭商后，封弟弟周公旦于鲁，都城为曲阜。

③鲁庄公：姬姓，名同，春秋时期鲁国第十六任君主，鲁桓公长子。

④曹刿：著名军事理论家，足智多谋，深通兵法。

庄公说：“衣服食物这一类养生的东西，我从来不独占，一定会分给身边的人。”曹刿说：“您这是**小恩小惠**，不能让老百姓都沾到光，他们不会顺从您的。”庄公说：“祭祀用的猪、牛、羊和玉器、丝织品等，我从来不虚报数目，一定对上天说实话。”曹刿说：“这种小守信行为，得不到神明的信任，神明不会保佑您的。”庄公说：“大大小小的**案件**，即使不能全部明察，我一定合理裁决。”曹刿说：“这才是尽了本职责任。您可以凭这个优势去打仗。如果要打仗，请让我跟您一起去。”

到了**打仗那天**，庄公和曹刿坐在同一辆战车上，率领军队在长勺(sháo)这个地方跟齐军作战。庄公准备下令击鼓[⑤]进军。曹刿说：“现在不行。”

对面的齐军击了鼓，呐喊着**像潮水一般**冲过来，庄公急着击鼓应战，曹刿却制止了他。鲁军整齐地站在那里，手持兵器，纹丝不动。齐军中响起第二遍鼓声，他们继续冲过来，鲁军还是不动。再过了一会儿，齐军中第三遍鼓声响起，曹刿这才说：“可以进军了，击鼓吧！”

注释

⑤击鼓：古时行军，进退以锣鼓为号。击鼓是进攻的号令，鸣锣是收兵的号令。

等待已久的鲁国士兵一听到鼓声，纷纷勇敢地冲上去迎敌。齐军被杀得大败，扭头就逃。庄公准备下令追赶，曹刿又劝阻他：“且慢！待我观察一下。”于是他走下战车，仔细察看地上齐军车轮的痕迹，又跳上车，站在车厢前的横木上，伸长脖子往前方望了一会儿，然后说：“可以下令追击了。”于是鲁军**追击**齐军，齐军没有抵抗，很快逃走。

庄公得胜收兵，问曹刿：“请你解释一下我们为什么能战胜齐军。”

曹刿回答：“士兵作战，靠的是**勇气**。第一次击鼓，士兵们勇气振作；第二次击鼓，士气就减弱了；第三次击鼓，士气就全没了。齐军士气都没了，我们却一鼓作气，士气旺盛，所以能够打赢。因为齐国是大国，所以我担心他们逃走是装的，**怕后面有伏兵**，所以请您先别追。我去观察地上齐军的车迹，非常乱；望见他们的旗号，也非常乱。于是我断定齐军是真的败了，所以请您下令追赶。”

庄公点点头，称赞说：“不错，很有道理。”

唇亡齿寒

晋献公[1]想去攻打虢（guó）国[2]，但是两国中间隔着一个虞（yú）国[3]，晋国的人马一定要从虞国通过，才能到虢国边境。

晋国的大夫荀息[4]献计说："我们可以把屈地出产的良马和垂棘（jí）出产的美玉送给虞公，借他的道路去攻打虢国。"

献公说："这都是我们晋国的宝物，怎么可以拿来送给别国呢？"

注释

①晋献公：姬姓，名诡（guǐ）诸，晋武公之子，史称他"并国十七，服国三十八"。晋国是周朝分封的姬姓诸侯国，首任国君是周成王的弟弟唐叔虞，后来被韩、魏、赵三家瓜分。

②虢国：周朝分封的姬姓诸侯国。周武王灭商后，周文王的两个弟弟分别被封为东、西虢国国君。

③虞国：周朝分封的姬姓诸侯国，始祖是太伯、仲雍的后代。

④荀息：姬姓，原氏，名黯，字息，所以叫原黯，春秋时期晋国相国。晋武公灭荀国，将荀国旧地赐给原黯，故以荀为氏，史称荀息。

荀息说：“如果虞君允许借道，那我们灭虢之后，回程时可以出其不意把虞国也灭了。所以**这些宝物**虽说是送给他，但实际上就像寄存在外面的仓库里，仍旧可以拿回来。”

献公说：“但是虞国有个大臣宫之奇⑤很聪明，恐怕这个**计策**会被他识破。”

荀息说：“不要紧。宫之奇虽然聪明，但他和虞公年龄差不多，虞公对他没有敬畏之心，即使他进言**劝阻**，虞公一定不会听他的。况且宫之奇并不坚决，如果他说一次，国君不听，他就不会再提了。所以这个计策能成功。”

献公就让荀息带着良马和美玉到虞国去请求借道。

荀息到了虞国，进见虞公，献上**良马美玉**，说明来意。虞公接受了礼物，非常高兴，同意晋军借道，还愿意出兵相助。

宫之奇劝阻，虞公果然不听。然后，晋国军队跟虞国军队汇合，一起去攻打虢国，占领了一个大城，**撤兵**回国。

过了三年，晋国又派使臣到虞国去，再一次请求借道伐虢。

宫之奇对虞公说：“晋国实在是不怀好意，上次允许借道，已经不应该，这一次，可不能再同意了。况且虢国是我们虞国的屏障，虢国要是灭亡，我们虞国一定跟着完蛋。俗话说，嘴唇没有了，牙齿就会感到寒冷。晋如果灭了虢，对我们虞国是只有害、没有利的。”

注释

⑤宫之奇：春秋时期虞国大夫，贤明善断，具有远见卓识。

虞公说：“晋国是我同宗⑥，**怎么可能**害我呢？”

宫之奇说：“虢国又何尝不是晋国的同宗呢？晋国既然可以灭虢，为什么就不可以灭虞呢？”

可虞公还是不听他的话，答应了晋国的要求。宫之奇**回家**，叹息说：“虞国活不过今年了。晋国这次出兵，一定可以一举两得，灭了虢也灭了虞，以后不用再出兵了。”于是，他**率领**全族的人，逃去别处避难了。

最后，果然不出宫之奇所料，就在这年冬天，晋军灭了虢国，回程时顺手把虞国也灭了。良马和美玉，又回到了晋献公的宫殿里。

注释

⑥同宗：在宗法社会里指同一个大宗，也泛指同属一个家族或同姓。晋国、虢国和虞国都是周王室的分支后裔，姬姓，所以说是同宗。

讲究仁义的宋襄公

宋襄（xiāng）公[①]讲究仁义，认真治理国家，**提升**了国力。他总想像齐桓（huán）公[②]那样，成为诸侯霸主。大臣劝襄公说，宋国是小国，不要去争当霸主，但他不听。

襄公**召集**一些国家的国君，举行会盟[③]。可是，楚成王[④]突然站出来跟他争盟主的位置。

襄公听说郑文公[⑤]支持楚成王，非常生气，于是决定**攻打郑国**。楚成王为了帮助郑国，就派军队去攻打宋国。

注释

①宋襄公：子姓，名兹甫。宋国是周朝的诸侯国，开国君主是商纣王的庶兄微子启。宋国人是殷商人的后裔。

②齐桓公：姜姓，名小白。他用管仲做宰相，尊王室，攘（rǎng）夷狄，九合诸侯，一匡天下，多次担任诸侯盟主，是“春秋五霸”之首。

③会盟：古代诸侯间会面和结盟的仪式。春秋时代，诸侯国为了抵御侵略或联合作战，都会举行会盟。会盟时要选出一位国君担任领袖或主持者，称为盟主。

④楚成王：芈姓，熊氏，名恽，楚文王之子，楚武王之孙。

⑤郑文公：姬姓，名踺（jié），郑厉公之子，郑庄公之孙。

宋楚两军在泓（hóng）水**相遇交战**。宋军已经排成阵势，楚军却还在渡河，一半儿已经到了河这边，一半儿还在河那边。

司马子鱼⑥对襄公说：“敌军人数多，我军人数少，恐怕寡不敌众。要**战胜**他们，只有趁现在他们没有全部渡过河时，出其不意进攻。时机不可失，请快快下令进攻吧！”襄公摇摇头说：“不可。”

楚军渡过河以后还没有**排开阵势**，子鱼又对襄公说：“机会不能再错过了，快趁楚军还没有列阵的时候，传令进攻吧！”襄公还是摇摇头说：“不可，不可！”

等到楚军已经排成阵势，襄公才传令进攻。宋军被打得大败，襄公的大腿也受了箭伤，那些跟随襄公做护卫的卿大夫子弟都被消灭了。国都的人们很生襄公的气。

注释

⑥子鱼：目夷，字子鱼，宋国大臣和贵族。宋桓公之子，宋襄公之庶（shù）兄。

襄公却很固执地说："古时候君子有仁义之心，跟敌人交战的时候，已经受伤的，便不再伤他；头发花白年纪大的，就不抓他。而且古时候君子作战，不靠关塞险阻取胜。敌军没有列成阵势，也决不肯击鼓进攻。此次战役，我能不失古君子之道，虽败犹荣！"

子鱼反驳他说："你的话完全是外行，不懂得战争。战争的目的在于杀敌求胜。敌人受伤未死，尚能害我，我为什么不能再伤他，让他完全失去战斗力？凡是来攻打我的敌人，哪怕是八九十岁的老公公，也要抓起来，管他头发白不白！如果你因为敌人已经受伤就爱惜他，不肯伤他第二次，那还不如直接让他来杀你，你别还手。如果因为敌人年老就爱惜他，不去抓他，那还不如索性投降敌人，又何必跟他们打仗呢？楚国是我们的劲敌，楚军过河和没有列阵的时候，是我们可以利用的机会，你就算趁这个时候进攻还不一定能赢呢，怎么能放过机会。用兵本来就是只讲利害、不讲仁爱的。既然只讲利害、不讲仁爱，那么趁对方薄弱时攻击，就是可以的。敌军队伍混乱、没有列阵的时候，我们一鼓作气，迅速进攻，正是取胜之道，又有什么不可以呢？"

襄公受了伤又吃了败仗，只好老老实实待在家里养伤，当霸主的愿望也落空了。

申生之死

晋献公有许多儿子，其中太子申生、重耳[①]、夷吾[②]都很有才能。晋献公攻打骊戎[③]时，骊戎人把骊姬和她妹妹献给晋献公。后来骊姬生下儿子奚齐，她妹妹生下儿子卓子。

骊姬非常得献公宠爱，想让自己的儿子奚齐当太子，于是她买通献公宠信的小人，让他们以保卫重要地方的名义，劝献公派申生、重耳、夷吾离开国都，去驻守其他城市。献公让太子申生去了曲沃（wò），让重耳和夷吾去了位于边疆的蒲城和屈城。而骊姬的儿子奚齐，跟随父母住在国都。

有人劝太子申生："曲沃是国君祖辈使用过的都城，现在让您住在这里，给您的待遇是臣子的最高级别，看来国君是不会让您继承君位了。您不如逃走，免得大祸临头，这样还能博得谦让的美名。"申生没有听这个建议。

注释

①重耳：就是后来的晋文公，春秋五霸之一。

②夷吾：后来即位，成为晋惠公。

③骊戎：古戎人的一支。春秋初期，晋献公伐之，得骊姬。后来被晋国消灭。

后来，献公派太子申生率军出征。有大臣向献公**进谏**：“太子是奉事宗庙祭祀、社稷大祭和早晚照看国君饮食的人。带兵出征，对各种策略作出决断，对军队**发号施令**，这是国君和正卿应该策划的，不是太子分内的事情。何必如此呢？还是不要让太子去为好。”献公不听，说：“我有好几个儿子，还不知道立谁为嗣君呢！”

骊姬知道晋献公已经有了换太子的想法，**担心**申生和重耳、夷吾不服气，想设法除掉他们。她派人对申生说：“你父亲梦见你母亲了，按照规矩你应该去祭祀她。”

申生信以为真，于是到曲沃杀猪宰羊，祭祀亡母。按照古代的礼仪，祭祀用剩的酒和肉，应该分给有关系的人食用。申生就把祭酒和祭肉，亲自带回国都，献给父亲。

那时候，献公正好出去**打猎**了。骊姬接收了祭酒和祭肉，放在宫里。过了六天，献公回来了，骊姬就在酒肉中下了毒药，然后拿给献公。

古代习惯，国君得到从外面来的酒和食物，一定要先检查是否有毒，然后再食用。所以献公先把酒洒一点儿在地上，地面忽然高起来了；再撕一块肉喂狗吃，狗立刻死了。献公大惊，问骊姬：“怎么回事？这酒和肉里都有毒！”

骊姬哭着说：“这都是太子送来的。太子想毒死您。”

献公大怒，要杀申生，申生逃走了。献公认为是老师教得不好，把申生的老师杀了。

有人劝申生说：“酒被下了毒药，隔夜就坏，颜色和香味都要改变。你送去的祭酒，放在宫中已经六日，如果毒药是你下的，那酒一定早就坏了。主公回宫的时候，那酒仍和好酒一样，颜色和香味一点儿不变，可知毒药是新下的，是骊姬有意陷害你。你只要去辩解，国君一定可以查清楚你是被冤枉的。”

申生说：“你说得对。但是父亲现在如果没有了骊姬，就会吃不下饭，睡不着觉。我如果辩解，骊姬必定有罪。父亲年纪已经大了，如果骊姬有罪，父亲就会不高兴的。我不想为了自己让父亲生活得不开心。”

那人又劝他说：“那您逃到其他国家避避风头吧！”

申生拒绝了，说：“不，我没有为自己洗清冤屈之前，总是顶着谋杀父亲的罪名。各国诸侯，谁肯收留一个谋杀父亲的人呢？”于是，他上吊自杀了。

重耳流亡

申生自杀之后，骊姬还想把重耳和夷吾也除掉。她就对晋献公说这两个人的坏话："太子谋杀您这件事，重耳和夷吾都参与了。"献公就命人率兵去攻打重耳和夷吾。夷吾逃走了。蒲城的人想要出战，重耳**阻止**住他们，说："国君和父亲的命令是不能违背的。你们谁要出去抵抗，就是我的仇敌。现在，我只有出奔别国，暂时避一避。"

重耳正想**出逃**，献公派来的寺人披[①]已到，他就跳墙逃走。寺人披追到墙边，重耳正跨过墙去，可是衣袖还拖在墙里。寺人披一刀砍去，重耳赶紧闪开，所幸躲过，但被斩去了一段**衣袖**。

重耳脱险之后，逃到了翟（dí）国[②]。跟他一同流亡的，有狐偃（yǎn）、赵衰（cuī）、先轸（zhěn）、魏犨（chōu）[③]等，都是晋国数得上的人才。

注释

①寺人披，即勃鞮（dī），又名履（lǚ）鞮，晋国的宦官（太监）。寺人，就是太监。

②翟国，又称狄（dí）国，是赤狄人建立的国家，曾经附属于周朝、晋国与秦国，后来被晋国消灭。赤狄亦作"赤翟"，是春秋时期狄人的一支。狄人，指古代中国北方部落。

③狐偃、赵衰、先轸、魏犨：狐偃是晋文公的舅舅，姬姓，狐氏，字子犯，晋国重臣。赵衰字子余，是辅佐晋文公称霸的贤士之一，赵国君主的祖先。先轸又称原轸，姬姓，先氏，著名将领。魏犨又称魏武子，以勇力闻名。

重耳在翟国居住了十二年。经过种种波折，献公、骊姬、奚齐、卓子都死了，夷吾即位，是为晋惠公。惠公**担心**重耳对自己不利，就派寺人披去刺杀重耳。重耳听说后，决定带着随从离开，投奔齐国。

重耳一行人路过卫国，卫文公④没有好好**招待**他们，也没有接济财物或粮食。所以他们到了五鹿这个地方，竟然断了粮，饿得没有办法，只好向路边的农夫讨要吃的。农夫却从地上捡了土块递给他让他吃。重耳非常生气，要**鞭打**这个农夫，狐偃连忙止住他说："不可。土，象征土地，得土是有国的先兆，应该行礼接受。"于是重耳转怒为喜，恭敬地拜谢了农夫，把土块装在车上。

重耳到达齐国，齐桓公很**慷慨地**招待他，把一个女儿（或侄女）齐姜嫁给他，让他住在华丽的客馆里，又送他八十匹马、二十辆车。重耳过着舒适的生活，就不再想着回晋国的事情了。随从们认为这样不行，多次劝他走，可是他总不听。于是他们聚在一棵桑树下面，商量如何让重耳离开。

哪知有一个养蚕的婢妾正在树上采桑叶，他们的话都被她听见了。婢妾把他们的话全部告诉齐姜。齐姜恐怕这话传出去，便把那个婢妾杀了，然后对重耳说："你有远大的志向，应该跟他们走。"重耳说："我没有要走的想法。"

注释

④卫文公：姬姓，卫氏，初名辟疆，后改名毁，是卫宣公之孙，卫戴公之弟。

齐姜劝他说："留恋娇妻，贪图安逸，有损你的前途。"重耳还是不愿意走。

于是齐姜跟狐偃商量好，把重耳**灌醉**了，用车子载着他，一行人快速离开齐国。等到重耳酒醒，已经在路上了。重耳很生气，拿着长戈把狐偃赶下车。

他们来到了曹国。曹共公⑤听说重耳的肋骨长得很密，好像是一整块的，就想看一看是不是真的。于是，共公趁重耳洗澡的时候躲在帘子外偷看。

曹国大夫僖（xī）负羁（jī）的妻子知道了这件事，对丈夫说："我看晋国公子重耳的随从，都是足以**辅佐**国君的人才。有他们相伴，公子一定能回到晋国，继承国君之位。并且他成为国君之后，一定可以称霸诸侯。那时他肯定要**惩罚**这些对他无礼的国家，曹国就是第一个。你现在还是趁早去结识他，留个后路吧！"

僖负羁就准备了一盒食物，并且把一块玉璧藏在里面，送给重耳。重耳接受了食物，把玉璧退了回去。

重耳一行到宋国时，宋襄公也很周到地接待他，还送他八十匹马。重耳从宋国走到郑国，郑文公对他却很怠慢。

他们又从郑国走到了楚国。楚成王设宴款待重耳，在宴席中问他："寡人这样厚待公子，将来公子如果回到晋国，如何报答我呢？"

注释

⑤曹共公：姬姓，曹氏，名襄，曹昭公之子，春秋时期曹国第十六位国君。曹国是周朝分封的姬姓诸侯国。

重耳很谦虚地答道："**子民财物**，都是国君您已经拥有的；珍禽异兽，都是国君您土地上出产的。我们晋国只是沾您的光，所有一切，都是您的余泽，我还能拿出什么来**报答**国君您呢？"

成王说："尽管这样，究竟能用什么报答我呢？"

重耳平静地回答："如果**托您的福**，能够回到晋国，将来一旦晋楚交战，两军相遇于中原，我会退避三舍⑥作为对您的报答。若退避之后还得不到您的宽大，那么我就拿起弓箭，跟您较量一下。"

楚国的令尹子玉⑦听了重耳的话，知道他志向不小，担心他将来成为楚国的劲敌，就请成王杀死他，**以除后患**。成王说："上天将要使他兴起，谁能够废掉他呢？"就没有听从，派人把重耳送到秦国。

注释

⑥舍：三十里为一舍，三舍就是九十里。"退避三舍"就是后退九十里。

⑦子玉：芈姓，成氏，名得臣，字子玉，斗伯比之子，子文之弟，楚国令尹。令尹是春秋战国时代楚国的最高官职，对内主持国事，对外主持战争，总揽军政大权于一身。

重耳到了秦国，秦穆公[8]把女儿怀嬴嫁给他。一天早上，怀嬴捧了洗脸盆，伺候重耳，重耳洗完脸后随便地挥挥手，打发怀嬴离开。怀嬴生气地说："秦晋两国地位平等，我嫁你，并不辱没你，你怎么**轻视**我，如此没礼貌？"重耳听后，意识到自己错了，脱去礼服，把自己绑成罪人的模样，跟怀嬴赔罪。

晋惠公去世，他儿子晋怀公[9]即位，不得人心，晋国很多臣民盼望重耳回国。秦穆公便派兵**护送**重耳回国即位，是为晋文公。文公在外流亡十九年，周游各国，吃了不少苦，磨炼了心志，更增长了**见识和经验**，即位之后勤政有为，提升晋国国力，后来称霸诸侯，成为春秋时期的第二位霸主。

注释

⑧秦穆公：嬴姓，赵氏，名任好。秦国是周朝分封的诸侯国，国君为嬴姓。后来成为"战国七雄"中最强的国家，最后灭六国，统一中国。秦穆公曾出兵攻打函谷关以西的国家，开辟国土千余里，为日后秦统一中国奠定了基石。

⑨晋怀公：姬姓，名圉。早年在秦国做人质，娶了怀嬴。后来他父亲晋惠公逝世，太子圉即位。但不久他的伯父重耳在秦穆公支持下回国，他被迫出逃，很快被重耳派人杀死。

介之推归隐

晋文公重耳在外流亡时，随从中有个名叫介之推[1]的人。他不仅忠心耿耿地追随文公十九年，还在文公**挨饿**的时候，把自己大腿上的肉割了给文公充饥。

文公回国即位之后，对那些跟随自己流亡的人进行了封赏。这些人获得了**官爵**，还有相应的俸禄（fèng lù）[2]。但是，文公忘记了介之推。介之推自己没有提，更没有像有些人那样，跑到文公面前去要，所以爵位和俸禄都没赏到他头上。

旁人对介之推的沉默表示**不理解**，介之推说："晋献公有九个儿子，到现在只有文公还活着。惠公和怀公不亲近子民，国内国外的人都抛弃了他们。老天爷没有灭绝晋国，那么肯定要有一位国君，肯定也只有文公能做了。所以说文公做国君，是老天原本就安排了的，并不是某些人的功劳。那些人却以为

注释

①介之推：又叫介推、介子推。

②俸禄：古代政府按规定给予各级官吏的报酬。主要形式有土地、实物、粮食、钱币等。

这是他们的功劳，纷纷讨要官职和俸禄，岂不是脸皮太厚了吗？偷别人的财物，是盗贼。这些人是贪图老天的功劳，当作自己的能耐。下面的人把贪功劳的罪过当作合理，上面的人对他们的这种贪功行为加以赏赐，上下**互相欺瞒**，我看不下去，不想再跟他们混在一起。”

他母亲见儿子这样，就**故意试探**他说：“为什么不也去讨个赏赐呢？你跟着流亡，吃了十九年的苦，别人都得了好处，你如果就这样无官无禄地死去了，又能怨谁呢？”

介之推回答：“不，决不。我既然明知这种做法是错的，却又去学他们的样子，这岂不是**明知故犯**，罪过就更大了。而且我已经说了带埋怨的话，更不应该再接受他赏赐的俸禄。”

他母亲再次故意试探说：“你不要他的**俸禄**，但让他知道一下你不贪功劳、不图俸禄的高洁节操，怎么样？”介之推回答：“表达，就好像是给身体做装饰。我既然打算隐藏身体了，哪里还用得着装饰呢？如果我出去说自己不要名利，其实等于是去追求地位和名声了。”

他母亲欣慰地说：“你能够做到这样吗？既然你的心志坚定，咱们母子一起去隐居吧。”然后母子二人整理了行李，悄悄动身去了绵山隐居。

过了一阵子，文公想起了介之推，派人到绵山去找他，可是山谷幽深，树木茂密，找来找去，总找不着。有人就出了个主意，对文公说：“人都是怕死的。您放火烧山，他肯定躲不住，就会跑出来。”晋文公居然信了那人的话，下令放火烧山。没想到介之推心意已定，宁死不出来，最后和母亲一起被烧死在山里。

火熄灭之后，文公率人进山，只见介之推与母亲的尸首，被烧焦在一棵柳树下。文公非常后悔，就把绵山改名介山，以纪念介之推，将周围的田地，作为他的封田，并且说：“用这来记下我的过失，并且表扬好人。”

子玉治兵

楚国令尹子文[①]的弟弟子玉率师伐陈，打了胜仗，**占领**了陈国的两片地方，修筑了城市。子玉班师回国，子文认为他立了大功劳，就对楚成王举荐他，把令尹的官职让给他做，让他管理楚国军政。

楚国大夫蒍（wěi）吕臣[②]对子文说："你怎么可以把国政交到子玉手里？照我看来，他做令尹，是不能胜任的。你自己虽然**卸了重担**，但国家以后怎么办呢？"

子文回答："我正是为了国家**考虑**，才让他做令尹的。如果一个人为国家立了大功，没有显贵的官爵回报，还能不生怨恨不闹事，这种人能有几个呢？有了大功，就让他官居高位，这样国家才能安定。"

注释

①子文：即斗谷於菟（wū tú），芈姓，字子文，斗伯比之子，春秋时期楚国名臣。

②蒍吕臣：芈姓，蒍氏，字叔伯，蒍贾之父，孙叔敖之祖。春秋时期楚国大臣，担任过令尹。

过了几年，成王要兴师伐宋，先在国内练兵做准备。他命子文在睽（kuí）这个地方**整顿军队**，演习作战。子文奉命前去，一早上就操演完毕，没有一个士兵因犯军法而受惩罚。

成王又命子玉在蔿这个地方举行**军事演习**。子玉用了一天才操演完毕。因犯军法而受刑的士兵有十个：七个被鞭打身体，三个被箭穿了耳朵。

楚国的一大帮老臣都认为子玉治兵有方，纷纷来见子文，对他表示**祝贺**，称赞他知人善任，举荐得对。子文就请他们喝酒。当时蔿贾[③]的年纪还很小，来得最迟，来了也没有跟子文说道贺的话。

子文觉得**奇怪**，就问他什么缘故，他答道：“我不知道要祝贺您什么。从前您把令尹让给子玉做，说是‘为了国家安定’，但您让他做令尹，

注释

③蔿贾：芈姓，蔿氏，字伯嬴，蔿吕臣之子，少有大智，长大后担任楚国司马。他的儿子名叫蔿敖，即孙叔敖，担任过令尹，是春秋时期的名相。

国内是**安定无事**了，他将来却一定不免在国外战败，这样的话，不是得不偿失吗？子玉在外作战失败，是因为您举荐他做了令尹。因您的举荐而让国家战败，有什么可祝贺的呢？照我看来，子玉这个人，性格**刚硬急躁**，没有礼貌，缺少宽容，容易招人怨恨，不但不能治民，而且不能带兵。如果他率领的兵车超过三百乘（shèng）④，就管不好了。我恐怕只能见他带了兵出去，不能见他带了兵回来。如果他带了大部队出征还能**得胜回来**，我再来向您表示祝贺也不迟啊！”

注释

④乘：古时候，一辆车加上拉车的四匹马，叫一乘。每乘车，车上甲士三人，车后步兵七十二人，所以三百乘的兵数在两万以上。

城濮之战

楚成王出兵围宋，宋国向晋国**请求援助**，晋文公召集群臣商议，要不要出兵救宋。先轸说：“从前您流亡在外的时候，宋襄公曾送您八十匹马，受人施舍，理应报答，现在宋国有难，理应**加以援手**。楚国横行中原，目无诸侯，如果能够打倒它，晋国便可以威震中原，称霸诸侯。一举两得，应该出兵。”

文公听了，非常赞成：“不错。但是，怎样出兵才合适？”狐偃说：“曹国最近归附楚国，楚国又和卫国联姻。我们现在如果去攻打曹国和卫国，楚国一定把军队派过去救援，那宋国之围自然就可以**解除**了。”

晋文公流亡的时候，曹国和卫国曾对他无礼，于是晋国以此为理由，发兵攻打曹国和卫国。卫国的人民本来就不赞成国君依附楚国，所以他们见到晋国军队来了，就把国君赶走了。晋军去攻打曹国，抓住了以前偷看文公洗澡的曹共公。文公下令，不许士兵闯入曾给自己赠送食物的僖负羁家里。

楚成王听说晋文公兴师伐曹，就下令子玉率兵离开宋国，叮嘱他：“切勿追逼晋军。晋文公在外流亡十九年，最终成功回去统治晋国。艰难险阻，他都尝过；民情真假，他都知道。这样的人，是不可和他争锋的。兵书上说‘适可而止’，又说‘**知难而退**’，还说‘有德不可敌’。现在你碰到晋军，应该依照这三句话行事。”

但子玉很不服气，派人到成王处请求增兵，要与文公一战。他说：“我不敢说一定能立功。但有小人说我带兵不行，我要**证明**我行，堵住这些小人的嘴。”成王见他不听话，很生气，只给他派了少量军队。

子玉率兵追击晋军，文公便下令撤退。一个将领问：“晋国的国君躲避楚国的臣子，会被认为**很丢脸**的。况且楚军作战多日，已经疲惫不堪，为什么要撤退呢？”

狐偃说：“国君在外流亡时受过楚国的恩惠，当时曾对楚君许诺，将来如果晋楚两国交战，晋军会‘**退避三舍**’作为报答。如果我军退了三舍，子玉还是要交战，那便是以臣犯君，他们理亏，我们理直，理直了士气就会高。”

于是晋军向后退了三舍。楚军诸将都主张适可而止，不再进军，可是子玉不肯，还是紧紧追上去。晋军退到了城濮（pú），就不再退了。楚军追了过去，在险要之处扎下营寨。

子玉派大夫斗勃①到晋营来请战，

注释

①斗勃：斗氏，名勃，字子上，楚国君主楚若敖的后裔。当时担任楚国大夫，后来成为令尹。

口气很大："明天，楚国的健儿要和晋君的斗士，在战场上较量一下。请晋君靠在车上**观赏**，我也可以奉陪着看一会儿。"

文公派栾(luán)枝[②]答复说："国君知道您的意思了。楚君的恩惠，国君没敢忘记，所以退到了这里。既然您那边不肯退兵，那就有请大夫回去给楚国将士们**捎个口信**，让大家准备好战车，忠于楚君的大事，明天早上战场见。"

第二天，晋国的七百辆战车装备齐全，摆开阵势。文公还下令**砍伐**山上的树木，以增加武器。楚军分为左、中、右三路，子玉亲自率领中军，夸口说："今天肯定能灭掉晋国。"

战斗开始。晋国将领胥(xū)臣[③]让手下士兵给马都蒙上了虎皮冲锋，楚军的右路很快溃散。栾枝让手下士兵给战车绑上木柴，拖着往后跑，扬起了很多灰尘。楚军左路中计，以为晋军战败**逃走**，就冲上去追击，结果被晋军截断夹击，也吃了败仗四散而逃。子玉见势不妙，及时收兵，保住了中路的军队。

注释

②栾枝：姬姓，栾氏，谥贞，又称栾贞子，晋国将领，晋国宗室后裔。

③胥臣：字季子，晋国将领。曾跟随文公流亡，回国后因功被封于一个叫臼(jiù)的采邑，所以又称臼季。曾任司空一职，所以又称司空季子。

楚军撤退，留下了很多粮食，晋军吃了三天，启程回国。晋文公把楚国的战俘献给周襄王④，周襄王用甜酒招待文公，任命他为诸侯的领袖。文公从此称霸诸侯，成为春秋时期的第二位霸主。

子玉率领败军回国，走到半路，楚成王派人来责备他："跟着你战死的子弟那么多，你回来有什么面目见他们的父老呢？"子玉知道此次战败，主要原因是自己不听成王的嘱咐，轻敌躁进，于是自杀谢罪了。

注释

④周襄王：姬姓，名郑，周惠王之子，在位三十三年。襄王时期，诸侯争霸日益激烈。

烛之武退秦师

当初晋文公流亡路上经过郑国，郑文公没有以礼接待他。后来郑文公依附楚国，没有跟晋国**结盟**。出于这些理由，晋文公联合秦穆公，一同出兵攻打郑国。两国兵临城下，把郑国给包围了。

佚之狐[①]对郑文公说："国家**处境危急**！我们郑国是小国，怎么挡得住秦晋两个大国的围攻？现在唯一的办法是让烛（zhú）之武[②]去见秦国**国君**，他口才极好，一定可以说动秦君，让他退兵；秦兵一退，只剩晋军，便容易对付了。"

郑文公听从了他的建议，就派人把烛之武请来，拜托他到秦营中去做说客[③]。

烛之武推辞说："我**壮年**的时候，尚且不如别人有才能；现在已经老了，越发无用。这种重大责任，恐怕担当不起。"

注释

①佚之狐：春秋时期郑国大夫。

②烛之武：春秋时期郑国人。这个名字的意思是，烛地的一个名字叫武的人。

③说客：用话劝说别人，使他听从自己意见的人。

郑文公说："我不识人才，所以没能及早任用您，现在形势危急了，才来求您，这是我的**过错**。可要是郑国被灭，对您也不是好事呀。请您为了郑国走一趟吧！"

烛之武答应了，趁着夜色，让人用绳子把自己从城墙上放下去。他走进秦营，对穆公说："秦晋两国围郑，我们自己也知道郑国是一定要灭亡了。但是，如果灭亡郑国对秦国有好处，那么您兴师动众，帮着晋国来攻打我们，也还值得。如果秦国取了郑国土地作为自己的一块疆土，由于中间隔着晋国，您也**知道**这种隔了老远的疆土是不容易保住的。很显然，晋国更容易占据郑国土地。难道您灭亡郑国，结果只是为了给邻国增加土地吗？邻国实力增强，就是秦国实力削弱。灭郑，对您不仅**无益**，反而有害。您何苦白费力气，帮晋国的忙，灭了郑国，给自己增加害处呢？"

穆公听了，觉得有道理。烛之武接着说道："如果您留着郑国不灭，一方面可以让晋国的势力不再扩大，跟秦国保持差不多的水平；另一方面，又可以叫郑国做个东道主④，将来秦国使者往来，路过郑国的时候，

注释

④东道主：意思是东方道路上的主人，因为当时郑国在秦国之东，接待秦国出使东方的使节，所以这么说。

郑国可以供应缺少的一切东西。这样一来，对于秦国不但无害，反倒有益了。而且您忘了吗？您曾经帮了晋君很大的忙，他答应把两块土地送给您，结果早晨过河回国，晚上就修工事筑城墙，反悔不给了。这您是知道的。再说了，晋国哪有满足的时候，它往东边开拓土地，灭了郑国，将来往西边**开拓**土地的话，如果不去损害秦国，还能到哪里取得土地呢？损害秦国去给晋国好处，这种事您还是多考虑一下。”

秦穆公听了很高兴，非常赞成他的话，就跟郑国结盟，还留下杞（qǐ）子、逢孙、杨孙[5]带了一些军队帮郑国防守。然后自己率领大队人马，退回秦国去了。

晋军知道之后，狐偃请求追击秦军。文公说：“不行。如果没有他们的力量，我们不会有今天这个地位。靠了别人的力量，反而损害他，这是不讲仁德；失掉了**同盟**国家，这是不明智；用动乱代替整齐，这是不勇敢。我还是回去吧。”于是也撤军回晋国去了。

注释

⑤杞子、逢孙、杨孙：都是秦国大夫。

弦高智救郑国

过了两年，晋文公生病去世。杞子得知这个消息，就悄悄派人回秦国报告穆公："郑国人非常信任我，叫我掌管他们国都北门的钥匙。如果主公您出其不意，暗地里派了士兵来袭击，有我做内应，开城迎接，一定可以拿下郑国。况且晋文公刚刚去世，晋国正在办丧事，没有精力来干扰我们。这种机会难得，您千万别错过。"

穆公就问蹇叔①："这事可行不可行？"蹇叔回答："不可行。秦郑二国相隔千里，我们的军队要走这么远的路，郑国怎么可能发现不了？恐怕我军未到，郑国早已做好准备了。我军既然要长途跋涉，就会很累，战斗力下降，他们又有准备，这样我们就劳而无功，得不到郑国。而且，这样一定会闹得各国都知道，万一有敌军在半路上拦截，到那时失败而归，后悔也来不及了。"

注释

①蹇叔：子姓，蹇氏，宋国人，著名政治家和军事家。早年游历齐国时，收留百里奚（xi）。后来经百里奚引荐，进入秦国，辅佐穆公。百里奚本是虞国人，后入秦国，辅佐穆公成就霸业，是春秋名相。

穆公不听他的话，命令孟明、西乞和白乙②三人率领军队去偷袭郑国。秦国军队从东门外出发的时候，蹇叔来**送行**，哭着对孟明说：“孟明啊，我恐怕只能见你带兵出去，不能见你带兵回来了！”

穆公气他说话不吉利，**派人**骂他：“老家伙你懂什么？你活得太久了，要是早点儿死了，现在坟上的树都有双手合抱那么粗了！”

蹇叔的儿子也从军出征，蹇叔哭着送他说：“我军这次千里奔袭，一定瞒不过晋国，晋国一定会在崤（xiáo）这个地方伏击你们。那里有两座**山峰**，南面那座是夏朝君王后皋③的墓地，北面那座是周文王④曾经避雨的地方，这两座山峰都十分险峻，中间的地方是崤山之谷。晋军一定会在那个地方截击我军。儿啊，你恐怕要死在那里了，我到那里去收你的尸骨吧！”

注释

②孟明、西乞和白乙：孟明，姜姓，百里氏，名视，字孟明，史称孟明视，百里奚的儿子，秦国大夫，穆公的主要将领。西乞，名术，字西乞，史称西乞术，秦国大夫。白乙，子姓，蹇氏，名丙，字白乙，史称白乙丙，秦国大夫，据说是蹇叔之子。

③后皋：夏代帝王，孔甲之子，相传暴君夏桀就是他的孙子。

④周文王：姬姓，名昌，周朝奠基者，周太王之孙，季历之子，周武王之父。

孟明等领着军队往东行进，经过东周王城的北门，因为王城是周天子居住的地方，按照当时的礼仪，秦国士兵都**摘掉头盔**，从兵车上走下来，表示敬意。然后他们又闹哄哄地挤着往车上跳，场面很乱，秩序很差。那时王孙满⑤年纪还很小，在城墙上看见了，回去对周襄王说："秦国军队轻狂又不讲礼貌，一定会失败。轻狂就缺少**谋略**，没礼貌就不谨慎，进入险境还不谨慎，又缺少谋略，能不失败吗？"

秦军行进到了滑国⑥。有一个郑国商人，名字叫弦高，他的车队装满了货物，要到东周王城去做买卖。他正巧在这个时候路过滑国，遇见了秦军。

弦高看见秦军后，**心里明白**一定有异常。他打听了一下，知道了秦军的目的是偷袭郑国。他当机立断，从自己的货物中拿了四张**熟牛皮**作为见面礼，接着送了十二头牛去慰劳秦军，对孟明他们说："郑国国君知道您带了大军要经过我们国家，

特地派我带了一点儿薄礼来慰劳您的随从。我们虽然国小民贫，但知道您来了，理应尽东道主之谊。如果您和随从要在郑国耽搁，住上一天，我们就备好一天的粮食柴蔬；如果要走呢，我们就做好那一夜的保卫工作，让大军安然而过。"

注释

⑤王孙满：姬姓，名满，东周大夫。他是周襄王的孙子，所以这样称呼。

⑥滑国：周朝分封的姬姓诸侯国。

孟明听了，大吃一惊，以为郑国早就知道了秦国的偷袭计划。与此同时，弦高派人驾车急速赶回郑国去报告：“秦军从西边开了过来，打算袭击我们郑国，请尽早做准备。”郑穆公得到弦高的紧急报告，意识到杞子、逢孙、杨孙他们一定跟这件事情有关，就派人到他们驻扎的地方**察看情形**。果然，驻守在这里的秦国士兵都已经穿戴好盔甲，磨好武器，喂饱了马，准备做内应了。

穆公一边做好迎战准备，一边派皇武子去对杞子他们说：“诸位在我们国家住了这么久，我们的干肉、粮食和牲口都已经吃光了。看诸位的样子，是要动身离开了。但是我们国小民贫，临别时没有食物可供，各位自己去**猎场**打点儿野兽，让我们过**清净日子**，怎么样？”这三个人听完，知道密谋已经泄露，再不走就要吃亏了，于是杞子逃去了齐国，逢孙和杨孙逃去了宋国。

孟明得知这个消息，便摇摇头，对西乞和白乙说：“郑国已经有准备了，偷袭它是没希望了。如果堂堂正正进攻，要拿下他们不是件容易的事情，要围城打持久战呢，咱们离本国**太远**，后面没有接应，所以还是退兵回去吧。”

于是秦军掉头班师回国，路上顺手把滑国灭了。

崤之战

晋国听说了秦国偷袭郑国没成功，又撤兵回国的事情。先轸就对晋襄公①说：“秦君不听蹇叔的话，好大贪功，**劳师远征**，这正是老天给我们的好机会。天意不可违，机会不可错过。而且秦国是我们的劲敌，这次放过，日后会有麻烦，所以我们一定要伏击秦军。”

栾枝说：“**不可**。去世的国君曾受秦君恩惠，还没有报答过。他尸骨未寒，我们就去攻击秦军，这不是没把去世的国君放在眼里吗？”

先轸说：“不。咱们的国君刚刚去世，秦君不但没有**同情心**，不表示哀悼，反而趁此机会，灭了和我们同姓的滑国。他自己无礼在先，我们又何必顾及他的旧恩呢？一旦放走敌人，会给后面好几代人留下祸患。现在我们伏击秦军，正是为后世子孙打算，替子孙除去后患，这样才对得起去世的国君。”

注释

①晋襄公：姬姓，名欢，晋文公之子。

襄公觉得先轸的话有理，就下令调动军队伏击。晋军果然如蹇叔所说的那样，把士兵埋伏在崤山之谷。毫无防备的秦军刚刚走到这个地方，晋军便冲出来进攻，秦军大败，孟明、西乞、白乙三个指挥官都被活捉了。

襄公率领军队带着俘虏回国，晋文公的夫人怀嬴是秦穆公的女儿，她想救孟明等三个秦国将领，就对襄公说："这三个人真可恶，他们自己要立功，就不顾秦晋之间的良好关系，挑拨两国国君不和。秦君如果抓到他们，吃他们的肉还不能消气，何必劳烦国君您亲自处罚他们。把他们送回秦国，让秦君处罚他们，以解心头之恨，怎么样？"

襄公答应了她，把孟明他们三个放了。第二天早上，先轸上朝见到襄公，问起秦国的俘虏，襄公说："母亲劝我放他们回去，我就这么办了。"

先轸非常生气地说："我们的将士在战场上拼死才捉住了他们，带回晋国，可是一个妇人说了几句谎话就放他们回去了。毁弃自己的战果，长敌人的志气，晋国快要灭亡了！"他因为太生气了，也不顾襄公在面前，就往地面上"呸！呸！"地吐唾沫。这种举动是非常失礼的。

襄公见他反应这么大，意识到事情的严重性，也后悔了，派阳处父[2]去追孟明三人。阳处父乘坐马车追到黄河边上，孟明三人已经上了过河的船。阳处父没有船，不能下水追赶，便心生一计，把左边那匹驾车的马解了下来，然后向孟明招手呼喊："请回来，请回来。我们国君怕您没有**坐骑**，路上不便，特地叫我送匹马来。"他想哄骗他们上岸来拜谢，就可以捉住他们了。

但是孟明他们没有上当，只在船头**作揖**回答："承蒙晋君厚恩，没有杀了我们去祭鼓[3]，让我们回到秦国去受刑。回国之后，如果国君把我们处死，那么死得其所；如果国君因为晋君的宽厚，也免了我们的死罪，那么三年之后，我一定再来拜受晋君的赏赐。"说完，他们**扬起船帆**，驶向对岸。阳处父只能站在岸上，眼睁睁地看着他们过了河。

注释

②阳处父：晋国大夫，封邑于阳地，所以以阳为氏。

③祭鼓：春秋时期，军队打仗时会杀了牛羊等牲畜来祭祀，将血涂在战鼓上，也叫衅(xin)鼓，有时候也会用俘虏的血来代替。

秦穆公知道孟明他们安全回国了，就穿了白色的衣服，出城到郊外去迎接。一见到他们，穆公就哭着说：“我没有听蹇叔的劝告，让你们受了**委屈**，这是我的罪过！”此后穆公仍旧**重用**孟明，说：“这次败仗完全是我的过失，他有什么罪呢？我不会因为一点儿小过失就抹杀他的大功劳。”

勇士狼瞫

过了两年，孟明想报崤之战的仇，就率领秦军攻打晋国。晋襄公亲自带兵**去抵御**。

秦晋两军在彭衙这个地方交战。秦军大败。当年孟明被释放回国时，**曾经**站在黄河的渡船上对阳处父说：“三年之后，我一定再来拜受晋君的赏赐。”所以，晋国人就嘲笑说，秦军是特地来拜受赏赐的。

但是，晋军这一次能够**取得胜利**，主要原因是一个名叫狼瞫（shěn）的勇士拼死战斗，鼓舞了全军的士气。

当初在崤之战的时候，一个名字叫莱驹（jū）的武士站在晋襄公战车的右边。这个位置一般是由**勇猛**的武士担任的。第二天，襄公吩咐把在**战场**上捉到的秦军俘虏用绳子捆绑起来，命令莱驹用戈（gē）[1]斩杀。

注释

①戈：古代兵器，横刃，用青铜或铁制成，装有长柄。

没想到秦军俘虏挣扎着**大声喊叫**，莱驹吃了一惊，手中的戈掉到了地上。这时候，站在一旁的狼瞫立刻跑上前去，拾起了戈，把俘虏干净利落地斩杀了。襄公见到狼瞫如此勇猛无畏，就罢免了莱驹，让狼瞫站在自己战车的右边。

后来，有一次晋军打仗，**主将**先轸不知道因为什么，罢免了狼瞫，换了其他人站在襄公战车的右边。

狼瞫无缘无故**丢了职务**，非常愤怒。他的朋友就劝："为什么不以死来表明你的勇敢？"

狼瞫说："我还没有找到死的机会。"

他的朋友说："我跟你一起，拿着武器去杀了先轸，给你出气，怎么样？"

狼瞫说："不可以。古书上说，勇敢却杀害在上位的人，死后不能进入明堂②。死而不符合**道义**，这不是勇敢。死而

注释

②明堂：古代帝王修筑的最隆重的建筑物，用来朝会诸侯、发布政令、秋季大享祭天，并配祀祖宗。还指墓穴前方群山众水环绕的生气聚合之处。

为国家所用，才叫勇敢。我是因为勇敢才得到站在国君战车右边的职务。先轸他不了解我，罢免了我，如果我因为这个杀他，不是勇者所为。将来我总有机会可以拼命，让大家了解我的**勇敢**，你且等着看吧！”

等到彭衙之战，秦晋两军摆开阵势之后，狼瞫就率领部下**全力冲锋**，直接扑进秦军的队伍中。秦军的队伍被冲得乱七八糟，而晋国士兵看到狼瞫如此勇猛，就跟着冲了进去，把秦军打得大败。

狼瞫最后**战死沙场**，用死证明了自己是真正的勇士。他不肯为了私人怨恨而死，却为了国家而战死，被当时的人们称为君子。

秦穆公伐晋

彭衙之战后，孟明因为又打了败仗，十分羞愧，就向秦穆公**谢罪**，自请免职。穆公没有同意，仍旧任用他。孟明就继续努力，把政事处理得更好，优待百姓，勤加练兵。

这年冬天，晋国联合其他**几个小国**攻打秦国，占取了两块领地才回去。孟明却固守城池，没有出击。

到了第二年夏天，穆公亲自率领秦国大军，**浩浩荡荡**渡过了黄河。过河之后，穆公下令烧掉所有渡船，以表示自己不胜不归的决心。

秦国大军很快攻占了晋国的王官和郊这些地方。晋国君臣听说秦国渡河烧船的消息之后，明白秦国这一次是做了充分准备，抱着**必胜之心**杀过来的，恐怕抵挡不了。于是晋国关闭城门，没有派兵出战。

秦军在晋国土地上大摇大摆住了一阵子，然后从茅津渡①过了黄河，专程到崤地，为几年前阵亡在这里的秦国将士们修筑了一座大坟墓，**举行**了盛大的祭祀仪式，才班师回国。

此后，穆公向西发展，与戎人部落**交战**，灭掉十二个西戎②国家，开辟了纵横千余里的疆土。由于穆公对戎人取得了辉煌胜利，周天子特地派人赏赐给他**金鼓**，希望他能继续打击戎人，不要让他们再来骚扰中原。史书因此说秦穆公“称霸西戎”。

注释

①茅津渡：位于今山西省，因古代茅族住在这里而得名。它地形险要，历史悠久，是万里黄河上一个极为重要的渡口，对想要称霸的秦晋两国来说是必争之地。

②西戎：戎人是春秋时期对西方少数民族的统称，也称西戎，同样可以指春秋战国时期一些戎人建立的国家。

一碗羊肉卖国家

郑国大臣公子归生[1]出兵攻打宋国。宋国大臣华元[2]带兵去**迎战**。两军在大棘（jí）这个地方交战。

开战前一日，华元为了**鼓舞**士气，下令杀羊犒劳将士。士兵们杀了许多羊，煮熟了之后把肉分给大家。因为人多，忙乱之中竟然忘记给替华元驾车的羊斟（zhēn）一份。羊斟看着大家都吃得津津有味，自己却没有吃到，十分不满，暗自对华元**怀恨在心**。

等到**正式开战**，华元登上战车，来到阵前。作为指挥官，他的战车位于宋国大军最前面。羊斟看着华元，心里说："昨天分羊肉，你说了算。今天驾驭战车，可就是我说了算。"

注释

①公子归生：字子家，春秋时期郑国卿士和宗室，郑文公之子。

②华元：子姓，华氏，名元，春秋时期宋国大夫，宋戴公五世孙，长期掌握国政。

于是，羊斟用尽力气鞭打拉车的马，手握缰绳控制着马往前猛跑，直直地冲着敌军阵地而去。战车很快**冲入**敌军之中，华元来不及制止，只能眼睁睁地看着自己连人带车被郑国士兵团团围住。宋军因为失去了**指挥官**，很快被打得大败，兵车失去 460 辆，兵士死亡 100 人，被俘 250 人。华元被郑国军队活捉，车夫羊斟也跟着做了俘虏。

因为华元是宋国重要的大臣，**国家大事**不能没有他，所以宋国便和郑国讲和，用 100 辆兵车、400 匹毛色好看的马，交换华元。郑国同意了，还把一些身份不重要的俘虏送还宋国，于是羊斟先回宋国了。

郑国只收到一半兵车和马的时候，华元就**想办法**逃回了宋国。那时守备还很严，华元到了城下，对守门人说明自己的身份，叫开了门，才得以进城。

之后他恰巧在路上**遇见**羊斟，便很热情地安慰道："那天是马不听指挥才往敌军阵里乱跑的吧？连累咱们都做了俘虏。"

羊斟见华元待他如此**真诚宽容**，实在过意不去，就坦白说："不是马作怪，是人作怪。我因为没有吃上羊肉，心中怨恨，故意把你带到敌军阵地里的。"

华元听了，吃了一惊，但没有追究羊斟的意思。羊斟说出自己犯下的大错之后，非常心虚，害怕华元惩罚他，就逃到鲁国去了。

晋灵公之死

晋灵公[1]暴虐无道，行事不像一个国君。他不顾**民生艰难**，横征暴敛（liǎn）[2]，搜刮了许多钱财，用来绘制壁画，装饰宫殿。

他从台上发射弹丸，击打**无辜**的人。被射击的人满面恐慌，东闪西跳，躲避弹丸，他看了，反倒觉得开心。有一次，厨子烹饪熊掌，没有十分熟就拿来给他吃，他**勃然大怒**，把厨子杀死，将尸体放在畚箕（běn jī）[3]里，上面用草遮好了，让几个**妇人**扛着走过朝堂的庭院。

注释

①晋灵公：姬姓，名夷皋，晋文公之孙，晋襄公之子。

②横征暴敛：成语，指强横地征收捐税，残暴地搜刮民财。

③畚箕：古时候用荆条、草绳或篾（miè）片等编成的筐类盛器。篾是劈成条的竹片，也泛指劈成条的芦苇、高粱秆皮等。

晋国的两个大臣赵盾和士季④，路过时看见畚箕里露出一只手来，动了疑心，盘问那些妇人，**得知原委**，赵盾非常担心，决定去劝谏灵公。士季说："如果你去劝他都不听，就没人能继续劝了。所以请你让我先去劝，如果他不听，你再接着劝。"

赵盾同意了。于是士季先去见灵公，灵公知道他来，却**假装**没看见。士季去了三次，站在屋檐下，灵公没法再装了，这才转过身看着他说："我知道自己犯错了，已经打算改正。"士季听了，以为他是真心的，就**叩头**回答："人谁能不犯错误呢？有了过错能够改正，没有比这再好的事情了。《诗》说：'事情有个好开始不难，能有个好结果的很少。'君王能够有好结果，那就是国家的保障了。"

尽管灵公口头上说要改错，但行动上还是不肯改正。赵盾劝说了很多次，灵公很讨厌他。赵盾是德高望重的大臣，晋灵公不敢公开迫害他，就暗地里派了个名叫鉏麑（chú ní）的力士去搞刺杀。

注释

④赵盾：嬴姓，赵氏，名盾，谥号宣，故称赵宣子，时人尊称他为赵孟或宣孟，春秋时期晋国卿大夫，赵衰之子。士季：祁姓，士氏，名会，字季，晋国大夫，因被封于随、范，以邑为氏，为范氏，谥武，故称为范武子。

锄麑天不亮就潜入赵盾家中藏起来，却发现赵盾的卧室门已经开了。赵盾整整齐齐地穿着朝服，端端正正地坐在那里**闭目养神**，等着上早朝。锄麑见状，悄悄退了出去，叹了一口气说：“他独居的时候都不忘记恭敬，真是百姓的主人、晋国的栋梁。我如果害了他，就是不忠，对不起晋国，对不起晋国的人民；但我如果不杀他，便是**违背**国君的命令，对国君不信。忠信不能两全，我不如死了吧！”然后他就在路边槐树上撞死了。

九月，灵公在宫里设宴，请赵盾喝酒，预先埋伏好甲兵，打算伺机杀死赵盾。但是，赵盾手下的武士提弥明看破了灵公的阴谋。**酒过三巡**，提弥明就走上殿去，对赵盾说：“臣子陪君主宴饮，喝酒超过三杯，就失礼了。”说完扶着赵盾，走下殿去。

灵公见自己要失算，竟然放出恶狗去咬赵盾。提弥明**英勇**地挡在前面，跟恶狗搏斗之后杀死了它。接着，埋伏的甲兵一起冲出来。提弥明保护着赵盾，且斗且走，最终受伤而死，形势非常危急。

当初，赵盾在首山打猎，看见灵辄（zhé）[5]倒在桑树下，面色非常憔悴，精神非常疲乏。赵盾就问他生了什

注释

⑤灵辄：春秋时期晋国侠士，因报答赵盾的救命之恩而留名于世。

么病。灵辄回答："不是病，是饿。我已经三天没吃东西了！"赵盾就给了他一些食物。他只吃了一半，留了一半。

赵盾问他**为什么**要留一半。他回答："我外出任职已经三年了，不知道母亲现在是否还活着。现在我快要到家了，想把这点儿食物带回去孝敬母亲。"赵盾就让他把食物吃完，又拿了一筐饭和一些肉，放在袋子里送给他。

后来灵辄做了灵公的卫兵。就在赵盾被众**甲兵**围攻的时候，他转过身抵御那些人，让赵盾**得以脱险**。赵盾问他为什么要救自己，他回答："我就是桑树下那个饿倒的人。"赵盾再问他姓名，他却不回答，自己逃去了别处。

赵盾觉得自己不能继续留在晋国，就逃往国外。他还没有走出**国境**，他的堂弟赵穿⑥就在桃园杀死了灵公。

注释

⑥赵穿：嬴姓，赵氏，名穿，春秋时期晋国大夫，晋襄公的女婿。因封于邯郸，称邯郸君，是赵氏旁支邯郸氏的始祖。

楚庄王问鼎

楚庄王[①]即位之后，**平定内乱**，稳固统治，然后就开启了北上图霸的事业，积极参与中原地区事务。

在位第八年，庄王亲自**率领**楚国大军北上，以“勤王”[②]的名义攻打陆浑之戎[③]。陆浑之戎不是楚国的对手，很快被打败。打了胜仗的楚国军队开到了东周王城洛邑外。庄王让军队驻扎在**洛水畔**，在东周的疆土上列阵。他这样做，是为了向周天子示威，炫耀楚国的强大。

注释

①楚庄王：芈姓，熊氏，名旅，楚穆王之子，楚成王之孙，春秋五霸之一。

②勤王：意思是为王的事尽力，多指君主的统治因受到威胁而动摇时，臣子起兵救援。

③陆浑之戎：古族名，戎族的一支。姓允氏，又叫“允姓之戎”。由于迁居到陆浑，所以叫这个名字。他们散居在秦岭北、黄河南一带，都是阴地（山北水南），所以又称“阴戎”。还有个名字是“九州之戎”。

周定王[4]派大臣王孙满前往楚国军营，慰劳庄王。庄王见到王孙满，开口问他九鼎[5]的大小和轻重。

九鼎是王权的象征，王孙满见庄王故意问起九鼎，立刻明白他有夺取周朝天下的**野心**。于是王孙满回答："鼎的大小轻重在于德，而不在于鼎本身。从前夏朝有德的时候，把远方的东西画成图像，让九州的长官**进贡**铜器，铸造九鼎，并且把这些图像都铸在鼎上，为的是让百姓知道神物和怪物。所以百姓进入川泽山林，就不会**碰上**不利于自己的东西，因而能够使上下和谐，以承受上天的福佑。夏朝末代君主桀（jié）昏乱，于是鼎就迁到商朝手中，前后六百年。商朝的末代君主纣（zhòu）暴虐，鼎就迁到了周朝。德行如果**美善光明**，那么鼎虽然小，也是重的。如果背离

注释

④周定王：姬姓，名瑜，东周第七代君王，周襄王之孙，周顷王之子，周匡王之弟。

⑤九鼎：相传夏朝初年，大禹将天下划分成九州，令九州贡献青铜，铸造九鼎，象征九州，将全国的名山大川、奇异之物镌刻在鼎上面，并将九鼎集中收藏于夏王朝都城。九鼎是王权至高无上、国家统一昌盛的象征，被夏、商、周三代奉为象征政权的传国之宝。

德行，鼎虽然大，也是轻的。上天**赐福**给品德好的人，是有一定期限的。成王[6]把九鼎固定在洛邑的时候，占卜的结果是传世三十代，享国七百年，这是上天所命令的。周朝的德行虽然**衰微**，天命并没有改变。鼎的轻重，是不能询问的。”

楚庄王听了王孙满的**一番话**，知道自己目前还不具备取代周朝的条件，不能强求，于是率军离开了东周的国境。

注释

⑥成王：指周成王，姬姓，名诵，周朝第二位君主，周武王姬发的儿子。

若敖氏之乱

楚国的第十四任国君楚若敖曾经从郧国①娶了个妻子，生了个儿子，名叫斗伯比。若敖去世后，斗伯比跟着母亲住在郧国，被**抚养成人**。郧国国君有个女儿，和斗伯比生了一个**孩子**。郧国国君的夫人觉得女儿没有正式结婚就生孩子是件很丢人的事情，所以不让大家知道，悄悄地把孩子扔在了云梦之泽②。

云梦之泽有一只母老虎，捡到了这个婴儿，就用自己的奶喂养他。

有一次，郧国国君到云梦之泽去打猎，看见母老虎抱着个小婴儿在喂奶，觉得**害怕**又奇怪，回家就把这件奇事告诉了夫人。他夫人一听，知道小婴儿就是女儿跟斗伯比生的那个孩子，于是把事情的经过原原本本告诉国君。两个人觉得既然母老虎都来喂他，想必这孩子**福分**很大，于是国君派人把小婴儿抱回来抚养，然后又把自己的女儿正式嫁给斗伯比。楚国的方言，称乳

注释

①郧国：周朝分封的小诸侯国，在楚国附近。

②云梦之泽：古代湖泊群的总称，在今湖北省境内。

为“谷”，称虎为“於菟”（wū tú）。因为这孩子曾吃虎乳，所以取名“斗谷於菟”。后来斗谷於菟长大成人，回到楚国，官做到了令尹，就是令尹子文。

令尹子文的**弟弟**司马子良[3]生了一个儿子，人称斗越椒（jiāo）。子文仔细看了孩子的相貌，听了孩子的哭声，对子良说：“你得杀死他。我看这孩子，相貌像熊虎，哭声像**豺狼**，如果不杀死他，将来若敖氏[4]全族的人，一定会断送在他手里。俗话说‘狼子野心’。这孩子分明是一只狼，怎么能养着他，让他将来害全族的人呢？”子良爱子心切，不肯听子文的话，没有杀掉斗越椒，还抚养他长大。

子文一直对这个孩子**念念不忘**，非常担忧。直到他快要去世了，就召集全族的人，对他们说：“如果斗越椒掌管楚国政事，你们就赶紧离开楚国，不要留在这里，免得受他连累，整个家族跟着灭亡。”他嘱咐了子孙，又想起祖宗，哭着说：“若敖氏的鬼啊，将来恐怕没有子孙再来祭祀你们，你们都要做饿鬼了！”

注释

③司马子良：芈姓，斗氏，名不详，字子良，若敖氏族人，斗伯比之子，斗子文、斗子玉（成得臣）之弟。他担任楚国的司马一职。

④若敖氏：芈姓家族，祖先为楚国国君若敖熊仪。若敖氏就是以他的谥号“若敖”作为家族称号，始祖斗伯比是熊仪的小儿子。因为斗伯比被封于斗邑，所以也称斗氏。其中，子玉（成得臣）及其子孙又分出了成氏这一支系。若敖氏在武王至庄王时期长期担任楚国军政要职。

后来，子文的儿子斗般做了令尹，斗越椒为司马，蒍贾为工正[5]。不出子文所料，斗越椒一参与政事，就**野心发作**，让蒍贾在楚庄王面前说斗般的坏话。斗般被楚庄王杀死，他便升做令尹，掌握楚国大权，蒍贾也升为司马。过了一阵子，他又率领若敖氏一族的人捉住蒍贾，关了几天之后杀掉了。

斗越椒的野心**越来越大**，竟然带了若敖氏全族的人，攻占了烝（zhēng）野这个地方，准备进攻楚庄王。庄王怕他们势大，想同他们讲和，愿意把前任三代国君的子孙做人质，但斗越椒不接受。

双方在**战场相见**。斗越椒张弓搭箭，射向庄王。这支箭力量强，箭头锋利，飞过庄王的车辕，穿过鼓架，钉在铜钲（zhēng）[6]上。他又射了第二箭，也飞过庄王的车辕，穿透了车盖。

庄王的士兵看见斗越椒的箭如此厉害，都害怕得往后退。庄王派人在军队里大声宣布："我们的先君楚文王[7]打仗时得到三支这样**强劲的箭**，斗越椒偷去了两支，现在已经用完了，大家尽管前进，别害怕！"

注释

⑤工正：春秋时期一些诸侯国设置的官职，为掌百工之官。

⑥钲：古代打击乐器，青铜制，形似倒置的铜钟，有长柄。古时行军，击钲使士兵肃静，击鼓使士兵前进。

⑦楚文王：芈姓，熊氏，名赀（zī），楚武王之子，楚成王之父。

然后楚庄王下令击鼓进军，士兵们冲上去，打败了若敖氏一族。

若敖氏几乎全灭。当时，子文的孙子斗克黄正奉庄王之命出使齐国，幸免于难。克黄回国的路上，听说了若敖氏战败、全族灭亡的消息。同行的人就劝他："你不能回国了，赶快逃吧！"克黄不肯，说："弃君命而逃，谁还肯收留我？"于是他回到楚国，进见庄王，复了命之后就去法官那里请求把自己关起来，等着庄王治罪。

庄王想起以前子文治理楚国的功劳，说："像子文这样的好人，如果没有后代，怎么劝人为善呢？"然后让克黄还担任原来的官职，并给他改名叫斗生。

楚庄王围郑

楚庄王因为郑国背叛了楚国去追随晋国，就率军包围了郑国。郑襄公[①]原以为晋国马上会**出兵**来救，可是都城已经被围了十七天，晋军还是没有来，楚军攻打又急，城墙已经坏了好几处，渐渐有点儿支持不住了。

襄公想向楚军求和，又担心晋国知道了会**怪罪**，犹豫不决。古人遇到疑难的事情，往往用占卜[②]来决定。襄公让人占卜，结果说向楚军求和，不吉；在太庙号哭并把车放在街巷里，**吉利**。

注释

①郑襄公：姬姓，郑氏，名坚，郑穆公之子，郑灵公之弟。

②占卜："占"意为观察，"卜"是以火烧龟壳，古人认为龟壳被烧后出现的裂纹形状可以预测吉凶福祸。

于是襄公决定按照占卜的结果去做：一方面让人到太庙里痛哭，希望祖宗们保佑郑国；一方面让人民都备好**车子**，放在巷子里，以便战败之后逃难。然后，全都城的人民都开始大哭，就连守城的将士也站在城墙上哭。

庄王听见城内哭声震天，又望见守城军士一边大哭一边**防御**，知道郑国人已经到了山穷水尽的地步，觉得不忍心，就下令停止攻击，退兵十里。

庄王本意是可怜郑国人，给他们一个休息的机会，同时希望郑国人感受到自己的仁慈，愿意归顺楚国。哪知郑襄公见楚国退兵，立刻叫将士和百姓**修筑城墙**。庄王见郑国人不仅没有归顺的意思，还在积极备战，于是下令楚军再次围城。

楚军又围攻了郑国三个月，终于城破，庄王率领楚军从皇门[③]进入，到达城内的大街上。襄公**脱去上衣**，露出身体，牵着羊迎接庄王，说："我没能承奉天意，侍奉大王，让大王您带着怒气来到我们这个小地方，这是我的罪过，我怎么敢不唯命是听？如果您要把我俘虏到江南，放到海边，也听您吩咐；

注释

③皇门：郑国国都外城的门。

如果您要灭亡郑国，把郑地赐给诸侯，让郑国人去当奴隶，也听您吩咐。如果您能顾念从前的友好，向郑国的祖先们**求福**，不灭绝我国，让我国像楚国的诸县一样重新**侍奉**您，那就是您对郑国的大恩惠了。这是我的心愿，但我也不敢指望您能同意，现在把这些心里话说给您，请大王**考虑**。”

庄王的左右随从说：“不能答应他，咱们得到了郑国，哪能就不要了呢？”庄王却说：“它的国君能够屈居他人之下，必然能够取信和指挥他的百姓，恐怕还是很有希望的吧！”于是，楚军**退兵三十里**，允许郑国讲和。楚国派潘尪（wāng）[4]入郑国结盟，郑国把子良[5]送到楚国做人质。

注释

④潘尪：潘氏，名尪，字师叔，春秋时期楚国大夫。

⑤子良：即公子去疾，姬姓，字子良，郑国的卿，郑穆公之子，郑襄公之弟。

楚庄王灭萧

楚庄王攻打萧国①，宋国和蔡国出兵来救。楚国的两个将领熊相宜僚（liáo）和公子丙，被萧国人捉去关了起来。

庄王**爱惜**人才，就派人去讲和，对萧国人说：“你们把这两个人放了，还给我，我就退兵。”可是萧国人不同意，居然直接把两个将领杀了。庄王非常愤怒，下令楚国大军把萧国**团团围住**，开始进攻。

那时正是冬天，非常寒冷。申公巫臣②给庄王献计：“兵士**随身**带的衣物少，挡不住这寒冷，所以不能取胜。大王如果巡视三军，用极温和的话抚慰他们一番，那么他们一定会感动，产生热心和勇气，替大王尽力攻打萧国。”

注释

①萧国：春秋时期国名，在今安徽萧县西北，是宋国的属国。

②申公巫臣：芈姓，屈氏，名巫，一名巫臣，字子灵，曾担任楚国申县县尹。

庄王就按照他说的去做，楚国兵士**果然**被温和的言语感动，身上好像穿着棉衣，一点儿不觉得冷了，出战的时候都拼命厮（sī）杀，萧国人大败。楚军占领了萧国。

开战之前，萧国有个大夫名叫还无社，到楚军这边来办事，正跟楚国大夫司马卯（mǎo）交谈时，看见自己认识了很久的**老朋友**——楚国大夫申叔展路过，就大声跟他**打招呼**。

申叔展看到他之后，走过来直接开口问：“你有麦曲（qǔ）③吗？”

还无社见他问得没头没脑的，心里觉得奇怪，回答道：“没有。”

申叔展再问：“川芎（xiōng）④有没有呢？”

还无社更加**奇怪**，回答道：“也没有。”

申叔展接着说：“那你着凉了得风湿病、拉肚子怎么办呢？”

注释

③麦曲：麦制的酒母。把蒸熟的麦子捣烂成块，晒干后可以酿酒，又能抵抗湿气。

④川芎：中药名，具有活血行气、祛风止痛的功效。

还无社听了这句话，突然明白过来：麦曲和川芎，都可以抵挡**湿气**，申叔展是在暗示他，萧国战败、楚军破城之时，藏到水中保命。于是，还无社对申叔展说：“你如果看到枯井，我就得救了。”

申叔展见他明白了自己的意思，就补充了一句：“如果井上有一根茅草绳，对着井里哭的人就是我。”两人就这样**约定**好，然后分别。

第二天，萧国人大败，楚军杀进了城里。申叔展到处搜寻，看见一口枯井上绑着茅草绳，就对着**井口**大声哭起来。藏在井里的还无社听到哭声，开口回应他。申叔展就把他救了出来。

惹祸上身的齐顷公

晋景公[1]派郤（xì）克[2]出使齐国，去邀请齐顷公[3]参加诸侯大会。

郤克的腿脚有毛病，走路一拐一拐的。他去拜见顷公的时候，顷公在殿后挂了帷幕，让自己的母亲坐在帷幕里面，偷看郤克走路。郤克瘸着腿走上台阶，既要防止摔倒，还要防止失了礼仪，那样子看上去让人发笑。顷公的母亲禁不住放声大笑，左右侍女也都跟着嘻嘻哈哈笑起来。

笑声传到了帷幕之外，郤克见顷公竟然在接待使臣的重大场合让妇人取笑他，而这种行为是很侮辱人的，他心里非常生气。接见结束，郤克走出顷公的宫殿，发誓说："如果不报此仇，我就不会再次渡过黄河！"因为晋国人去齐国都要渡过黄河，所以他的意思就是自己下次来齐国，一定是率领军队来报仇的。

注释

①晋景公：姬姓，名獳，一名据，晋文公之孙，晋成公之子。

②郤克：姬姓，郤氏，名克，谥献，人称郤献子，春秋时期晋国正卿。

③齐顷公：姜姓，吕氏，名无野，齐桓公之孙，齐惠公之子。

过了几年，郤克掌握了晋国的军政大权。恰巧鲁、卫两国都被齐国攻打，就派了使者到晋国**去请救兵**。使者知道郤克跟齐国有仇，都先拜见郤克，然后进见景公，说明来意。景公答应了他们的请求，派郤克为元帅，率领兵车八百乘、士兵六万人，去救鲁、卫两国。

晋军渡过黄河，跟鲁、卫两国军队汇合，到达距离齐军不远的地方，扎下营寨。双方约定了开战的时间。齐国的勇将高固④驾着一辆兵车去晋国军营挑战。晋国的一个将领乘车出营，高固见了，一石子打去，把他击倒在车里。高固跳到晋国将领的兵车上面，**抓住他**，驾车返回齐国军营。他还在车后面绑了一棵桑树，绕着齐国军营飞奔，高声喊道："想要买勇气的人可以来买我剩下的！"

第二天，晋军和齐军在齐国边境上的鞌（ān）交战。逢丑父担任顷公战车右边的勇士。顷公望见晋军，说："我暂且先去消灭了这些人，再回来吃早饭！"

两军都击鼓进攻。郤克中了一箭，血一直流到鞋子上，但他坚持击鼓，鼓声逐渐变慢。他很痛苦，对驾驶战车的解张说："我已经要不行了！"解张回答："两军刚交上手，箭就射穿了我的手臂。我折断箭杆，坚持驾车，血流下去，把左边车轮都染红了，也不敢说受伤不行了。请您也坚持吧。"郤克痛得厉害，已经没了力气，鼓声**断断续续**。解张着急了，说："全军进退都是看我们这辆车上的旗子，听我们的鼓声。我们这旗鼓只要有一个人管着，就能打完这场仗。在这紧急关头，难道您要为了一点儿痛苦就败坏国君的大事吗？我们披甲执兵上战场，本来就抱着必死的决心。现在您虽然受伤，但还没有到死的程度，还是坚持吧！"

注释

④高固：姜姓，高氏，人称高宣子，春秋时期齐国大夫。高氏是齐国的贵族世家。

晋师追击齐军，长驱直入齐国境内。顷公派了国佐[9]到晋营求和，还带了两件宝物纪甗（yǎn）和玉磬（qìng）送给郤克当礼物；又允诺把从前攻打鲁、卫所占的疆土归还二国。国佐临行时，顷公吩咐他："我们的损失已经不小了，如果晋人还不允许，再提出别的**条件**，你态度强硬点儿，切不可接受，随他们怎样，我都不怕！"

国佐奉命到晋营，献上两件宝物，说了来意。郤克果然不同意，提出了两个**苛刻的条件**：第一要齐国把顷公的母亲送来当人质；第二要齐国境内的田垄（lǒng）一律改成东西向。

国佐回答："这两件事，**万万不能依**。第一，晋和齐是对等的国家，我们国君的母亲，也可以说是晋君的母亲。你现在强迫我们以国母为质，这不是以不孝令诸侯吗？第二，以前的天子对天下的土地因地制宜进行划分，以便百姓获得相应的利益。现在你却硬要我们齐国的**田垄**都改成东西向，好方便晋国的兵车开进齐国，这不符合天子的政令。违背天子政令，不合道义，怎么能做诸

注释

⑨国佐：一作国差，谥武，称国武子，春秋时期齐国上卿。也叫宾媚人，"宾"是别氏，"媚人"是因为他担任媚邑大夫。

侯盟主呢？我军已经战败，如果您肯赐福，不灭亡我们的国家，让齐晋两国重修友好，那么我们的宝物和土地都可以送上。但如果您不肯同意，那我们就只能收集残兵败将，背靠城墙，决一死战。”

鲁、卫二国的统兵将领就出来调停，劝郤克说：“齐国本来已经和我们有仇，此次战役，齐军死亡和失散的都是国君亲近且重要的人。如果你不许讲和，过分逼他，仇恨越积越深，也不是好事。你现在得了他们的宝物，我们两国恢复失地，解除急难，这已经很有面子了。齐晋两国本来就势均力敌，难道晋国会一直打胜仗吗？”

郤克见鲁、卫两国这样说，只得取消那两个苛刻的条件，同意讲和。

庄子

给你讲故事

北海的大鱼

北海有一条大鱼，名字叫鲲。鲲的体形庞大，不知有几千里长。它能变为一只巨鸟，名字叫鹏。鹏的背部宽阔，不知有几千里宽。它奋起高飞时，双翅张开有如**天边的云朵**。这只巨鸟，在海风大作时，就会迁徙到南海去。根据记载，当大鹏要往南海迁徙时，能在水面激起三千里波涛。它拍翅**盘旋**而上，飞到九万里高空，然后乘着六月刮起的大风离开。

为什么大鹏起飞要闹这么大**动静**呢？打个比方，如果积存的水不够深，就无力承载大的东西。我们倒一杯水在低洼之处，只有小草能漂浮起来，放上杯子当船就着地不动了。所以，如果聚集的风力不够大，就没法托起巨大的翅膀。因此，**大鹏**需要抵达九万里高空，才算到了风的上方，这样可以乘着风力，背靠青天，完全没有任何阻碍，然后开始飞向南方。

一只蜩[1]与一只学鸠[2]讥笑大鹏："我们一纵身就能飞起来，碰到榆树、枋树[3]就停下来，有时飞不高，落在地上也罢了。何必要升到**九万里高空**，再飞那么远去南海呢？"

要知道，如果**去郊外**一趟，只用带着三餐，回来时肚子还是饱饱的；但如果去一百里那么远的地方，要用一整夜准备干粮；如果去一千里那么远的地方，要提前三个月准备粮食。这两种生物个头小，见识少，当然不能理解大鹏所需要的环境和条件。

注释

①蜩（tiáo）：古书上指蝉。

②学鸠（jiū）：一种鸟类，又名斑鸠。

③榆树、枋树：都是树木的名字。

惠子的大瓠瓜

惠子[1]对庄子说道："魏王[2]曾经送我一颗瓠瓜[3]的**种子**，我把它种下去，后来竟然结了一个很大很大的瓠瓜。看它的容量差不多可以装五石[4]的水，但它不够坚固，装那么多水会破裂。把它**剖**开来做了一个瓢[5]，又太宽大了，放不进水缸里。因为它一点儿用处也没有，所以我将它打碎了。"

庄子道："是你自己不知道怎么处置它罢了！从前宋国[6]有户人家，一向善于**制造**不让手龟裂的药物，世世代代都以漂洗丝絮为职业。有人听说之后

注释

①惠子：名施，战国时期宋国人。他知识渊博，曾经做过魏国的宰相，是庄子的朋友，经常与庄子讨论学问。

②魏王：魏国的君王，本故事中指的是魏惠王，又称梁惠王。因为魏国自河东迁都到大梁，所以别称为梁国。

③瓠（hù）瓜：一种草本植物，果实即葫芦。

④五石：一石是一百升，五石就是五百升。

⑤瓢（piáo）：用来舀（yǎo）水或撮取面粉等的器具，多用对半剖开的匏瓜做成，也有用木头挖成的。

⑥宋国：周朝的一个诸侯国，开国君主是商纣王的庶兄微子启，都城为商丘。宋国人是殷商人的后裔。

愿意花一百金，向他们买这个制药的方子。他们当即召集了全族的人，商量道：‘我们世世代代**漂洗丝絮**，每次挣的钱不过数金而已；现在，只用卖出药方就可以赚到一百金，卖给他吧！’那个人得到药方，便拿去献给吴王。这时候，越国⑦来攻打吴国⑧，吴王让那个人带兵去抵御。吴军在冬季跟越军在水上作战，因为有药，士兵们的手没有**被冻裂**，把手被冻裂的越军打得**落花流水**。吴王给那个人一片封地作为奖赏。你想，宋国的人和那个买药方的人，不是同样能够制造不让手龟裂的药物吗？但是，有人获得封地，有人仍然继续做漂洗丝絮的工作，这是他们对**药方**的不同处置导致的。现在，你有了这么大的大瓠瓜，为什么不绑在腰间，利用它的浮力让自己漂游在江湖之上，却要愁它没有用处呢？”

注释

⑦越国：又称于越，春秋战国时期位于东南方的诸侯国，都城为会稽（今浙江绍兴）。相传其国王始祖是夏王少康庶子无余。

⑧吴国：存在于长江下游地区的姬姓诸侯国。创立者是周太王的长子、文王的大伯父泰伯。

朝三暮四

有个人养了一群猴子。他拿橡实[①]喂猴子，因为猴子多，就跟它们商量，定下每天给的**数量**。他先对猴子们说：“朝三而暮四。”意思是早上给三个橡子，晚上给四个。所有的猴子听了都很**生气**。

他立马改口说：“然则朝四而暮三。”意思是早上给四个，晚上给三个。所有的**猴子**听了都变得很高兴。

每天分给猴子的橡子数量实际上并没有改变，猴子们却以为自己得到的橡子数量增加了。成语“朝三暮四”[②]就源自这个故事。

注释

①橡实：又称橡子，是橡树的果实，含有大量淀粉，可以食用，也可以用作动物饲料。

②朝三暮四：原先比喻聪明人善于使用手段，愚笨的人不善于辨别事情，后来比喻常常变卦，反复不定。

支离疏的幸运

有个名叫支离疏[①]的人，是个长得奇形怪状的残疾人。他的头低缩在肚脐下面，双肩高过头顶，发髻朝着天，五脏都挤在背上，两腿紧靠着胁[②]旁。长成这个样子，可以说是人生非常不幸了。

他平时干些替人缝衣洗衣的活儿，挣的钱足以养活自己。他还会替人簸米筛糠，这一项收入高，足以养活十个人，所以日子过得还行。

官府招募军队的时候，他敢大摇大摆在征兵场所闲逛，不用担心像健全的人那样突然被拉去上战场；官府有艰苦的工作要征劳力时，他因身有残疾而不必被拉去干活儿；而当官府救济病患时，他因为身体严重残疾，可以领到三钟[③]米谷和十束柴薪。

他这样形体残缺不全的人都可以养活自己、自然老死，那些肢体健全的人，应该从中得到启示。

注释

①支离疏：古人形容身体残缺，就说“支离”。疏是这个人的名字，意思就是名字叫疏的残疾人。

②胁（xié）：胸的两旁，有肋骨的部分。

③钟：古代的量器和容量单位，以六斛四斗为一钟（以十斗为一斛）。

庖丁解牛

庖丁[1]替文惠君[2]宰一头牛。只见他用手按着牛，用肩靠着牛，用脚踩着牛，用膝盖抵着牛，动作极其**熟练自如**。他将刀刺入牛身时，那种皮肉与筋骨剥离的声音与运刀时的动作**呼应**，非常和谐一致，美妙动人，仿佛是配合着《桑林》[3]起舞，跟《经首》[4]乐章十分合拍。

文惠君**赞叹**道：“真好呀，你的技术竟然高超到这样的地步！”

注释

①庖(páo)丁：名字叫丁的厨工。先秦古书中，往往以职业放在人名前。

②文惠君：就是梁惠王，也称魏惠王。

③《桑林》：传说中颂扬商朝开国君主汤的乐曲。

④《经首》：一种舞乐。

庖丁放下刀回答道："我并不仅仅有宰牛的技术，还研究过宰牛的奥妙呢！我刚开始宰牛的时候，所看见的是**一整头牛**。宰了三年牛以后，眼前就不是完整的牛了，而是许多可以拆卸的部件。到了现在，我不必用眼睛仔细观察牛，就能感受到它体内的各种组织，然后顺着牛本来的**构造**下刀，将刀直接刺入筋骨相连的**空隙**之处，这样便不会使刀受到丝毫损伤。我既然连骨肉相连的部件都不会去硬碰，更何况大的骨头呢？**技术高明**的厨师一年换一把刀，因为他们是在用刀割肉。普通厨师因为是用刀砍骨头，所以一个月便要换一把刀。我的这把刀已经用了十九年，宰过数千头牛，请看，和新磨出来的一样。"

长寿的栎树

有个木匠叫匠石，一次他带着徒弟去齐国①，到了曲辕这个地方，看见一棵又高大又漂亮的栎树②。它的树冠大到可以遮蔽数千头牛；用绳子绕着量一下树干，足有数百尺粗，树梢高临山巅，离地面八十尺处方才分枝；用它来造船，十余艘都够。观赏的人群像赶集似的涌来涌去，而匠石连瞧也不瞧一眼，不停步地往前走。

注释

①齐国：从西周到春秋战国时期的一个诸侯国，开国君主是周王朝的开国功臣姜尚（姜太公），分为姜姓吕氏齐国和妫姓田氏齐国两个时代，疆域为今山东省大部。

②栎（lì）树：一种树木，材质坚硬，可用来制造车船、农具、家具等；有些种类的树叶可以饲喂柞（zuò）蚕；种子富含淀粉，可供酿酒或作为家畜饲料，加工后也可供食用。

他的徒弟把这棵树仔仔细细看个够，然后跑着赶上匠石说：“自从我跟着老师学习木工活儿，从来没见过这样壮美的**树木**。老师却看一眼都不肯，不住脚地往前走，为什么呀？”

匠石道：“算了吧，别提它了！这种树是一点儿用处也没有的：用它做船会沉，做棺材很快就会腐烂，做器具很快就会毁坏，做门窗会流出汁液，做梁柱会生蛀虫。它是不能当木材使用的树，没有一点儿用处，所以能够活这么久。”

这一天，匠石回到**家里**，晚上就梦见那株栎树对他说道：“你要拿我与什么相比呢？你把我当有用的木材看待吗？你瞧，那些山楂、梨、橘、柚、果、蓏[③]一类的东西，果实熟了就会被人采摘，甚至连枝干都会被**折断**。这就是因为它们能结出鲜美果实，才苦了自己，以至于早早夭折，不能自然地活到老朽衰亡的那一天。我的无用，对我来说，恰恰是最大的**用处**。假使我是有用的木材，能够活得这么久、长得这么高大吗？”

注释

③蓏（luǒ）：古人把木本植物的果实，叫作果；把草本植物的果实，叫作蓏。

都丢失了羊

一家有两个僮仆，名字叫臧[①]和榖。主人让他们各自领了一群羊，到野外去放牧。不料，没过多久，两个人都把自己看守的羊群弄丢了。

主人先问臧道：“你在做什么事呢，怎么连一群羊都照顾不了？”

臧道：“我看放羊的时候有空闲，所以就带了一卷书。趁羊吃草的时候坐在草地上低头读书。哪知一会儿没注意，羊就不见了！”

主人又问榖道：“你怎么也把羊弄丢了，你在做什么事呢？”榖道：“我因为放羊这个活儿太枯燥无味了，所以就和其他几个放牧的人一起玩博塞[②]游戏。结束了一抬头，羊已经不知道跑哪里去了！”

两个人在放羊时所做的事虽然是不同的，有好有坏，后果却是一样的，都丢失了羊。

注释

①臧（zāng）：本义是善、好。

②博塞：即六博、格五等，是古代流行的棋类游戏。

望洋兴叹

秋天的雨水随着季节来临，千百条河流的水一起注入**黄河**，它的河面顿时宽阔起来，遥望两岸和河面上的沙洲，根本分辨不出来那边的动物是牛还是马。于是河伯[①]得意洋洋，以为天下的美景全在自己这里了。

他顺着水流向东而行，到了北海，朝东望，却看不见水的**尽头**。这时河伯才改变原先得意的脸色，望着海洋对若[②]感叹：“俗话说：‘听了许多道理，就以为没人比得上自己。’这说的就是我呀。而且我曾经听说有人鄙薄孔子[③]的见识，**轻视**伯夷[④]的义行，起初还不相信；现在我总算目睹了你难以穷尽的广大。我要是不到你这里来就糟了，将永远被有见识的人笑话。”

注释

①河伯：黄河之神。

②若：北海之神。北海即今天的渤海。

③孔子：中国古代著名的思想家、教育家，儒家学派创始人，被后世尊为孔圣人、至圣、至圣先师等。

④伯夷：商朝末期孤竹国国君之子。他跟弟弟叔齐互相推让国君之位，最后一起离开，到周文王处养老。他们反对周武王伐纣，认为是不仁不义的行为。周灭商后，两人不肯食周粟，隐居在首阳山采薇而食，遂饿死。伯夷和叔齐被看作有美德的贤人，为了志向和信仰甘于殉道。

顺应变化的子舆

子舆①生病了。他的朋友子祀前去探望，子舆说："造物者的本事真是大呀！竟然把我弄成这副蜷曲的样子。"

子舆弯腰驼背，五脏挤在背部，脸颊藏在肚脐下，双肩高过头顶，发髻朝着天空，气血错乱不顺。但是他看起来很悠闲，仿佛没有麻烦事发生一样，慢腾腾地走到井边，照见自己的身影，说："哎呀！造物者竟然要把我弄成这副蜷曲的样子。"

注释

①子舆、子祀：都是庄子写寓言时虚构的人名。

子祀说："你讨厌这副样子吗？"

子舆说："不，我怎么会讨厌呢？假如把我的**左臂**变成公鸡，我就用它来报晓；假如把我的右臂变成弹丸，我就用它来打鸟再烤了吃；假如把我的尾椎变成车，把我的**精神**变成马，我就乘坐这辆马车。再说，有所得，是靠时机；有所失，就要顺应。安于时机，顺应变化，心里就不会因变化而狂喜或者哀伤了。这是古人所说的解脱了倒悬②之苦。那些不能自行**解脱**的人，是被外物**束缚**住的。况且，事物的变化不能超越自然的力量，这是由来已久的事情，我又讨厌什么呢！"

注释

②倒悬：庄子认为人不能超脱于物外，就像被倒悬着一样痛苦不堪，超脱于物外则像解脱了束缚，七情六欲也就不再成为负担。

轮扁造车轮

桓公[1]在厅堂上读书。轮扁[2]在厅堂下造车轮，忽然**丢掉**了手里的工具，跑上堂来问桓公道：“我斗胆问一声，主公您读的是什么东西啊？”

桓公道：“这是圣人的**言论**。”

轮扁又问道：“圣人现在还活着吗？”

桓公答道：“他们都已经死了！”

轮扁道：“这样看来，您读的，都不过是古人所**废弃**的糟粕[3]罢了！”

注释

①桓 (huán) 公：即齐桓公，春秋时期齐国国君，名小白。齐桓公任用管仲为相，实行军政合一、兵民合一的制度，齐国逐渐强盛。他也成为春秋首霸。

②轮扁：制造车轮的人，扁是他的名字。

③糟粕：造酒时剩下的渣滓，后用来比喻粗劣且没有价值的东西。

桓公道："你一个造车轮的工人，怎么竟敢乱批评古人！你要是说得出理由便罢，说不出来就把你处死。"

轮扁道："这很容易，只要用我造车轮的事比喻，便可以知道其中的理由了：我在造轮子时，下手慢了就会松动不牢固，下手快了就会紧涩嵌不进去，需要不慢不快，心里想的与手里做的配合得当。这里头是有经验技巧的，自己能感受，但没办法用话说出来。我不能把做轮子的心得和技巧传授给儿子，儿子也不能从我这里继承这些心得和技巧。既然古人与他们不可传授的心得都已经消失了，那么您读的，不过是古人的糟粕罢了。"

圣人的勇敢

孔子和弟子们周游到了匡城。宋国人拿着武器把他的住所重重围住，但他还是很放松的样子，弹琴唱歌，**终日不停**，看起来一点儿都不为自己的处境担忧。

子路①进屋看见孔子这个样子，很好奇，就问孔子："咱们的**处境**很危险，为什么老师还这么**快乐**呢？"

孔子说："过来，我告诉你。我一直在努力避开穷困，却不能免除，这是命中注定；一直在努力寻求发达，却不能获得，这是时运不济。在尧、舜②的时

注释

①子路：名仲由，子路是他的字，孔子的弟子，位列孔门"七十二贤"，是"孔门十哲"之一。性情刚直，好勇尚武，跟随孔子周游列国。

②尧、舜：都是上古的贤明君主。他们是古代帝王政治的典范，统治的时代被称为太平盛世。

代，天下没有穷人，并不是因为那时的人智力都卓越；在桀、纣[3]的时代，天下没有富人，并不是因为那时的人智力都低劣。这一切都是时代**形势**所造成的。在水中行动不避开蛟龙，这是渔夫的勇敢；在陆上行走不避开野牛与老虎，这是**猎人**的勇敢；刀刃相交于眼前，却视死如生，这是烈士的勇敢；知道穷困是命中注定，通达需要等待时机，面临**大灾大难**而不害怕，这是圣人的勇敢。子路，你安心待着吧！我的命运自有定数。”

没过多久，一个带兵的人进来，道歉说：“我们以为你是阳虎[4]，所以才包围你。现在知道弄错了，特来致歉，并且要退兵了。”

注释

③桀、纣：桀是夏朝最后一个国王，纣是商朝最后一个国王，都是历史上有名暴虐、荒淫的国君。

④阳虎：春秋后期鲁国人，与孔子同时代，是鲁国大贵族季孙氏的家臣。季孙氏凌驾于公室之上，掌握鲁国实权。阳虎掌握了季孙氏的实权，进而操控鲁国。据说阳虎和孔子长得很像，所以会被匡城的人认错。

埳井之蛙

埳井[1]之蛙住在一口废弃的浅井里，一天，有只来自东海的大鳖来拜访它。它对大鳖说："我真快乐呀！一出来就可以在水井栏杆上跳跃，一回去就可以靠在破砖边上休息。我跳到水里，水就接住我的双臂，托起我的两腮；踩在泥上，泥就淹没我的双脚，盖过我的脚背。回头看看井里的红虫、螃蟹与蝌蚪，没有谁的日子比得上我。而且我独自拥有这一坑水，盘踞这一口井，我想这应该最快乐了吧。你要不要进来看看呢？"

注释

①埳（kǎn）井："埳"同"坎"，意思是废井、浅井。"埳井之蛙"指的是废井里的一只青蛙，后来用于比喻见识不多的人。

东海大鳖的左脚还没有踏进井里，右边**膝盖**就已经被绊住了。于是它摇晃着退后几步，跟青蛙讲大海的样子。它说：“一千里的距离，不足以形容它的大；八千尺的**高度**，不足以说尽它的深。夏禹②的时候，十年有九年水灾，而海面并没有因此上升；商汤③的时候，八年有七年**旱灾**，而水位并没有因此下降。它不随着时间长短而有所改变，不因水量多少而有所增减。这就是东海带给我的大快乐啊！”

埳井之蛙听了之后，神色惊慌，尴尬得**不知所措**。

注释

②夏禹：人称“大禹”，为夏后氏首领、夏朝的开国君主。尧舜时期，中原大地洪水泛滥，大禹从父亲鲧治水的失败中汲取教训，率领民众，改“堵”为“疏”，历经 13 年最终治水成功。大禹在治水时忘我无私，“三过家门而不入”，传为美谈。因为大禹治理黄河有功，舜把帝位禅让给了他。

③商汤：又称“成汤”，商朝的开国君主。夏朝传到桀，桀暴虐无道。汤任用贤臣、积蓄粮草、训练军队，起兵讨伐夏桀，建立商朝。

邯郸学步

寿陵余子①听说赵国邯郸②这个地方的人走路姿势很优美，心里很**羡慕**，就离开了家乡，大老远地跑去邯郸，要学当地人走路。

到了邯郸，他走在街上，看到老人、小孩、妇女、男子**走路姿势**各有美妙之处，都很好看，就跟在别人背后，有样学样。人家迈脚，他也跟着**迈脚**；人家摆手，他也跟着摆手。人家停下来，他也连忙停下来。

过了一阵子，他非但没有学会邯郸人走路的姿势，还把自己原来走路的姿势忘掉了，结果只好以手着地，爬着回老家去了。

注释

①寿陵余子："寿陵"是燕国的一个城名。"余子"指还未达到服役年龄的年轻人。燕国是周王族诸侯国之一，属于"战国七雄"，始祖是周王族宗室，周武王的弟弟召公。

②邯郸：战国时期赵国的都城。赵国是"战国七雄"之一。赵氏原来是晋国的贵族世家，后来跟韩、魏两家瓜分了晋国，成为诸侯。

东施效颦

大美女西施[①]有个心痛的毛病，当她发病的时候，总是**皱起眉头**，双手捧着心口。左邻右舍看到了，都觉得她颦[②]眉捧心的样子非常美，别有一种风韵，个个都赞美她。

在西施居住的村子里有一位长相**丑陋**的东施[③]姑娘，她看到西施紧皱眉尖的样子，也觉得美极了，心里非常羡慕。因此，东施出门时，就学着西施发病时的动作和神情，两手捂住自己的胸部，然后把眉尖紧紧地皱起来。她想，这样一来，邻舍们也会赞美她了。

哪知邻舍们见了她大吃一惊，根本没有人**赞美**她。而且，富人们竟把大门紧紧关闭起来，不想出来看她那副丑态。穷人因为没有坚固的大门好关，就带了妻子儿女，急忙跑到别处去躲避。

注释

①西施：越国苎罗（今天的浙江诸暨南边）有位姓施的美女，因为家住若耶溪西岸，所以村里人都叫她西施。

②颦（pín）：皱眉。

③东施：住在若耶溪东岸的姓施的姑娘。

拖着尾巴在泥地里爬

庄子在濮水[①]上垂钓，楚王[②]想请他去做官，就派了两个大夫[③]去他那里，对他说道：“我们的国君，想把楚国的大政托付给你！”

庄子却手握着钓竿，头也不回，爱理不理地道：“我听说，楚国有只神龟[④]，已经死了三千年，楚王把它装在竹笥[⑤]里面，上面再用手巾遮盖着，然后拿去供在庙堂上。这只龟，是宁可死了，留下骨头享受尊贵待遇呢，还是宁可活着，拖着尾巴在泥地里爬呢？”

两个大夫都说：“自然还是拖着尾巴，在泥地中自由地爬来爬去要好多了！”

庄子道：“好吧，你们可以回去了。因为我也情愿拖着尾巴，在泥地里爬呢！”

注释

①濮（pú）水：古代河流的名字。

②楚王：楚威王，战国时期楚国国君。楚国是先秦时期位于长江流域的诸侯国，“战国七雄”之一。

③大夫：古代职官的级名。西周以后，先秦诸侯国中在君主之下有卿、大夫、士三级。

④神龟：传说中有灵异的龟。

⑤竹笥（sì）：方形的竹器。

庄子见惠子

惠子在梁国做了宰相，庄子前去拜访他。

有人私下里对惠子说："庄子这次到梁国来，是想取代你，自己当宰相呢！"

惠子被他一说，心里很害怕，立马派人在梁国到处搜寻庄子的踪迹，一直**折腾**了三天三夜。

庄子便自己去见惠子，对他说："南方有只鸟，名字叫作鹓雏[①]，你知道吗？这只鸟，从南海飞到北海，不遇到梧桐树，它是不会停下来休息的；找不到楝实[②]，它情愿**饿着肚子**；找不到醴泉[③]，它情愿一口水也不喝。这时候有一只鸱[④]，不知从哪里得到一只腐烂了的老鼠，正嚼得**津津有味**。那只鹓雏恰巧从它那里飞过，鸱以为鹓雏是来抢夺腐鼠的，就怒气冲冲地向它呵斥：'吓[⑤]！'——现在，你想用你的梁国相位来吓我吗？"

注释

①鹓雏（yuān chú）：古书上指凤凰一类的鸟。

②楝（liàn）实：竹子开花后结的果实。

③醴（lǐ）泉：甘美的泉水。醴是一种甜酒。味道甜得像醴一般的泉水，叫醴泉。

④鸱（chī）：一种凶猛的鸟，古书上指鹞鹰。

⑤吓：象声词用作动词，指鸱发怒，拒绝其他鸟靠近。

知鱼之乐

庄子跟惠子一起，在濠水①的桥上游玩。

庄子指着水中的**鱼群**，对惠子说道："你瞧这些鲦鱼②，从从容容地在水中游来游去，这是鱼儿最快乐的时候！"

惠子道："你又不是鱼，怎么知道鱼快乐？"

庄子反问道："你又不是我，怎么知道我不知道鱼的快乐呢？"

惠子道："是的，我不是你，的确不知道你的**心意**。但是，照这样看来，你既然不是鱼，当然也可以确定，你不会知道鱼的心意了！"

庄子说："请回到我们最初说的话。当你说'你怎么知道鱼快乐'这句话时，就表明你已经知道我知道鱼快乐才来问我的。而我，是在濠水的桥上知道的啊！"

注释

①濠水：古代河流的名字，在安徽省凤阳县境内，北流至临淮关入淮，分东濠水和西濠水。

②鲦（tiáo）鱼：鲤形目鲤科动物，生活于河流、湖泊中。体形又窄又扁，像柳叶，鳞细而整齐，洁白可爱，喜欢集群游动。

粘蝉的诀窍

孔子带着弟子到楚国去，经过一片树林，看见一个弯腰驼背的老人在粘蝉①，非常轻松，就像在地上捡蝉一样。

孔子说："您的技术这么巧妙，有什么诀窍吗？"

老人说："我有诀窍。经过五六个月的练习，我在竹竿顶上放两颗弹丸②而不会掉落，这样去粘蝉就很少失手了；接着，放三颗弹丸而不会掉落，这样失手的可能性只有十分之一；等到放五颗弹丸而不会掉落时，粘蝉就好像用手拾取东西那么容易了。我站稳身体，像直立的枯树干一样稳稳当当；我举起手臂，像枯树上的枯枝一样纹丝不动。尽管天地广阔无边，万物五光十色，但我眼中只有蝉翅膀。外界无论任何东西都不能分散我的注意力，都影响不了我对蝉翅膀的关注，这样怎么会粘不到呢！"

孔子回头对弟子说："用心专一，本领就可以练到出神入化的地步。这就是弯腰驼背的老人教会我们的道理啊！"

注释

①蝉（chán）：俗称"知了"，一种昆虫，种类很多，雄虫的腹部有发音器，能连续发出尖锐的声音。幼虫生活在土里，吸食植物根部的汁液。成虫生活在树上，刺吸植物的汁。

②弹（dàn）丸：弹弓所用的铁丸或泥丸等。

路边的髑髅

庄子到楚国去，在路边看见一个髑髅①。惨白的骨头空荡荡的，还有些破损。庄子用马捶②打了它几下，然后问它："你是因为贪图生存、**违背常理**，才变成这样的吗？还是因为国家败亡、惨遭杀戮，才变成这样的？还是因为作恶多端，怕给父母妻子留下**耻辱**而活不下去，才变成这样的？还是因为遇到灾难挨饿受冻，才变成这样的？还是因为你年纪大了自然死去，才变成这样的？"

庄子说完了这**一番话**，就拿那个髑髅当作枕头，睡起觉来了。

到了半夜里，庄子梦见那个髑髅对他说道："你谈话的方式像个辩士③，你所说的

注释

①髑髅（dú lóu）：死人的头骨。

②马捶（chuí）：即"马棰"，马杖、马鞭。

③辩士：辩才出众的人。

那些，都是活人应有的麻烦，死了就没有这些忧虑了。你想听听死人的情形吗？”

庄子道：“好吧，你且说说看！”

髑髅道：“人死了，上没有国君，下没有臣子，也没了一年四季要操心的各种事情，自由自在与天地并生共存。就是南面王④的快乐，也不能超过它啊！”

庄子不相信他的话，又对他说：“我去请求司命⑤，恢复你的身体，让你重新长出骨肉肌肤，让你回到父母、妻子、邻里和故交当中去，你愿意吗？”

髑髅却很忧愁地皱着眉尖儿说道：“我怎能放弃南面王的快乐，仍旧去遭受人间的痛苦呢！”

注释

④南面王：古时做帝王的，座位都朝南设置，所以这么称呼。

⑤司命：古代传说中掌管人生命的神。

鲁侯养海鸟

从前有只海鸟，飞到了鲁国[①]郊外。鲁侯得知之后，用很**隆重**的礼节去迎接它，把它送进太庙[②]，端上好酒招待它，为它演奏《九韶》[③]乐曲，给它供奉上太牢[④]。那只鸟被这一切搞得眼花缭乱，吓得**不敢**吃一点儿东西，也不敢喝一滴酒，过了三天便死了。因为这只鸟，并不适应这种生活。

鲁侯是在用养自己的方法养鸟，而不是用养鸟的方法养鸟。如果用**养鸟**的方法养鸟，就应该让它在森林中住着，在沙洲上走跳，在江河湖海上空飞翔，饿了捉一些

注释

①鲁国：周朝的同姓诸侯国之一。周武王灭商后，封他的弟弟周公旦于鲁，都城为曲阜。

②太庙：又称大庙，古代祭祀帝王祖宗之庙。

③《九韶（sháo）》：舜时的一种乐曲。

④太牢：古代帝王祭祀社稷时用的供品，牛、羊、猪三牲全备。

泥鳅和小鱼吃，跟其他鸟住在一起，自由自在地活着。鸟原本就讨厌听到人的**声音**，为什么还要弄得那么喧闹！像《九韶》《咸池》[5]这样的乐曲，在广阔的原野上**演奏**时，鸟儿一听见就飞走，走兽一听见就跑开，鱼儿一听见就潜入水中；只有人们听了，会围绕起来欣赏。鱼在水里可以活，人在水里就会死；鱼与人本性不同，**喜欢**和讨厌的东西自然也不同。

所以古代的**圣人**，不要求人们具有同样的能力，或者做到同样的事情；只要名与实相符，把自己分内的事情做到位，就可以了。这就叫通达顺畅，让一切都配合得恰到好处。

注释

⑤《咸池》：古代乐曲。

山中大树和鹅

庄子带着**弟子**在山里头赶路的时候，看见一棵大树，枝叶十分茂盛，伐木的人在树旁休息，却没有要砍伐它的意思。庄子问什么**缘故**，伐木的人说："这棵树没有任何用处。"庄子对弟子说："这棵树因为不成材，得以活完自然的寿数。"

庄子一行人从山里出来后，**借住**在朋友家中。朋友很高兴，吩咐僮仆杀鹅来款待**客人**。僮仆请示说："一只鹅会叫，另一只不会叫，请问该杀哪一只？"主人说："杀不会叫的那只。"

第二天，弟子请教庄子："昨天山中的树木，因为不成材得以活完自然的寿数；现在主人的鹅，却因为不成材被杀。老师打算怎么对待呢？"

庄子笑着说：“我将处于成材与不成材之间。成材与不成材**之间**，好像合于大道却并非真正与大道相合，所以这样不能免于拘束与劳累。如果能够顺应自然禀赋而与之**遨游**，后果就不同了。没有赞美也没有诋毁，可以像龙一样腾飞也可以像蛇一样蛰伏，随着时势变化，而不愿偏滞于某一方面；时而进取时而退缩，一切以顺和为度量，优游自得地生活在万物的**初始状态**，驾驭万物而不被万物所驾驭，那么，怎么会受到外物的拘束和劳累呢？这就是神农①和黄帝②的处世原则。”

注释

①神农：即神农氏，上古时期姜姓部落的首领，又号“炎帝”。相传神农氏亲尝百草，用草药治病，还发明农具，教民垦荒，种植粮食作物。与黄帝一起被奉为中华民族的人文初祖。

②黄帝：部落联盟首领，远古时代华夏民族的共主，五帝之首。以统一华夏部落与征服东夷九黎族进而统一中华的伟绩载入史册。

鲁国的儒者

庄子去晋见鲁哀公[1]。

哀公说："鲁国的儒者[2]很多，而学习先生这套**学问**的人很少。"

庄子说："鲁国的儒者**很少**。"

哀公说："全鲁国的人都穿着**儒服**，怎么能说少呢？"

庄子说："我听说，儒者中戴圆帽的，懂得天时；穿方鞋的，明白地形；

注释

①鲁哀公：春秋时期鲁国的第二十六任君主。鲁哀公与孔子同时期，与庄子相距一百多年。本文谈话为寓言虚构，并非史实。

②儒者：尊崇儒学、通习儒家经书的人。

佩带**五色丝绳**系的玉玦[3]的，遇事有决断。有某种修养的君子，不一定穿着特定服装；穿着特定服装的，不一定就具有某种修养。如果您认为我说得不对，可以下个命令给国人说：‘**不具备**儒者修养而穿儒服的，都要处以死罪。’看看鲁国到底有多少人是真正的儒者。”

于是哀公发出这项命令，**五天之后**鲁国没有人敢再穿儒服。只有一个男子穿着儒服站在宫殿**大门**外。哀公召见他，征询他对国事的意见，问题千变万化，他都能从容应答。

庄子说：“全鲁国只有一位儒者，怎么能说是很多？”

注释

③玦（jué）：古时佩带的玉器，环形，有个缺口。

斧头削白泥

郢①地有个人，鼻子上不小心涂抹了一点儿白泥，很薄，像苍蝇的翅膀。他觉察到了，就请匠石替他除掉。匠石**挥动斧头**，快得像一阵风，顺势**砍下**，把白泥完全削去，而鼻子一点儿也没有伤到。这个人站在那里面不改色。

宋元君②听说这件事，就召匠石来说：“请你做给**寡人**看看。”

匠石说：“我的确曾经用斧头削去**鼻子**上的白泥。不过，我的搭档已经死去很久了，所以不能再试。”

注释

①郢（yǐng）：春秋战国时期楚国的都城，在如今湖北江陵县以北十里的纪南城。

②宋元君：即宋元公，春秋时期宋国国君。

车辙里的鲋鱼

庄周家里贫穷，马上就没有粮食吃了，因此去向监河侯①借些粟②。

监河侯说：“好的。等我收到封地的赋税以后，就借给你三百金，可以吗？”

庄周气得**脸色**都变了，说：“我昨天来的时候，半路上听到有人喊我。我回头一看，在车辙③里有一尾鲋鱼④。我问它：‘鲋鱼呀！你在这里做什么？’它回答：‘我是**东海**的水族之臣。你有没有一升或一斗水可以救我呢？’我说：‘好的。我将到南方游说吴国、越国的君主，引进西江的水来迎接你，可以吗？’鲋鱼气得**脸色**都变了，说：‘我失去了日常需要的水，没有容身之处。现在我只要有一升或一斗水就可以活命，要是照你的方法办，等你引着西江的水回来，只能去鱼干铺找我了！’”

注释

①监河侯：看管河流的官。

②粟（sù）：即谷子，去壳后叫小米，一年生草本植物。耐旱，适应性强，是中国北方主要粮食作物。

③车辙（zhé）：车轮碾过时留下的痕迹。

④鲋（fù）鱼：就是鲫鱼，淡水鱼类，形状像鲤鱼，但没有须，头和口都很小，背部青褐色。

屠羊说辞赏

楚昭王[1]离开楚国逃亡时，屠羊说[2]和他一起出逃。后来昭王回国继续当君主，要奖赏跟随他**逃亡**的人，屠羊说也是其中一个。

传话的人带着昭王给的奖赏去找屠羊说，但屠羊说不收，说：“大王丧失国土，我失去杀羊的工作；大王回国复位，我也回来继续杀羊。我的工作和店铺已经收回来了，还有什么可奖赏的！”

昭王知道后，命令传话的人：“**勉强**他接受。”屠羊说回复道：“大王失去国土，不是我的过错，所以我不用承受惩罚；大王回国复位，不是我的功劳，所以我也不用接受奖赏。”

注释

①楚昭王：春秋时期楚国国君。继位第十年，吴王阖庐命伍子胥率领军队联合诸侯伐楚，攻破都城，昭王出逃。伍子胥将楚平王的尸首掘出来，狠狠地鞭打了一顿，以报杀父兄之仇。后来秦国出兵相助，昭王才得以回国复位。

②屠羊说（yuè）：一个名叫说的杀羊人。

传话的人回去报告，昭王听了以后下令：“叫他来见我。”屠羊说对传话的人说：“楚国的法令规定，一定要是**受重赏**、立大功的人，才能见大王。现在我的智力不足以保存国家，勇敢又不足以消灭敌人。吴军攻入楚国都城时，我害怕危险而逃避敌人，并不是有心**追随**大王。现在大王要破坏法令约定来接见我，这种事情我可不愿意让天下人都知道。”

昭王听到了**这番话**，便对司马子綦道：“屠羊说虽然身份卑贱，但说的话非常有道理，你替我招揽他来担任三旌[3]的职位。”

司马子綦把昭王的话转告给屠羊说。屠羊说对他说：“三旌的职位，我知道它比杀羊的铺子尊贵得多；万钟[4]的俸禄，我知道它比杀羊的收入丰厚得多；但是，我怎么可以贪图**爵位利禄**而让我们的国君得到一个胡乱赏赐的坏名声呢！这是我无论如何不敢当的，我只希望回到我杀羊的铺子。”最后，他还是没有接受昭王的赏赐。

注释

③三旌（jīng）：指公、侯、伯，三卿皆执圭，又称三圭。

④万钟：形容三旌俸禄的丰厚。

屠龙之术

有个人叫朱泙漫①，他对奇异的**技能**非常感兴趣，于是到处寻访高人，拜师学艺。

后来，朱泙漫**听说**有个名叫支离益的人，精于屠龙②的技术。他觉得这本领很特别，便去拜支离益做老师，请他教授屠龙术。他在学习期间，非常专心，没有工作，也没有收入。于是他将自己价值**千金**的家产全部变卖，来当学费和生活费。

过了三年，朱泙漫总算出师了。但是他发现，根本找不到龙去**斩杀**，所以也就不能将自己学到的技术用出来。

注释

①朱泙（pēng）漫：周朝人。

②龙：中国古代神话传说中的神异动物，身体长，有鳞，有角，有脚，能走，能飞，能游泳，能兴云降雨。

庄周梦蝶

有天晚上，庄周睡觉的时候梦见自己忽然变成了一只蝴蝶①，栩栩②地飞来飞去，**自由自在**，十分快乐，完全忘记了自己原本是庄周。

过了一会儿，他忽然**醒了过来**，感觉有点儿惊慌，从上到下仔细端详了一遍身体，才知道原来自己是庄周。

然而，庄周心头涌上一个问题：到底是庄周做梦，在梦中变成了**蝴蝶**呢？还是蝴蝶做梦，梦见自己变成了庄周呢？

注释

①蝴蝶（dié）：一种昆虫。一般色彩丰富鲜艳，身上有条纹，翅膀和身体有各种花斑。喜欢在花丛中飞翔，在茎叶上产下小卵，成蛹后，便化为成虫。

②栩栩（xǔ）：活泼生动的样子。

晏子

给你讲故事

挂牛头卖马肉

齐灵公[①]喜欢看女子作男子打扮，于是宫内的女子**经常**穿男装。风气传到宫外，很快流行开来，全国的女子都纷纷穿起了男装。

灵公得知之后，派官吏去严禁女子穿男装，并下令说：“凡是女子穿戴男子**服饰**的，就撕破她的衣裳，割断她的衣带！”命令下达之后，官吏们每日上街监督，到处可以看到破衣断带，但是女子穿男装的风气依旧止不住。灵公为此大伤脑筋。

晏子去拜见灵公，灵公就问他：“我专门派**官吏**去禁止女子穿男装，凡是穿男装的，就撕断衣裳束带，但还不能阻止她们，这是什么缘故呢？”

晏子回答说：“君上[②]您任凭宫内的女子都穿着男装而不制止，却不让外面的人穿。这仿佛是在门上挂着牛头，而里面卖着马肉。您要是先**禁止**宫内的人穿，那么，外面的人哪里还敢穿呢！”

注释

①齐灵公：春秋时期齐国国君。姜姓，吕氏，名环，齐庄公和齐景公的父亲。

②君上：古代臣子对国君、君主的尊称。

晏子立誓

崔杼[①]杀了齐庄公[②]，拥立齐景公，与另一个大臣庆封掌握了**国政**。他怕众人不服，就**强迫**许多将军、大夫、名士和百姓前来，聚集在太宫[③]的广场上，逼令他们立誓订盟[④]。

他造了一个高坛，命令上千名穿着盔甲的士兵**团团围住**。来订盟的人，都必须摘掉佩剑进去，惟独晏子带剑直入，崔杼奈何他不得，就同意了。

注释

①崔杼：姜姓，崔氏，名杼，谥武，又称崔子、崔武子，春秋时期齐国大夫，齐国第二代国君齐丁公的后裔。

②齐庄公：春秋时期齐国国君。姜姓，吕氏，名光，齐灵公之子，齐景公之兄，为崔杼所杀。

③太宫：即太庙，祭祀帝王诸侯祖宗之庙。

④盟：古人结盟，要把动物的血涂在嘴唇上，对神明发誓。

有胆敢不立盟的人，崔杼就让士兵用戟（jǐ）⑤钩他的脖子，用剑刺他的**心脏**。他逼着每个人立誓说：“如果不助崔杼、庆封而助公室，受其不祥。”说话不快、指头没有沾到血**立誓**的人，也要杀死。结果，连杀了七个人。

轮到晏子了，他很**从容**地捧了一杯血，仰头向天，长叹一声发誓说：“啊！崔杼无道，杀害自己的君主，如果有人不助公室而去助崔杼、庆封，受此不祥！”说完，就低着头用指头沾了血涂在嘴唇上。

崔杼听了晏子立的誓，气愤极了。但他转念一想，晏子是齐国的贤大夫，深得人心，需要笼络，就对他说：“你如果肯改变誓言，我和你共有齐国。否则，戟，就在你的脖子上；剑，就在你的心脏里。请仔细考虑一下！”

注释

⑤戟：古代兵器，在长柄的一端装有青铜或铁制成的枪尖，旁边附有月牙形锋刃。

晏子毫不迟疑地回答："用刀来威逼我，让我丧失志气，不算勇敢。用利益来诱惑我，让我背叛君主，不合正义。崔杼！你尽管用曲的戟、直的剑，来钩我、刺我吧！我不会改变誓言。"

崔杼非常生气，想要杀他。旁边有人劝阻说："这万万不可！你从前杀君主，是因为他无道，这位臣子却是有道之士，如果你将他杀了，哪能让人信服呢！"

崔杼就放了晏子，晏子却对他说："你杀害君主，已经干了大不仁的事，今日放了我，却是小仁，那有什么用呢！"

晏子说完就走出去，上了车。他的车夫害怕会被追杀，就用力鞭打马想让车跑快点儿。晏子笑着拍拍他的手说："慢慢赶路吧！走得快不一定会活，走得慢不一定会死。我的命早有归宿！"

弦章进谏

齐景公[①]一连喝了**七日七夜**的酒，还不肯停下来，一切军政大事都荒废着不管。

他的臣子弦章[②]很着急，就走到他面前劝说："您已经喝了七日七夜的酒，这样**无节制地**喝酒究竟有什么好处呢？请您戒了酒不要再喝了！您要是不听我劝，就请您把我杀了吧！"

景公喝得醉醺（xūn）醺的，听了他的话，只看了他一眼，依旧拿起酒杯继续喝，**不理会他**。

注释

①齐景公：春秋时期齐国国君。姜姓，吕氏，名杵臼，齐灵公之子，齐庄公之弟。

②弦章：姓弦名章，齐国大夫，也以贤明著称。

这个时候，晏子正好为了公事，也来拜见景公。景公一直很敬重他，看见他进来，就放下**杯子**，对他说："方才弦章说希望我戒酒，不然就把他杀了。我如果听他的话，不再饮酒，那岂不是听他**指挥**了；不听他的话呢，就得杀死他，可我又舍不得他死。这真让我为难呢！"

晏子笑着说："弦章真是**好运气**！他遇到的是大王这样仁慈的君主，如果他遇到桀（jié）纣（zhòu）[③]那样暴虐（nüè）的君王，早就没命了！"

景公听了，醒悟过来，就给弦章赔礼，从此不再这样无节制地**喝酒**了。

注释

③桀纣：桀，夏朝最后一位王履癸（lǚ guǐ）的谥。纣，商朝最后一位王辛的谥。这两个人是历史上有名的暴君。多杀人叫"桀"，残忍叫"纣"。

不讲礼数

有一天，齐景公酒喝多了，对陪酒的众臣说：“今天寡（guǎ）人[①]愿与诸位**畅饮**，大家就不要讲究什么礼数[②]了。”

晏子听后变得局促不安，**脸色**都变了，说：“君上这话过头了！群臣本就乐得国君不讲究**礼数**。如果不讲究礼数，那么有勇力的人就会冒犯长者、杀害君主。山里的飞禽走兽就是凭借自己的力气

注释

①寡人：古代王侯自称的谦称。　②礼数：礼貌，礼节。

来进行统治的，强者欺负弱者，所以天天都会产生新的头领。现在国君也不讲究礼数，那岂不是和禽兽一样了？群臣都凭勇力来行事施政，强者欺凌弱者，国家就会天天换君主，那国君的位子**如何能安坐**？人之所以要高于野兽，就是因为人讲礼数。礼数是不可以缺失的。”

景公背过身去，不理睬晏子。过了一会儿，景公出去，晏子没有起身相送；景公进来后，晏子还是坐在那里，也不起身行礼；席间，大家一举杯，晏子就抢先喝了，**毫不谦让**。景公很生气，脸色都变了，按着桌子，气呼呼地看着晏子说：“刚才先生还告诉寡人说不能没有**礼数**，寡人进出，先生都不起身表示恭敬，一举杯就抢先喝酒，难道这也是礼数？”

晏子离开坐席拜了两拜，赔罪解释说：“臣岂敢与君上说了就忘记呢？臣只是向您**演示**了没有礼数的样子而已。您如果不想要礼数，那臣就是这个样子了。”

景公说：“如果不要礼数是这个样子，那是寡人的过失了。先生请入席，寡人接受您的忠告。”于是，酒过三巡，景公就按照规矩结束了宴席。从此以后，景公从整顿法纪、完善礼数入手，来治理齐国的朝政，国内的百姓也都变得恭敬有礼起来。

齐国大旱

齐国出现了大旱，过了好长时间还没有结束。景公非常忧虑，召集大臣们询问：“天已经很久没下雨了。庄稼都不能及时下种，百姓也遭受饥饿之苦。我命人祷告占卜（bǔ）①，说是高山深水里有什么在作祟（suì）②，所以有这样的大旱。我现在想加收些捐税，作为祭告山神的费用，你们认为可以吗？”大臣们没有一个回答得上来。

晏子走上前说：“臣认为不可以。祭告山神是无益于事的。高山本来用岩石作身子，草木作头发。现在天长久不下雨，他的头发就快要晒焦了，他的身子也烤得热了。难道他不想下雨吗？祭他有什么用！”

注释

①占卜：古人要预知事的吉凶，常将龟壳放在火上烧，根据裂纹来判断吉凶。

②作祟：鬼怪妖物害人叫“祟”。

景公听了，点点头说：“那么我想去祭河神求雨，可以吗？”

晏子道：“不可！水就像河神的国家，鱼鳖是他的百姓，现在天长久不下雨，泉水快要断流，百川快要**干涸**，他的国家将要消失，百姓将要死亡，难道他也不想下雨吗？祭他又有什么用！”

景公问：“那现在该**怎么办**呢？”

晏子说：“君上可以离开自己华丽的宫殿，到外面去，住在野地里，和百姓们一同晒着太阳，和山神河神一同担忧，或许上天感动，就会下雨。”

于是景公领了群臣**离开宫殿**，住在野外，晒着那酷热的太阳，慰问穷苦百姓。到了第三天，果然下起大雨来，百姓及时地播种了庄稼。景公高兴地说：“太好了，晏子说的话怎么可能没有用呢？下雨是因为德行好呀。”

三条死罪

齐景公把自己最心爱的一匹马**交给**马夫饲养。有一天，马得急病死了。景公大怒，命令侍卫对马夫施行肢解①的刑罚。

晏子正好陪在景公身边。侍卫拿着刀正要前去**施刑**，晏子制止了他们，问景公说："古时候，尧舜②二帝肢解犯人，是从身体的哪个部分开始的？"景公听了这话，猛然**醒悟**过来：尧舜都是古代的圣明帝王，不会做出肢解人的事情，自己这样做，是与圣贤相反的。于是他意识到自己的错误，羞愧地说："是从寡人开始的。"于是收回了肢解马夫的命令。

注释

①肢解：古代酷刑之一，分解四肢，就是将人的四肢都砍断。

②尧舜：尧即唐尧，舜即虞舜，都是古代的圣明君主。

但景公还是很生气，就说：“把他关进**监狱**治罪。”晏子说：“这个马夫还不知道自己犯了什么罪。臣替君上一一列举他的罪状，让他服罪，然后再送进监狱治罪。”景公说：“行。”

晏子就一一列举马夫的**罪名**说：“你的罪名有三个。君上派你养马，你却把马养死了，这是第一条死罪。你养死的是君上最心爱的一匹马，这是第二条死罪。你让君上因一匹马而杀人，百姓知道后一定会怨恨我们的国君，诸侯知道后一定会**轻视**我们的国家。你弄死了君上的马，让老百姓对君王积下了怨恨，我们的国家被诸侯耻笑，这是**第三条**死罪。现在把你投入监狱治罪。”景公感慨地叹息说：“放了他吧，放了他吧，不要为这件事败坏了寡人的仁德之名。”

圣王的衣服和房子

齐景公问晏子："我想穿上圣王①那样的衣服，住圣王那样的房子，这样，诸侯就会来**归附**吧？"

晏子回答说："君上效法他们的德行是有好处的，但效法他们的服装、居住他们的宫室，没有什么好处。

古代的三个圣王并不穿同样的衣服，但都做了诸侯的王，使**天下归一**。他们不是靠服装使诸侯归附的。他们爱护百姓，施行仁义，百姓都感念他们的德行，归顺他们的仁义，赞美他们的衣服俭朴节约，因而很喜欢他们。帽子只要能表示尊敬就可以了，不必在装饰上下功夫；衣服能蔽（bì）②体御寒就可以了，不必在美观上下功夫；衣服不必追求剪裁，帽子不必追求样式；衣服不用彩色装饰，帽子上的玉器不用雕刻**花纹**。况且，古代的圣君穿着缝制简陋（lòu）、衣领卷曲的衣服，却依然能使天下人归附。他们遵循的道义是爱护生灵、厌恶杀伐，自己俭朴节约，

注释

①圣王：指古代的明君。三代圣王通常指夏、商、周三朝的开国君主。

②蔽：遮盖，盖住。

却让百姓生活富足。诸侯不是归附于他们的衣服，而是归附于他们的仁义。古代还有常年住在木巢（cháo）、窟穴（kū xué）[③]中而不嫌弃，给百姓谋利而不是向他们索取的**圣君**。百姓不是归附于他的房子，而是归附于他的仁义。

“到了夏、商、周三代兴盛之时，那些英明的君主制作服装，是为了显得更加庄重。帽子能表达敬意却不沉重，衣服能显示整洁却不妨碍行动。衣服的轻重适合身体，耗费的钱财百姓能承受。他们修筑房子，是为了**遮风避雨**，躲开潮湿，防止酷热。他们的墙壁上不描绘图案，栋梁上也不雕刻花纹，向百姓示范该怎样实行节俭。到了夏、商、周三代**衰亡**之时，衣服的奢侈超过了表示敬意的程度，宫室的华美超过了躲避潮湿的需要，使用民力太多，浪费钱财甚重，与百姓结怨。

“如今君上想要效法圣王的服装，却不效法他们的制度，就算只效法他们的节俭，那么即使没能实现大治，也是有好处的。但君上您修建高高的宫殿和深深的池塘，追求雕刻的精巧和装饰的华美而不满足，那么这是在和百姓结仇。依臣的想法，这样做齐国会陷入危险，君上也不得安宁，竟然还想让诸侯来归附，这不是太难了吗？您的想法太不对了。”

注释

③木巢、窟穴：木头搭建的窝棚、泥土垒成的住所。

景公造大台

晏子出使鲁国[1]，等他回到齐国的时候，发现景公命令百姓服劳役修筑大台，到了寒冬也不停息，到处都有挨饿受冻的人。百姓盼望晏子回国，希望他能为他们在景公面前说话，停止大台的工程。

晏子去见景公，汇报出使鲁国的公事。景公邀请晏子坐下，喝酒取乐。晏子说：“君上赐臣饮酒，请听臣唱一首歌。”歌中唱道：“平民百姓说：‘冰水将冻死我，怎么办？上天要消灭我，怎么办？’”

注释

①鲁国：周朝的同姓诸侯国之一。周武王灭商后，封弟弟周公旦于鲁，都城为曲阜。

歌唱完了，晏子长长地叹了一口气，流出了**眼泪**。景公见晏子这样悲伤，就劝他说：“先生为什么这样？难道为了我修筑大台的事吗？我马上让工程停下来，先生不要伤心！”

晏子听了，收泪再拜，却一句话也没有，匆匆出去，径直到大台去，拿起木棍，**鞭责**那些不用力的工人，并且厉声说道：“我们是地位卑微的人，尚且都有房屋来避风雨燥湿；现在国君叫你们修筑一座大台，你们却不用心替他快快地造成，这是什么道理！”于是国人都**埋怨**说，晏子帮助景公来压迫百姓。

晏子离开，还没有到家，景公已发出命令，让人催促停止工程，坐车传令的人赶着马飞跑，步行通知的人也走得飞快。

孔子②听到后，叹了一口气说：“古代善于做臣子的人，好名声归国君，**灾祸**归自身。进殿，劝谏他君王的不善；出殿，却竭力称誉他君王的仁义。因此，即使是侍奉懈怠的君主，也能使他无所事事却治理好国家，使诸侯来朝见。在他自己呢，却又不夸耀功劳。当得起这样的，只有晏子呢！”

注释

②孔子：子姓，孔氏，名丘，字仲尼，春秋时期鲁国人。中国古代思想家、政治家、教育家，儒家学派创始人。

穿重鞋上朝

一个鲁国的鞋工来到齐国。景公让他为自己特别订做一双鞋子，用黄金的链条做鞋带，再用白银来装饰**鞋面**，四周缀着珍珠，鞋头上镶着美玉，整个儿有一尺长。齐景公很喜欢，在冬天穿了这双鞋子去上朝①接见大臣。

晏子前来朝见，景公起身迎接。可是因为鞋子太重了，他只能**微微**抬一下脚，却迈不开步子，然后就坐下了，装作不经意的样子问：“今天冷吗？”

晏子早已看见景公的这双鞋子，就回答说：“君上为什么突然问起天冷呢？我听说从前圣人②做衣服，冬天要轻柔而温暖，夏天要**轻松**而凉爽。君上用金银珠玉装饰鞋子，又在冰天雪地的寒

注释

①上朝：臣子到朝廷觐见君主议事，君主到朝廷处理政务。

②圣人：古人用这个词来指品德高尚、智慧高超、行为完美，到了最高境界的人。

冬里穿着，不但重还不暖和。鞋子太重，使脚的负担过重，不能行走，如此不适合穿用，失去了**鞋子**产生的本意。这样来看，鲁国这位制鞋的工匠，不知寒暑季节的变化，不知轻重的分量，妨害正当的生活，是他的第一条罪状；不守常规，让君王穿上这样怪异的鞋履（lǚ）[3]，让天下诸侯见笑，是他的第二条罪状；动用大量财物，却不能做对国家有益的事，不爱惜百姓的劳力财力，**积怨**于百姓，是他的第三条罪状。臣请君王依法逮捕，并且派官吏审判他。”

景公听了，觉得**后悔**，听晏子说要治鞋工的罪，就马上为鞋工求情，让晏子看在他制鞋辛苦的份上，饶了他，不要问罪。

晏子却坚持说：“不可！我听说苦了身子，去做善事，应该得到重赏；倘若苦了身子，去为非作歹，就应该**重重惩罚**。”

景公听了，默不做声。晏子在退朝后，立刻派官员捉拿这位鲁国的鞋工，叫人押解出境，命他今后永远不得再进入齐国境内。

景公很惭愧，就脱了那双华丽珍贵的鞋子，再也不穿了。

注释

③履：也是鞋的意思。

社鼠和猛狗

齐景公问晏子："治国最让人担忧的是什么？"

晏子说："最让人**担忧**的是社鼠①。"

景公追问："为什么呢？"

晏子说："社庙是把木头并排立在一起，涂了泥**筑成墙**，老鼠们就躲在那里面，不容易捕杀。如果用火去熏，恐怕烧毁了木头；用水去灌呢，又恐怕冲坏了泥墙。老鼠们之所以不能**捕杀**，就是要顾全社庙的缘故。一个国家，也有这种情形。就是国君身边亲近的人，也仿佛社鼠一般，在朝廷内部，他们在君主面前隐善蔽恶；在朝廷外部，他们在百姓身上倚势弄权。不去铲除他们的话，国家就会**混乱**；要是铲除他们呢，他们却往往被君主包庇保护着。这就是国家的社鼠！"

景公点头称是，晏子继续说："有一个卖酒的，地方布置得非常整齐，器具也**擦洗**得非常洁净，门口飘着很长的酒旗。但是，他的酒都放酸了，一

注释

①社鼠：藏身于土地庙内的老鼠。社，指社庙，即土地庙。

直没有人来买。他很**疑惑**，就去问邻里。有一个人对他说：‘你家的狗非常凶恶。有人提了壶来买酒，狗就迎头乱咬，谁还敢去找你买酒呀？所以你的酒卖不出去，只能放酸了。’一个国家，也有这样的恶狗，就是那当权用事的人。倘若有才能的人，想来朝见君王，那当权的人，恐怕**任用**了他，自己要失势，就对他迎头乱咬，不让他朝见，这便是国家的恶狗。左右亲近的人是社鼠，当权用事的人是恶狗，做君主的怎么可能不被堵塞视听，国家怎么可能不让人担忧呢？”

下雪不冷

齐景公在位的时候，有一次，雪下了好几天还不放晴。

景公披着狐白之裘（qiú）[①]，坐在朝堂一旁的台阶上。晏子进去朝见，站着陪景公看了一会儿雪。

景公说：“奇怪啊！雪下了几天，但是天气不冷。”

晏子回答说：“天气不冷吗？”景公笑了。

注释

①狐白之裘：裘，指皮衣。狐白之裘是用狐皮最好的部分，即狐腋下的白色皮毛缝制的皮衣，非常珍贵。

晏子说："我听说古代贤德的君王，自己虽然吃饱了，却知道别人的饥饿，自己虽然穿得暖和，却知道别人的寒冷，自己虽然过得安逸，却知道别人的辛苦。现在的君王都不知道了。"

景公说："说得好！我明白你的教诲了。"他下令给那些挨饿受冻的人发放皮衣和粮食：在路上见到的，不必问他们是哪乡的；在里巷见到的，不必问他们是哪家的；派人巡视全国，统计数字，不必记他们的姓名；已有工作的人发给两个月的粮食，病困的人发给两年的粮食。

孔子听说后评价道："晏子能讲明白他的愿望，景公能实行他认识到的德政。"

齐景公饮酒取乐

齐景公在宫里饮酒，到了晚上，忽然想起晏子，就叫近臣将酒席搬到晏子家去。近臣奉命，连夜备齐车马，一路举着火把，奔向晏子家去。传令官先到，很急促地**敲着门**，并高声叫喊："国君要来了！"

看门人飞报晏子。晏子穿着朝衣、戴着朝冠出来**迎接**，立在门口问："诸侯莫非有变故吗？国家莫非有要事吗？君上为什么连夜到臣家来呢？"

景公摇摇手笑道："不！不！酒味香甜，音乐动听，我愿和先生来一同**取乐**。"

晏子听说，严肃地回答："摆席开宴，把酒品菜，我做臣子的不敢参与享受！"

景公见晏子不答应，**讨了个没趣**，就叫近臣将酒席搬到司马穰苴（ráng jū）[1]家去。

注释

①司马穰苴：春秋时期齐国名将。本为田氏，官居大司马，所以称司马穰苴。

不多时，传令官先到司马穰苴家，敲门叫喊：“国君要来了！”穰苴穿戴盔甲、手提兵器出来迎接，站在门口问景公：“诸侯兴兵入侵了吗？大臣们有造反的吗？君上为什么半夜三更到臣家来呢？”

景公笑道：“没什么！酒味香甜，音乐动听，我特来和将军**同乐**。”

穰苴忙欠身谢道：“摆席开宴，不是臣的事，臣不敢参加！”

景公见司马穰苴也不肯**附和**，又讨了个没趣，就向近臣说：“还是移到梁丘据②家去吧！”

梁丘据一听说景公要来，赶快开门。他左手拿了瑟（sè）③，右手拿了竽（yú）④，口里唱着歌出来**迎接**。景公非常高兴地说：“有趣啊！今天夜里我可以痛快地一醉了！没有那两个人，哪能治理我的国家呢？没有这个人，哪能娱乐我自己呢？”

后来有人评论这件事：“圣贤的君主，都有正直的朋友，没有荒乐的臣子。景公两种人都用，所以仅仅不致亡国。”

注释

②梁丘据：春秋时期齐国大夫，居于梁丘，以梁丘为氏。

③瑟：中国古代拨弦乐器，形状似琴，有25根弦。

④竽：中国古代吹奏乐器，形似笙而较大，管数亦较多。

范昭使齐

晋平公[1]想攻打齐国，先派**大臣**范昭来打探情况。

齐景公设宴招待范昭，晏子也在座。喝到兴头上，范昭对景公说：“请让我用您用过的杯子吧。”景公就吩咐侍从：“把我的酒杯斟上酒递给客人。”范昭接过酒杯喝完酒后，晏子马上命令侍从：“把这个酒杯撤下，另换一个。”于是侍从为景公换好新的杯子。

然后范昭假装喝醉，站起来要**跳舞**，对乐官太师[2]说：“能为我演奏成周[3]的乐曲吗？我跳舞给你们看。”太师回答：“没有学习过这个。”于是范昭很不高兴地离席而去。

注释

①晋平公：姬姓，名彪，春秋时期晋国国君，晋悼公之子。

②太师：同“大师”，古时候掌管音乐的官员。

③成周：西周以洛邑为东都，称为成周。周平王迁都洛邑。成周之乐指专为周天子演奏的音乐。

景公对晏子说："晋国是大国，派人来察看我国的政务，现在你惹怒了大国的使者，这可怎么办？"

晏子说："范昭的为人，并非粗俗不懂礼数，他只是想**试探一下**我们君臣的虚实，所以臣拒绝了他。"

景公又问太师："你为什么不给客人演奏成周的**乐曲**呢？"

太师回答说："成周的乐曲，是专门演奏给周天子听的，如果**演奏**它，一定要君主随之起舞。范昭只是一个臣子，却想用天子之乐来配舞，所以我不敢演奏。"

范昭回到晋国，报告平公说："君上不可攻打齐国。我想试探它的国君，被晏子**识破了**。我想冒犯他们的礼乐制度，被太师看穿了。"于是晋国取消了攻打齐国的计划。

孔子听说了这件事，评论道："这件事情办得很**高明**，人们常说在宴席之上，吃饭喝酒之间，就能挫(cuò)败千里之外的敌人，大概说的就是晏子吧。"

越石父

晏子出使晋国①，路过中牟（móu）这个地方，看见一个人**头戴破毡帽**，反穿着裘（qiú）衣②，背着一大捆柴，停在路旁休息。他觉得这个人

的神态**气质不凡**，或许是个君子。于是他停车，下去问那个人：“你是什么人？怎么到这里来的？”那人回答说：“我叫越石父，为饥寒所迫，在这里给人当了三年奴仆。”

晏子问：“我可以用**钱物**把你赎（shú）③出来吗？”

越石父回答说可以。于是晏子就用自己马车左边的一匹马赎出了他，然后让他坐上马车，一同回到齐国。

注释

①晋国：春秋时期诸侯国，国君为姬姓，与周天子同宗。

②裘衣：用动物皮毛制成的衣服。

③赎：用财物换回抵押品或人身自由。

晏子到了家，没有跟越石父说话，就走下车自己径直到**屋里**去了。越石父很生气，立刻要求跟晏子绝交。

晏子知道后，就派人传话："我过去与你并不相识，你做了三年奴仆，是我把你赎了回来，让你重获**自由**。应该说我对你已经很不错了，为什么你这么快就要与我绝交呢？"

越石父回答说："一个有自尊和真才实学的人，受到不知自己底细的人轻慢，是不必生气的。但是，如果得不到知己之人的**平等相待**，他必然会生气。所以君子不能因为自己有恩就轻慢别人；同样，也不必因为受了恩惠就卑躬屈膝、丧失尊严。我给人做了三年奴仆，没有人赏识我。现在你将我赎出来，我以为你是了解我的。回国上车的时候，你不对我谦让，我还以为你是**一时疏忽**；现在你又一声招呼都不打就径直进屋，这不还是把我当奴仆看待吗？既然我还要做奴仆，倒不如请把我卖了吧！"

晏子听到这番话之后，赶紧出来对越石父行礼道歉说：“我在中年时只是看到您不俗的外表，如今才见识了您的内心。我听说考察一个人的行为，不去提及他的过失；讲求实际的，不去**讥笑**他说话怎样。现在我对您谢罪，您愿意不与我绝交吗？我从此真心改过！”

于是晏子派人打扫房屋，请他到上座饮酒，**非常尊敬**他。越石父说：“我听说恭敬别人，不在表面上讲究。尊重别人，不应让他当初受到摈（bìn）弃。您现在这样**优待**我，不敢当啦！”晏子听他这样一说，更加佩服，就请他做上客。

国有三不祥

齐景公外出打猎。

他上山，碰到了**老虎**；去沼泽①地，遇见了蛇。

于是他返回宫中，召见晏子，问："今天我外出**打猎**，上山就遇见老虎，到沼泽地就遇见蛇，这是不是人们所说的不祥②呀？"

晏子回答说："国家有**三不祥**，这些都不在其中。有贤德之人，国君却不了解他，是第一种不祥；了解了却不任用他，是第二种不祥；任用了却不委以信任，是第三种不祥。国家不祥，指的是这一类问题。您今天上山碰到老虎，那是因为山是老虎的家；去沼泽地遇见蛇，那是因为**沼泽**地是蛇的窝啊。到虎穴去见到了虎，到蛇窝去见到了蛇，这一点儿也不奇怪，完全是意料中的事，怎么能说是不祥呢？"

注释

①沼泽：地表常年过度湿润或有薄层积水的地带。

②不祥：不好、不吉利。

守门人

齐景公在大白天披散着头发，驾着六匹马的大车，载着宠妾从宫中的正门出去。受过刖（yuè）刑①的守门人用**棍棒**击打他的马，让车子返回，还对他说：“你不是我的国君。”

景公受了这样的羞辱，很惭愧，**垂头丧气**地回宫，觉得没有脸见大臣们了，一连好几日不去上朝。

晏子见景公不出来**上朝**，问裔（yì）款②是怎么回事，裔款就把景公的遭遇告诉他。

注释

①刖刑：中国古代的一种酷刑，砍去受罚者的脚。

②裔款：春秋时期齐国大夫。

于是晏子入宫去见景公，景公见到他，就抱怨说：“前几天是寡人做得不对，但是寡人靠着周天子的恩赐和各位大臣的辅佐，才能够**统率**百姓，守护齐国先祖宗庙，现在被受过刖刑的下人羞辱，使国家蒙羞，寡人还有资格同诸侯并列吗？”

晏子安慰他说：“君上不要为此担心。我听说臣下不肯直说，上面必有不好的君主；百姓如果不敢讲真话，君主的行为就会**骄纵**。古代圣明的君主在位时，臣下们就都肯多劝直说；君主喜欢做正确的事，百姓就没有顾忌，敢说真话。如今君上自己有不正当的行为，受过刖刑的守门人居然都敢直言，这是您的福气，所以臣来庆贺。请君上**奖赏**他，以显示您喜欢做正确的事；礼待他，以显示您能接受谏言。”

景公经过晏子一番开导，想通了，听说要赏那**守门人**，就问：“这样做行吗？”晏子说：“行。”于是景公加倍奖励那个守门人，又免了他家里的赋税。这样做以后，齐国朝堂也就平安无事了。

车夫的妻子

晏子做了齐国的宰相。一天，他乘车出门，车夫为他**赶车**。车夫的妻子暗中从门缝里偷看，只见她丈夫坐在晏子马车的前部，头上张着很大的车盖。他高仰着头，非常神气，鞭打着驾车的四匹马，一副得意洋洋的样子。

晚上，车夫回到家中，妻子忽然请求说，要和他离婚。他很吃惊，就问她："你为什么要跟我离婚呀？"

妻子说："晏子身长不满六尺[①]，做了齐国的宰相，诸侯都知道他的名字。今天我看他坐车出门，神情稳重深沉，**非常谦虚**，一点儿不骄傲自大。现在你身长八尺，只是替人赶马车而已，没有学问，没有功劳，然而我看你得意张扬，自以为很了不起，所以我要和你离婚。"

车夫听了妻子的话，后来一改从前的**骄傲**做派，变得谦卑有礼貌。晏子看他前后跟两个人似的，觉得奇怪，问他原因。他就老老实实把妻子的话说出来。晏子称赞他勇于改过，推荐他做了大夫。

注释

①六尺：尺是古代的长度单位。六尺常泛指成年男子的身高。

北郭骚的情义

齐国的北郭骚靠结网、采蒲、编织鞋子来养活他和母亲，但还是吃不上饭，就去拜见晏子说："我仰慕先生能**救济**穷苦，所以来向你求讨些粮食，去养我母亲。"晏子就叫人拿一些粟①和钱送给他。北郭骚却只收了粟，**谢绝了钱**。

过了几天，晏子受到景公的怀疑，就逃往国外，**路过**北郭骚家时，顺便进去辞行。北郭骚听说晏子来了，就很恭敬地洗了头发和身体，然后出来迎接他，问道："先生将到什么地方去？"晏子说："国君怀疑我，所以我将逃往国外。"北郭骚只是平静地回答说："先生路上**珍重**吧！"

注释

①粟：别称粟米，中国北方通称谷子，去壳后叫小米，营养价值很高，含有丰富的蛋白质、脂肪和维生素，可供食用、酿酒。

晏子见他连点儿安慰的话也不多说，看起来**无情无义**的样子，就闷闷不乐地上车，然后长叹说：“唉！我也太不识人了！”

晏子走后，北郭骚将他的朋友请来，说：“我前几天因为**仰慕**晏子的义气，曾向他求讨粮食来养我母亲。我听说，应该跟替自己养过父母的人同受患难。现在晏子受到国君的**怀疑**，我将以死替他表明清白。”

他就穿起衣冠，请朋友拿着剑，捧着笥（sì）②，一起到景公的宫殿前。他对警卫的人说：“晏子，是天下有名的贤者，现在竟然**离开**了齐国，齐国肯定要受诸侯侵略了。我不想看到国家受侵略，所以不如死了，请用我的头来表明晏子的清白。”然后他回头对朋友说：“把我的头盛在笥里，献给国君。”**话音刚落**，他就用剑自杀了。

朋友就捧了他的头，对警卫的人说：“北郭子为**国家**而死，我也将为北郭子而死。”说罢也用剑自杀了。

景公听了，非常吃惊，急忙**驾了车**亲自去追晏子。追上晏子后，景公对他谢罪，请他回国。晏子回来，听说北郭骚用死来替自己表明清白，又长叹说：“唉！这样看来，我太不识人了！”

注释

②笥：方形的竹器。

晏子不换住宅

齐景公想为晏子更换住宅，对晏子说：“先生的房子靠近集市①，地势低洼潮湿，房屋也很狭窄，人声嘈杂，尘土飞扬，不适合居住，请换到明亮干燥的地方吧。”

晏子辞谢道：“臣的先人曾在这里居住，臣不能继承先人的伟业，现在的住宅对臣来说已经很奢侈了。而且靠近集市，任何时候都能买到臣想要的东西，对臣很有好处，哪敢麻烦地方上的百姓为臣搬家呢？”

景公笑着说：“先生离集市近，了解物品的贵贱吗？”

晏子回答说：“既然臣认为靠近市场是有利的事，怎么会不知道呢？”

景公说：“那市场上什么东西昂贵？什么东西便宜？”

当时景公正滥（làn）用②刑罚，尤其是刖刑，集市上有专门卖假脚的。晏子回答说：“假脚贵，鞋子便宜。”

景公听完后，脸上显出悲伤的神色，因此减轻了刑罚。

君子评论道：“仁德之人说的话，给百姓带来的利益是巨大的。晏子一句话，齐景公就减轻了刑罚。”

注释

①集市：村镇或城市中买卖货物的固定市场。

②滥用：不加选择、不加节制地使用。

齐景公爱槐

齐景公种了几棵槐树[①]，非常喜欢，特地派士兵小心看守。他还立了根木头，挂上一道**禁令**："冲撞槐树的，罚；损伤槐树的，死。"

一天，有个醉汉走过，没看见禁令，撞到了**槐树**上，士兵就把他捉住，报告给景公。景公**知道后**，非常生气地说："这是第一个犯我禁令的人，非将他重重治罪不可！"

醉汉有个女儿，听说父亲因为撞了槐树被捉拿，就去求见晏子。晏子坐在堂上，看到了她，就问："奇怪，你的脸色为什么这样忧愁呢？"

注释

①槐树：乔木，树型高大，花为淡黄色，可烹调食用，也可作中药或染料。这种树枝叶茂密，绿荫如盖，木材富有弹性，耐水湿，可为建筑、船舶、车辆、雕刻等提供木料。

那女子拜了一拜，含泪回答说："国君种了槐树，悬挂禁令：撞它的要罚，伤它的处死。我父亲喝醉了酒，没留心那禁令，冲撞了槐树，被捉去治罪。但我听说贤明的君主**立法治国**，不为了私恨妨害公法，不为了禽兽去伤百姓，不为了草木去伤禽兽，不为了野草去伤禾苗。现在国君竟然为了槐树要杀我父亲。人们都说，勇士不以人多力强来欺凌孤独

的弱者，明慧的君主不肯违背人民的意愿去随心所欲。如果国君的法令对国家和后世有益，那么我父亲犯法而死，也没什么可埋怨的。可是现在国君因为宠爱几棵树，就要**重罚**我父亲。我想，这未免坏了公正的法律，也有损国君的名声。如果邻国听说了，都会议论我们的国君爱树不爱子民，难道这样好吗？希望您明察，以便正确处罚犯罪的人。"

晏子听完，点头说："**你放心**！我替你到国君面前去说。"然后派人把她送回家。

第二日早朝，晏子对景公说："我听说，搜刮人民的财物来供自己奢侈的人，叫暴虐；喜欢某种东西而使它的威严近乎国君，叫反常；刑杀无罪的人，叫残暴。这三样，都是国家的**大祸患**。现在君上您穷尽百姓的财力，来装点饮食器具、娱乐的钟鼓和宫室，这实在是最大的暴行。您喜欢槐树，悬挂禁令，让人们都不敢靠近它，槐树的地位就像国君，这不是很反常吗？碰到槐树的人就

要判刑，与国法不相称，这不是残害百姓吗？您自从成为国君，对人民没有表现出什么德行，反倒让这三种害民的事情在国内发生，恐怕不能治国安民呢！”

景公听了晏子的话，深悔自己不该为了**槐树**，引起他的责备，就对他道谢：“没有先生教训我，我几乎得罪国家，**得罪百姓**；现在承蒙你教训我，这是国家的幸福，是百姓的幸福，我受教了！”

晏子离开之后，景公就派人赶快**撤回**守槐的士兵，取消伤槐的法令，拔去悬挂禁令的木头，释放撞槐的醉汉。

晏子辞千金

晏子正在吃饭，这时候齐景公派使臣来到他家传话。传完话，晏子就留使臣在家**吃饭**，把自己的食物拿给使臣分着吃。最后，使臣没吃饱，晏子也没吃饱。

使臣回去后，把在晏子家的见闻告诉了景公。景公说："唉！晏子家真的这样穷呀！我作为君王却不了解他的情况，这是我的过错。"然后，景公派人给晏子送去千金与市租①，让他用这些金子**供养**宾客②。晏子却没有接受。景公送了好多次，但晏子每次都拒绝。

最后，晏子对着景公拜了两拜，辞谢说："我家不贫穷，您以前的赏赐，让我的父族、

注释

①市租：也称为"市税"，对市场上的商人征收的税。税，指对土地或人民征收的货币或实物。

②宾客：指门客、食客。古代官员、贵族家中会养一些人，他们具有才能或学识，可以帮主人办事或出主意。他们平时没有固定的工作，不必干杂活，主人给他们提供饮食住处，并且发放津贴。

母族、妻族还有朋友们都沾了光，并且能够拿出财物救济百姓。您的赏赐够丰厚了，我家不贫穷啊。我听人说过，从君主那里拿来厚赏然后**散发**给百姓，这是臣子代替君主统治人民的行为，忠臣是不会这样做的。从君主那里拿来厚赏却不散发给百姓，这是用筐子把财物收藏起来归为己有，仁义之人是不会这样做的。一个人在朝中得到君主的厚赏，却**舍不得**与百姓分享，从而得罪了他们，等他死后，积攒的财物就转到别人手里去了，所以这不是为了自己**积攒财物**，而是为了别人积攒财物，聪明的人是不会这样做的。只要有衣服可以穿，有饭可以吃，心里满足，就可以免于一切**忧患**。”

景公对晏子说：“我们齐国的前代君主桓公[3]，把五百里的土地人口赐给管仲[4]，他没有推辞而是接受了，你为什么推辞不接受呢？”

晏子回答说：“我听人这样说，聪明的人**考虑**多了，也难免会有失误。愚蠢的人经过多次考虑，也有可取之处。想来在这件事情上，管仲虽然聪明，但错了，而我对了。因此我再次拜谢，不敢接受。”

注释

③桓公：姜姓，名小白，春秋时期齐国国君。他用管仲做宰相，尊王室，攘（rǎng）夷狄，九合诸侯，一匡天下，多次担任诸侯盟主，是“春秋五霸”中的首霸。

④管仲：姬姓，管氏，名夷吾，字仲，谥敬，春秋时期齐国名相，辅佐齐桓公成为春秋首霸。

晏子使楚

晏子出使楚国，楚国人因为晏子生得矮小，特地在大门旁边开了个小门，来迎接晏子，故意请他从小门进去，想以此羞辱**取笑**他。

晏子走到门边，停下脚步说：“出使狗国的，从狗门进去。现在我是来出使楚国的，不是狗国，**不应该**从这门进去。”迎接的人觉得反被他取笑了，于是请晏子从大门进去。

晏子从大门进去，见到了楚王。楚王很轻蔑地望着他道：“齐国难道没有人吗？怎么派你这样子的人来楚国？”

晏子从容应对道：“我们齐国的临淄（zī）[①]，有三百多闾（lú）[②]人家。人们展开**衣袖**，就可遮住太阳；挥去汗水，就可成雨；人挨着人，肩并着肩，脚尖碰着脚跟。大王为什么说齐国没有人呢？”

楚王冷笑说：“那为什么叫你这样子的人来出使呢？”

晏子回答说：“齐国**派遣**使臣，各自有各自的出使对象。贤明能干的，都到贤明的君主那里去；无能不贤明的，才到不贤明的君主那里。我是最无能的人，所以便到楚国来做使臣了！”

注释

①临淄：齐国的都城。　②闾：古时五家为一比，五比为一闾，即二十五家。

橘生淮南

晏子要来楚国出使。听到这个**消息**之后，楚王就跟近臣商量说：“晏子是齐国很善于辞令[①]的人。现在他要来，我想羞辱他一下，用什么办法呢？”近臣回答说：“等他来晋见大王的时候，我们就**故意绑着**一个人，从大王面前走过。大王问我们这是什么人，然后我们就回答说是齐国人。大王接着再问他犯了什么罪，我们就回答说是犯偷窃罪被捕的。这样做一定能羞辱到他。”

过了不久，晏子到达楚国。楚王摆了宴席，请他喝酒。**正高兴**的时候，忽然有两个士兵绑着一个人来到楚王面前。楚王明知故问：“绑着的这个人是干什么的？”士兵回答说：“他是齐国人，犯了偷窃罪。”

楚王就转头看着晏子说：“原来齐国人善于当小偷吗？”

注释

①辞令：社交、外交场合中得体的应对言辞。

晏子不慌不忙地站起来，离开了座位，从容地回答说："我曾听人说过，橘子生在淮（huái）[②]南的就是**橘树**，生在淮北的却变成了枳（zhǐ）[③]。它们的叶子**虽然相像**，果实的味道却不相同。为什么会这样呢？是两地水土条件不相同的缘故。现在这个人生长在齐国时没有**偷东西**，一到楚国就做起了小偷。莫非是楚国的水土，会让人变得喜欢偷东西？"

楚王听了这番话，找不到合适的话应对，心里很佩服晏子的口才，于是笑着说："贤明的人，是不能和他开玩笑的，我现在反而是自己讨他取笑了！"

注释

②淮：淮水，即今天的淮河。源出河南南阳桐柏山，向东流入黄海。古时候，淮水以南叫淮南，淮水以北叫淮北。

③枳：落叶灌木或小乔木，小枝多刺，果实黄绿色，和橘相像，味酸不可食，初采叫枳实，皮厚而中实；晚采叫枳壳，皮薄而中虚，可以做药。

晏子的遗书

晏子病重，快要去世了。**妻子**问他：“你有想说的话吗？”

晏子回答说：“我担心我死后家规①变了，你要小心看顾咱们家，不要改变**家规**呀。”

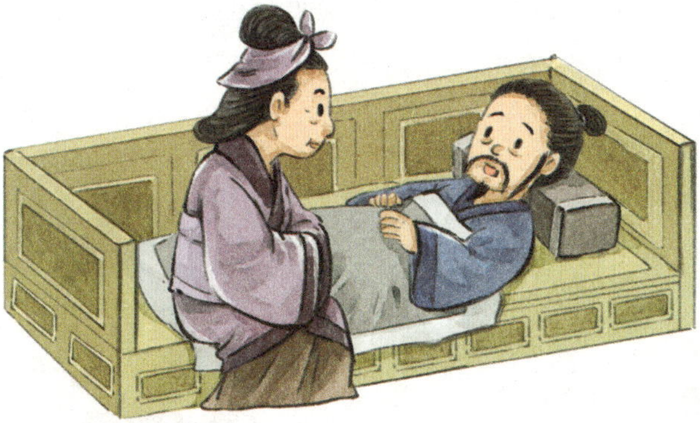

晏子写了遗书，凿（záo）②开厅堂前面的柱子，把**遗书**放在里面，对妻子说：“我把遗书存放在这里，等孩子们**长大后**，一定要拿出来给他们看看。”

等孩子们长大了，晏子的妻子从柱子里取出了遗书，给他们看。

注释

①家规：指一个家庭所定的行为规范，通常是代代传递下去、教育和约束后代子孙的准则，也叫家训。

②凿：打孔，挖掘。

只见遗书上写了**四句话**：“布匹、丝绸不能浪费，浪费了就没有穿的；牛马不能浪费，浪费了就没有拉犁种地的**牲畜**；作为一个士人，不能没有气节[3]，没有气节就不要担任官职；国家不能物质匮乏，要**发展经济**、勤俭治国，否则**国家**就要灭亡。”

注释

③气节：志气，节操。志气，古意是心志气力。

列子

给你讲故事

杞人忧天

杞国①有个人，担忧天会塌下来，地会陷下去，然后自身就没了可以**寄托**的地方。他太担心这些事情了，所以睡不着觉，吃不下饭。

有人担心这个杞人的身体，于是前去开导他，对他说：“天是积聚的气，没有哪个地方没有**空气**。你日常弯腰挺身、呼气吸气，整天在天中生活，为什么要担忧它崩塌下来呢？”

杞人说：“天**如果**真的是气的积聚，那日月星辰不会掉下来吗？”

开导他的人说：“日月星辰，也是**积聚**起来的气中有光辉的物体，即使掉下来，也不会有什么伤害。”

杞人说：“那如果地陷下去怎么办呢？”

注释

①杞国：中国历史上自商代到战国初年存续的一个诸侯国，国君为姒（sì）姓，大禹的后裔。

开导他的人说："地是土块的积聚，填满了四面八方，没有哪个地方没有土块。你日常停走踩踏，整天在地上**活动**，为什么要担忧它陷裂下去呢？"

杞人这才放下心来，变得十分**高兴**。开导他的人也放心了，很高兴。

长庐子[②]听说后，笑着说："虹霓呀，云雾呀，风雨呀，四季呀，这些是气在天上积聚而形成的。山岳呀，河海呀，金石呀，火木呀，这些是有形之物在地上积聚而形成的。知道它们是气的积聚，是土块的积聚，为什么还说它们不会毁坏呢？天地是宇宙中一个微小的物体，却是有形之物中最巨大的东西。它们难以终结，难以穷尽，这是必然的；人们难以观测，难以认识，也是必然的。人们担忧它会崩陷，实在是担忧得太远了；说它不会崩陷，也是不正确的。天地不可能不毁坏，最终总会毁坏的。如果遇到天崩地坠，怎么能不担忧呢？"

列子听到后，笑着说："说天地会毁坏是荒谬（miù）[③]的，说天地不会毁坏也是**荒谬**的。毁坏与不毁坏，是我们不可能知道的事情。既然这样，天地毁坏是一种可能，不毁坏也是一种可能。所以活着不知道死后的处境，死后也不知道生前的遭遇；未来不知道过去的情况，过去也不知道未来的情况。天地会坏或不会坏，又为什么要放在心上呢？"

注释

② 长庐子：又作"长卢子"，楚国人，曾著书九篇，属于道家一派。

③ 荒谬：荒唐，错得离谱，极端错误，非常不合情理。

聪明的贼

齐国的国氏[①]非常富有，宋国的向氏[②]非常贫穷。向氏从宋国来到**齐国**，朝国氏请教：怎么才能变得富有呢？

国氏告诉他："因为我善于偷盗。我开始偷盗时，一年就够自用，二年便丰足有余，三年就成为大富翁。从此以后，邻里也都学我的样儿，于是这附近一带，家家发财，个个吃饱穿暖，不再穷苦了。"

向氏听了**非常高兴**。但他只听了国氏关于偷盗的话，没有再问一下偷盗的方法，就急急忙忙回了家。然后他跳墙打洞，凡是手摸得到的、眼睛看得到的，没有一件不偷走。

注释

①国氏：姓国的人。齐国是中国历史上从西周到春秋战国时期的一个诸侯国，开国君主是姜尚（姜太公），分为姜姓吕氏齐国和妫姓田氏齐国两个时代。

② 向氏：姓向的人。宋国是周朝分封的诸侯国，开国君主是商纣王的庶兄微子启。宋国人是殷商人的后裔。

没过多久，官府抓到了他问罪，把他盗窃来的赃物都还给了原来的主人，连他以前积蓄的财物也被没收充公了。

向氏认为国氏**欺骗**了自己，就去埋怨国氏。

国氏问他："你是怎样偷盗的？"向氏就讲了他偷盗的情况。

国氏说："唉！**你错了**！你偷的方法不对，偷的东西也不对！现在我就告诉你吧。你可知道天有天时，地有地利？我偷盗的是天时地利、雨露的灌溉、土地的培植、山上水里的种种物产，用来生长我的稻麦、栽培我的棉麻、建筑我的墙壁、砌造我的房屋。我在陆地上**偷盗**禽兽，在湖泊中偷盗鱼鳖（biē）。本来，雨露、土地、山水，都是自然有的，不是我的；稻麦、棉麻、禽兽、鱼鳖，也都是自然生成的，不是我的。但是，只要我利用知识和**力量**，便可以尽量去偷，偷得越多就越富。并且偷了以后，并不犯罪，也不会有灾祸。你呢？你偷的不是自然！金玉珍宝、谷布财物，是别人积聚的，哪里是天地给你的呢？你偷盗它们而被**问罪**，能怨谁呢？自己用心思、用劳力，偷自然的，才是聪明的贼。自己不长进，专偷别人用心思、用劳力获得的东西，那是笨贼才会做的事！"

呆若木鸡

纪渻（shěng）子为周宣王①驯养斗鸡②。

过了**十天**，宣王问：“鸡可以斗了吗？”

渻子回答说：“不行。这只鸡还没有**真本领**，只知道靠着自己的骄傲之气去跟其他鸡打架。”

过了十天，宣王又问：“鸡可以斗了吗？”

注释

①周宣王：姬姓，名静，一作靖，西周第十一代君主，周厉王姬胡之子。

②斗鸡：是中国古代历史悠久的娱乐活动，让鸡彼此争斗决出输赢。用于这种比赛的鸡需要经过专门的饲养和训练。

渻子回答说："不行。它看到别的鸡的**影子**、听到别的鸡的声音，就想去跟那些鸡搏斗。"

过了十天，宣王又问："**鸡**可以斗了吗？"

渻子回答说："不行。它还是目光锐利，**气势旺盛**。"

过了十天，宣王又问："鸡可以斗了吗？"

渻子回答说："差不多可以去跟其他鸡斗了。现在，即使别的鸡大声鸣叫，它也**不为所动**，站在原地，看上去呆呆的，像只木头做的鸡。它的精神已经修炼完备了。别的鸡没有敢跟它斗的，**看到它**，就纷纷掉过头逃跑了。"

国君和奴仆

周朝时候，有个姓尹的人，家里有很多产业[①]，在他手下干活的人从清晨到**黄昏**，没有一丝休息时间。

有个老役夫[②]已经筋疲力尽了，仍然不停地被使唤，白天拼了老命喊着口号干活，到了晚上睁不开眼，昏昏沉沉地就熟睡过去。由于累得**迷迷糊糊**，精神涣散，他每天晚上都梦见自己成了一国之君，地位在所有百姓之上，每天住着华丽的宫殿，在漂亮的花园里游玩，吃着各种美食，喝着各种美酒，想干什么就干什么，快乐得不得了。只是一觉醒来，他还要继续干活。

有人同情他每天过得太辛苦，老役夫说：“人一生不过活上一百年，白天与黑夜**各有一半**。我白天做奴仆，过得是苦了，但我在夜里做国君，快乐无比。有什么可怨恨的呢？”

注释

①产业：指私人财产，如田地、房屋、作坊等。

②役夫：服役的人，或泛指干脏活、累活，身份卑微的仆役。

姓尹的人成天钻营[3]世事，每天操心自己的家业，大脑和身体都很累，晚上也昏昏沉沉地熟睡过去，每天夜里都梦见自己当了奴仆，不停地走动，什么活都干，挨骂挨打，什么罪都受。他在梦中又苦又累，所以总是说梦话，喊苦喊累，一直到天亮才停止。

姓尹的人为了这个很伤脑筋，就去向朋友求教。朋友说："你的地位已经足够高了，你的财富已经超过别人很多了，根本用不完。你夜里梦见自己做了奴仆，这一苦一乐循环往复，可以说是正常的规律。你想在醒时与梦中都很快乐，怎么能得到呢？"

姓尹的听了朋友的话，便放宽了役夫所做的工程的期限，减少了自己整日操心的事情，于是他和役夫的苦就都减轻了。

注释

③钻营：设法巴结有权势的人或找门路、托人情关系以谋求私利，或指极力探讨研究。

纪昌学射

甘蝇，是古时候的射箭**高手**。他百步穿杨，箭无虚发。只要他把箭一搭上弦，弓一张开，飞禽看见了，知道逃不了，便自己撞下地来；走兽看见了，也知道逃不了，便自己趴到地上去。

飞卫是甘蝇的弟子。后来他的技艺比甘蝇更**精湛**，人们都说他是当时排第一的神射手。

又有一个人，名叫纪昌，听到了飞卫的声名，就带了束修[①]，要拜飞卫为师。他走了**十天十夜**，才到飞卫家里，陈述来意，献上束修，行了弟子之礼。

注释

①束修：原义是干肉，是弟子与教师初次见面时赠送的礼物，以表示敬意，也写作“束脩（xiū）”。后来泛指拜师费、学费。

飞卫看他一眼，摇摇头说："不行，你的眼睛还在眨（zhǎ）动，不能学射。你回去，先**练习**眼睛，等到不眨动了，再来见我。"

纪昌回到家里，天天躺在他妻子的**织布机**下面，仰着头，睁着两眼，看着上面移动的梭子②。起初，梭子在上面穿来穿去，一到他面前，两眼便不由自主眨动，后来渐渐少了。这样练习了两年，哪怕是用**锥子**刺向他的眼睛，他的眼睛也一点儿不会眨动。他高兴极了，赶紧收拾行李，再往飞卫家里去。

他走了九天九夜，又到飞卫家里，把自己练习的成果告诉了飞卫。飞卫又看了他一眼，**摇摇头**说："不行，你的眼睛虽然不眨动了，但是眼力还不够，极小的东西，还看不清楚。你再回家去练习，等到看小的东西跟大的一样，看隐微的东西跟显著的一样，再来见我。"

注释

②梭子：在古代织机上载有纡（yū）子并引导纬纱进入梭道的机件，作间断式的往复运动。纡子是卷有纱线的纬纱管，装进梭子后供织布用。

纪昌回到家里，捉住一个虱(shī)子[3]，用一根头发系着脚，挂在窗前，天天看。过了十天，那虱子看着就变大了：起初像**黄豆**一般大，其次像铜钱，其次像鸭蛋，其次像鹅蛋，其次像碟子，其次像盘子。过了三年，虱子看上去就像车轮一般大了。再看别的东西，一切都大得像一座山。他便拿起弓箭，对准那虱子射去，箭刚好穿过虱子的中心，那根**头发**竟然还没有断。他高兴极了，又赶紧收拾行李，再往飞卫家里去。

他把这次练习的结果，告诉了飞卫。飞卫非常高兴，顿顿脚，**拍拍手**，说：“好啊，好啊！你已经学会射箭了，不必让我再教了！”

注释

③虱子：寄生虫的一种，个头很小，一般情况下只有两到三毫米长。

愚公移山

太行、王屋两座大山，有七百里见方，万仞（rèn）[①]那么高，本来都在冀州的南面，河阳的北面。

北山愚公快九十岁了，他的住宅前面正好被这**两座大山**堵住了。所以，一家人出门到别处去，必须绕很远的路；从外面回来，也得走很久很久，非常不方便。

愚公**召集**全家人商量，打算除去这两座大山。他说："这两座大山严重影响了全家人的生活。现在我们大家一起尽力挖平它们，开出四通八达、出入便利的道路好不好？"

听到这里，他的儿子、媳妇、孙子、孙女都拍手赞成。他的妻子却提出**疑问**："你年纪这么大了，凭你现在的力气，连个小山包都不能削平，何况太行和王屋这么大的两座山呢？再说了，挖起来的泥土和凿（záo）下来的**石头**，都放在哪里呢？"

注释

①仞：古代长度单位，以七尺或八尺为一仞。

大家回答说：“把泥土和石头挑到渤海扔进去。”

于是全家人决定开始移山。大家都带上斧、凿、锄、铲、槌（chuí）②、扁担、畚箕（běn jī）③等工具，天天到山上去，挖起泥土，凿掉石头，然后运到渤海边上。愚公家邻居寡妇有一个小儿子，刚刚换了牙，也跟着愚公一家人去山上帮忙。冬夏换季，才往返一次。

有一天，河曲智叟（sǒu）过来，看到他们这样辛苦，就笑着劝阻愚公说：“你真是太不聪明了！你这么大的年纪，还有多少力气？恐怕连山上的一草一木都动不了！你想想，这么大的两座山，该有多少泥土、多少石块，你怎能削平它呢？”

愚公长叹一声说：“你思想顽固，到了不可改变的地步，连人家寡妇孤儿都比不上。我虽然已经老了，活不了多久，但就算我死了，还

注释

② 槌：用来敲打东西的器具，木制，形状似锤。

③ 畚箕：即簸箕，一种用竹片或柳条编成的器具，可以用来装土石。

有儿子在；我的儿子死了，还有孙子；孙子之后，又有曾孙；曾孙之后，又有玄孙——我的子子孙孙是没有穷尽的，他们会继续挖土**凿石**。至于这两座山呢，现在看来固然很大，却不会再增高加大了。我们一天天挖凿，它们只会一天天变小，只要坚持下去，还怕挖不平吗？”

智叟听了，**无言以对**。

拿着蛇的山神听到了愚公的话，害怕愚公真的没完没了地挖下去，就把愚公的事情报告给天帝。天帝被愚公的诚心所**感动**，派了两个大力神，背着太行、王屋二山，移往别的地方。从此，愚公的住宅附近没有了大山阻挡，出门非常方便。

两小儿辩日

孔子[①]到东方游历，看见两个小孩在路边争辩，就走上前问他们为什么争辩。

一个小孩说：“我认为太阳刚升起时离我们近，中午时离我们远。”

另一个说：“我认为太阳刚升起时离我们远，中午时离我们近。”

注释

①孔子：孔氏，名丘，字仲尼，中国古代著名思想家、教育家，儒家学派创始人，被后世尊为孔圣人、至圣、至圣先师等。

第一个小孩说：“太阳刚升起时，像**车盖**那么大，到了中午，就只有小盘子那么大了，这不正是因为离人远时**看起来**小，离人近时看起来大吗？”

另一个说：“太阳刚**升起**时，天气非常寒冷，到了中午，天气热得就像手伸进热水里一样，这不正是因为离人近时热而离人远时凉吗？”

孔子虽然听了他们各自的理由，但也无法判断到底谁说得对，谁说得不对。

两个小孩就**嘲笑**他：“谁说你知识渊博呢？”

两个儿子

鲁国的施氏有两个儿子，一个爱好儒学，一个爱好兵法。爱好儒学的用仁义学说去劝齐王，齐王接纳了他，让他做自己儿子的老师。爱好**兵法**的到了楚国，用兵法谋略去劝楚王，楚王很高兴，任命他当了军队的将领。他们的俸禄①让全家**富裕**起来，他们的爵位②使亲人荣耀起来。

施氏的邻居孟氏同样有两个儿子，所学的东西也相同，但家里很贫穷。他们羡慕施家的富有，便去施家请教谋求功名利禄的方法。施家的两个儿子把经历告诉了孟氏父子。

于是孟氏的一个儿子到了秦国，用仁义学说劝秦王。秦王说："如今各国诸侯用武力竞争，当务之急是**富国强兵**。如果用你这一套仁义办法来

注释

①俸禄：是古代政府按规定给予各级官吏的报酬，主要形式有土地、实物、粮食、钱币等。

②爵位：是古代君主给贵戚功臣的封号，用以表示身份等级与权利的高低。

治理我的国家，不是等于自取灭亡吗？”于是对他施以刑罚，并驱逐了他。

另一个儿子到了卫国，用兵法谋略去劝卫君。卫君说：“我国弱小，夹在几个大国中间生存。对大国要顺服，对小国要安抚，这才是谋求安定的方法。要是依靠打仗和权谋，距离灭亡也就不远了。但如果让你这种好战之徒保全身体回去，到了别国，那么我国的祸患就不轻了。”于是砍断他的脚，送回鲁国。

回家以后，孟氏父子捶胸顿足责骂施氏。施氏听了他们的遭遇，说：“凡是适合时机的人才能成功，失去时机的人就要失败。你们的本领与我们相同，结果却不同，并不是你们的行为错了，而是因为没有看准机会和方向呀！”

余音绕梁

薛谭向秦青学习唱歌，还没有完全学会秦青的技艺，就自以为都掌握了，于是告辞回家。秦青也不挽留他，还在郊外的大路口为他饯（jiàn）行①。

席间，秦青拍打着竹制的乐器，慷慨悲歌，激越的歌声震撼着林木，清亮的回响遏（è）止了天空飘动的浮云。薛谭听了，连忙道歉谢罪，请求继续在秦青门下学习，终身都不敢再提要告辞回家了。

秦青对他的朋友讲过韩娥的故事。韩娥是春秋时韩国一个善于歌唱的女子。有一次，她往东到齐国去。

注释

①饯行：中国古代送别亲友的一种礼仪。在亲友出远门上路前，置办酒食，为其送行，表示惜别和祝福。

在路上，她身上的钱花光了，粮食也吃完了，不能住旅店，也吃不上饭。韩娥经过雍（yōng）门[②]时，就卖唱来挣一些**生活费**。她走了以后，留下来的声音还在屋梁间回荡，三天没有停止，周围的人还以为她没有离开。

韩娥经过旅店时，那里的人对她非常没礼貌。于是韩娥拖长了声音悲哀地**哭泣**，周围那个里的老人和小孩也都随之悲哀忧愁，相对流泪，三天没有吃饭。**旅店里的人**急忙追上她，向她赔礼道歉。

韩娥回来后，又拖长了声音唱歌，周围那个里的老人和小孩也都欢喜雀跃地拍着手跳起舞来，**开心**得不能自制，全都忘记了刚才的悲哀。然后大家给了她很多钱财，送她回家去。后来，雍门附近的人擅长唱歌和悲哭，就是在模仿韩娥留下来的声音。

注释

② 雍门：春秋时期齐国的城门。

伯牙和子期

伯牙[1]善于弹琴，钟子期[2]善于听音。

伯牙弹琴时，内心向往着登临高山。钟子期说：“好啊！**巍峨雄壮**如同泰山耸立！”伯牙弹琴时，心里向往着流水。钟子期说：“好啊！浩浩荡荡如同江河奔流！”

注释

①伯牙：姓伯，名牙，又作伯雅，春秋时期音乐家，本为楚国人，曾在晋国做官。

②钟子期：楚国人，相传是樵夫。

伯牙弹琴的时候无论想到什么，钟子期一定能领会。伯牙在泰山北面游览，突然遇到暴雨，停留在岩石下，心中泛起悲哀的情绪，于是拿起琴弹了起来。他先弹《霖（lín）雨之操》[3]，又弹《崩山之音》[4]，每弹一曲，钟子期都能领会它的旨趣。

于是伯牙放下琴感叹：“你听琴的本领真是太高了，太高了！你心中想的简直和我想的一样，我的心声哪里藏得住呢？”

注释

③《霖雨之操》：表现连绵大雨的乐曲。

④《崩山之音》：表现高山崩坍（tān）的壮烈音乐。

列子不收赠粮

列子家里很**穷困**，饭都吃不饱，他和妻子面带饥色。

郑国①国相子阳②的门客③对他说："列御寇是有道德的**人才**，在您管理的国家中却受穷挨饿，让人知道了，不是显得您不爱惜人才吗？"

子阳听了之后，马上派了使者，给列子送去几十车**粟米**。

列子出门会见使者，拜了又拜，却谢绝了子阳赠予的粮食。使者就带着粟米回去了。

注释

①郑国：春秋时期的诸侯国，首任国君郑桓公是周厉王的小儿子，被封在郑。

②子阳：姬姓，驷（sì）氏，春秋时期郑国大臣。郑穆公的儿子騑（fēi），字子驷，其子孙就以驷为氏。

③门客：古代达官贵人家中养的一些人，身份与家奴不同，平时没有固定的工作，不必干杂役，由主人提供饮食住宿，在需要时为主人办事或出谋划策。

列子进到自家屋子里，妻子望着他，捶着胸口**埋怨**说：“我听说做有道之士的妻子和儿女，都能过上安逸快乐的日子。现在我们全家已经面黄肌瘦，国相派人探望，还送给你那么多粮食，你却不肯接受，难道是说命里注定要挨饿吗？”

列子笑着对她说：“国相并非自己真正了解我，而是**听信**了别人的话，才让人来给我送粮食。将来他如果要加罪于我，也会凭着别人的话，这就是我不接受粮食的缘由啊。”

后来，郑国民众果然发动**叛乱**，杀死了子阳。列子早早地从细节中看出了危险，保持了远离。

九方皋相马

秦穆公[①]对伯乐[②]说："您的年纪大了，子孙中可有能派去**访求**良马的人吗？"

伯乐答道："良马可以通过它的形体、外貌、筋节、骨骼来判断识别。至于天下无双的**宝马**则不然。它的神气迷离恍惚，似有似无，一旦飞快奔驰，四蹄似乎离开地面不沾尘土，拉着车经过也不留**痕迹**。我的子孙都是下等人才，只能教他们识别良马，没法教他们怎么识别天下无双的宝马。我有一位朋友名叫九方皋（gāo），他相马的本领不在我之下。请允许我为您引见他。"

注释

①秦穆公：嬴姓，赵氏，名任好，春秋时期秦国国君。秦国是周朝分封的诸侯国，国君为嬴姓，后来成为"战国七雄"中最强的国家，最后灭六国，统一中国。秦穆公曾出兵攻打函谷关以西的国家，开辟国土千余里，为日后秦统一中国奠定了基石。

②伯乐：据称名叫孙阳，字子良，春秋时期人，善于相马，写出中国第一部相马学著作《相马经》。

穆公召见了九方皋，让他去寻求天下无双的宝马。

三个月后，九方皋回来**报告**：“已经找到了，就在沙丘。”

穆公问：“什么样的马呢？”

九方皋回答：“是一匹黄色的母马。”

穆公派人去取，却发现是一匹黑色的公马。穆公很不高兴，召见伯乐，对他说：“你推荐的那个相马人真**糟糕**啊！连马的毛色、公母尚且分辨不清，又怎么能鉴别马的优劣呢？”

伯乐长叹一声说：“他竟然达到这种**境界**了！这正是他比我高明何止千万倍的地方啊。九方皋所观察的，是马的天机禀赋，他看到了马的精髓，也就

忘记了表象；注重马的内在品性，也就**忽略了外在皮毛**；看到应当看的，不看不必看的；观察应当观察的，忽略不必观察的。九方皋相马的价值，远远高于宝马的价值！”

后来，马送来了，果然是一匹天下无双的宝马。

疑心

有个樵夫[1]丢了一把斧头[2]。他疑心邻居家儿子偷了斧头，于是**偷偷地**去观察那个人的行动：

看他走路，畏畏缩缩，活像一个贼！

听他说话，吞吞吐吐，活像一个贼！

瞪着他看，脸色就变了，活像一个贼！

总之，在樵夫看来，邻居家**儿子**的一切行为、言语和表情，都活像一个贼。但是，樵夫没有证据表明是邻居家儿子偷了**斧头**，所以也不能抓了他去报官。

注释

①樵夫：指劈柴的人，或者以砍柴卖柴为生的人，也是从事山林工作的一类人的总称。

②斧头：一种砍削工具，用金属制成，装有木制手柄，主要用于伐木。另有作为兵器使用的斧头，也是古代的仪仗用具之一。

樵夫回到家中，竟然在**木柴堆**里找到了自己丢失的那把斧头。

正好邻居家儿子有些事情过来找樵夫商量。樵夫招待他**坐下**，跟他说话。他心里觉得**奇怪**，因为这会儿再看邻居家儿子，一切行为、语言和表情，都很光明正大，不像一个贼了。

人和万物

齐国的田氏①在厅堂里设宴**祭祀神灵**，一起吃饭的客人有上千位。

大家正在宴席上喝酒吃菜的时候，有人献上了鱼和大雁。田氏看到鱼和大雁，心中生出感慨，

于是对大家说：“上天对待我们人类真的是很厚道啊！特地为了我们人类，生出五谷，生出鱼和鸟，来**供给**我们食用。”

所有客人听了他的话，纷纷大声赞成，附和（hè）②田氏的看法。

注释

①田氏：春秋时期齐国的权臣世家。田氏的始祖陈完，是陈国国君厉公的次子，因为陈国发生内乱，便逃到齐国。齐桓公封陈完于田地，其后子孙以地为氏，称田氏。

②附和：对别人的言语和行为因赞同而表示应和、追随，也指不加辨别地随声应和，大多用于贬义。

有一个姓鲍的孩子，这时才十二岁，坐在最末的**位置**上。唯独他不以为然，站起来说："并不是您说的那样。照我看来，天地万物，跟我们人类一起并存，只是种类不同而已，并没有什么贵贱的分别。只因为个头有大小、智力有高低、体力有强弱，于是大家**互相制约**，我克你，你克它，我吃你，你吃它。每一个种类的生物，并不是为了给谁吃才生存在世上的。人类获取**五谷**和鱼鸟这些可以吃的东西，并吃了它们，但

难道上天是为了让人吃才生出它们的吗？况且，**蚊虫**会叮咬人的皮肤，吸人的血，狼和老虎会吃肉，难道上天是为了蚊虫狼虎，才生出我们人类和其他有肉的生物吗？"

扁鹊的换心术

鲁公扈（hù）和赵齐婴两人有病，一同到扁鹊①那里请求**医治**。扁鹊为他们看了病，不久就一同治愈了。

扁鹊对公扈和齐婴说：“你们以前所害的病，用**药草**和针砭（biān）②就能治好。现在你们有生下来就得了的病，和身体一同增长，现在也一起治疗了，好不好？”

他二人说：“希望您先跟我们说说病的症状。”扁鹊对公扈说：“你的心志刚强但气魄（pò）柔弱，

注释

①扁鹊：姓秦，名越人，战国时医学家。

②针砭：砭是古代用来治病的石针。

所以计谋太多而缺乏果断。齐婴心志柔弱但气魄刚强，所以**计谋**太少而十分专横。如果把你们的心交换一下，就都会很好了。”

扁鹊于是叫两人喝了酒，让他们**昏迷**三天，把心脏交换了，然后给他们吃了**神药**。醒来以后，身体恢复得和原来一样，两人就告辞回家了。

但是，公扈回到了齐婴的家，妻子儿女**不认识**他。齐婴也回到了公扈的家，妻子儿女也不认识他。两家人因此打起了官司，最后求扁鹊来给他们**辨别清楚**。扁鹊说明了此事发生的原因，官司才解决。

华子治病

宋国阳里的华子中年时得了健忘症：早晨拿的东西到晚上就忘了，晚上给的东西到早晨就忘了；在路上忘记走路，在家里忘记坐下；不知道先后，不知道今古。全家都为他苦恼。请史官来**占卜**[1]，不能灵验；请巫师来祈祷，没有效果；请医生来诊治，也不见好转。

鲁国有个儒生[2]自我推荐说能治好他的病，华子的妻子和儿女以家产的一半**作为报酬**，请他开药方。儒生说："这种病本来就不是算卦、祈祷和药物所能救治的。我试试变化他的心灵，改换他的思虑，也许能治好。"

注释

①占卜："占"意为观察，"卜"是以火烧龟壳，古人认为龟壳被烧后出现的裂纹形状，可以预测吉凶祸福。

②儒生：指尊崇儒学、通习儒家经书的读书人。

于是不给他穿衣服，他就去寻找衣服；不给他吃饭，他就去寻找食物；把他关在黑暗的屋子里，他就去寻找明亮的地方。儒生高兴地告诉他的儿子：“病可以治好了。但我的方法是保密的。请其他人回避一下，让我单独和他在室内待七天。”

大家按他的要求办了，然后华子多年积累起来的病突然全都除去了。但是，华子清醒以后，非常生气，赶走妻子，惩罚儿子，并拿起戈[3]驱逐儒生。宋国人把他捉住，问他为什么这样做。

华子说：“过去我健忘，脑子里空空荡荡，不知道天地是有还是无。现在突然明白了过去的一切，数十年来的存亡、得失、哀乐、好恶，千头万绪纷纷扰扰全部出现了。我害怕将来的存亡、得失、哀乐、好恶，还会像这样扰乱我的心，到时候再求片刻的淡忘，还能得到吗？”

注释

③戈：古代兵器，横刃，用青铜或铁制成，装有长柄。

燕人返乡

燕国有个人，出生在燕国，生长在楚国，到了老年，才回本国去。

路过晋国时，同行的人**欺骗**他，指着城墙说：“这是燕国的城墙。”这个人脸色变得悲伤起来。

同行的人指着**土地庙**说：“这是你那个地方的土地庙①。”这个人长叹了一声。

同行的人**指着房屋**说：“这是你祖先住的房屋。”这个人泪流满面。

注释

①土地庙：古代称为“社”，是民间供奉土地神的庙宇。

同行的人指着坟墓说："这是你祖先的墓地。"这个人禁不住大哭起来。

同行的人**失声大笑**，说："我刚才是在欺骗你，这是晋国啊！"这个人大为**惭愧**。

等他们到了燕国，这个人真的看见燕国的城墙和土地庙，真的**看见**祖先的房屋和墓地时，已经没有多少悲伤的情绪了。

列子学道

列子拜老商氏[1]为师，与伯高子[2]交友，把两人的所有**本领**学到了手，然后乘风而归。

尹生听说了，便来跟列子学习，并且住到一起，好几个月都不回去看望家人。趁列子有空闲的时候，他多次请求学习**法术**，但列子都没有告诉他。尹生有些生气，就请求离开，列子也不表态。尹生就回家了。

几个月后，尹生想要学道的念头难以消除，又前去跟随列子。列子问："你为什么来去这么频繁呢？"尹生说："以前我向您**请教**，先生不肯传授，本来有些怨恨。现在我不这样了，所以又过来。"

注释

①老商氏：列子的老师，复姓"老商"。

②伯高子：列子的朋友，复姓"伯高"。

列子说：“过去我以为你**通达事理**，现在你竟然无知到了如此程度吗？坐下！告诉你我是怎样向先生学习道术的。自从我拜老商氏为师、以伯高子为友，三年间，心中不敢计较是非，嘴上不敢谈论利害，然后才得到老师斜眼**看一下**。五年后，心中更加不敢存念是非，嘴上更加不敢言说利害，老师这才放松表情对我笑一笑。七年后，任凭心中怎样去想，更加觉得没有是非，任凭嘴上怎样去说，更加觉得没有利害，老师这才开始让我与他坐在同**一张席子**上。九年后，我放纵心灵去计较，放纵口舌去谈论，但既不知道我的是非利害，也不知道别人的是非利害；也不知道先生是我的老师，伯高子是我的朋友；这时身内身外都**忘得一干二净**了。从此以后，眼睛就像耳朵一样，耳朵就像鼻子一样，鼻子就像嘴一样，没有什么区别了。心灵凝聚，感觉不到身体依靠着什么，两脚踩着什么，随风飘游四方，竟然不知道是风驾驭（yù）着我，还是我驾驭着风！现在你在老师的门下，还不到一个时辰，便怨恨了好几次。至于脚踏虚空，驾驭风云，又怎么办得到呢？”

尹生非常惭愧，好长时间连大气都不敢出，也不敢再说什么。

华胥氏之国

黄帝即天子位的第十五年，因为天下百姓都支持自己，他十分高兴，于是致力于保养身体，观赏歌舞，享受美味，但结果是皮肤变差，面色黄黑，头脑昏乱，精神不集中。又过了十五年，他因为心忧天下，于是用全部精力去管理百姓，然而身体还是跟以前一样。黄帝长叹说："我的错误太深了。保养自己的毛病是这样，治理万物的毛病也是这样。"于是他放下了忙碌的日常事务，离开了宫殿，取消了值班侍卫，撤掉了乐器，削减了厨师和膳食，安闲地居住在宫外，清除心中的杂念，降服形体的欲望，三个月不过问政事。有一天，他白天睡觉时做梦，游历到了华胥（xū）氏之国。

华胥氏之国离中国有几千万里，乘船、坐车和步行都到达不了，所以黄帝只是梦游而已。那个国家没有老师和官长，一切顺其自然。那里的百姓没有嗜（shì）好[①]和欲望，一切**顺其自然**。他们不懂得活着是快乐的，也不懂得死亡是可恶的，因而没有早早夭折的人；不懂得私爱自身，也不懂得疏远外物，因而没有可爱与可憎（zēng）的东西；不懂得反对与**叛逆**，也不懂得赞成与顺从，因而没有利害冲突。一切都不去贪恋顾惜，一切都不去畏惧忌讳。他们到水中淹不死，到火里烧不坏；**刀砍鞭打没有伤痛**，指甲抓挠也不觉酸痒；乘云升空就像脚踏实地，睡在虚无里就好像躺在床上；云雾不能遮挡他们的视线，雷霆（tíng）不能妨碍他们的听觉，美丑不能干扰他们的心情，山谷不能阻挡他们的脚步，一切都凭精神运行而已。

注释

①嗜好：指特殊的爱好。多指不良的习惯，含贬义。

黄帝从**梦中醒来**后，觉得愉快又满足，于是把大臣喊过来，告诉他们：“我安闲地在家中住了三个月，清除了心中的杂念，降服了形体的**欲望**，专心思考保养身心和治理外物的好**方法**，但没有收获。后来我因疲倦而睡觉，做了一个这样的梦。现在我才懂得，高深的道是不能用主观的欲望去追求的。我明白了！我得到了！但我无法用**语言**告诉你们。”

又过了二十八年，天下大治，几乎和华胥氏之国一样，黄帝却去世了，老**百姓**悲伤地哭了很久。

韩非子

给你讲故事

曾子杀猪

曾子[1]的妻子要到集市上买一些生活用品。儿子跟在她**身后**，哭喊着要一起去集市，不让母亲把自己留在家里。

因为儿子年龄小，带在身边**不方便**，于是曾子的妻子就哄他说："你在家等着，等我回来给你杀头猪吃。"

儿子听说有猪肉吃，就不**闹**了，乖乖地回了家。等妻子从集市回到家中以后，曾子就去院子里抓猪，准备杀掉。

注释

①曾子：姓曾，名参，字子舆（yú），春秋末年鲁国人，十六岁拜孔子为师，勤奋好学，颇得孔子真传。他积极推行儒家主张，传播儒家思想。

在曾子生活的时代，养猪不容易，猪肉挺贵的，普通人家日常舍不得杀猪。所以曾子的妻子连忙阻止说：“我的话不过是和小孩子**开玩笑**罢了，怎么能为了哄他就把猪杀了呢？”

曾子说：“在小孩子面前是不能撒谎的。他们**年纪小**，什么都不知道，靠父母做出榜样才会跟着学，完全相信父母说的话。现在你欺骗了儿子，等于是教他学会骗人。做母亲的为了哄孩子而**欺骗**他，孩子知道受骗之后，就不再相信母亲了。那以后还怎么去教育他呢？”

然后，曾子把猪杀掉，给儿子做了一顿丰盛的**饭菜**。

子反醉酒

楚共王[1]和晋厉公[2]在鄢（yān）陵这个地方大战。结果楚军战败，楚共王的眼睛也受伤了。

在战斗正激烈的时候，楚国的司马子反[3]**口渴**了，问身边的人要水喝。侍仆谷阳就拿了一大杯酒来递给他。子反说：“**嘿！** 拿一边去，这是酒。”谷阳说：“不是酒。”子反就接过来喝了。

注释

①楚共王：芈（mǐ）姓，熊氏，名审，春秋时期楚国国君，楚庄王之子。

② 晋厉公：姬姓，名寿曼，又作州蒲，春秋时期晋国国君，晋景公之子。

③ 子反：即公子侧，芈姓，熊氏，名侧，字子反，春秋时期楚国司马。他是楚穆王之子，楚庄王之弟，楚共王的叔父。司马，是管理和指挥军队的官职。

子反这个人，平常特别喜爱喝酒。这会儿，他觉得酒水味道甜美，越喝越想喝，**停不下来**，结果醉了。

战斗已经结束了，楚共王想再战，就派人去召子反过来商量作战计划，子反以心病为由推辞不去。楚共王就**坐着马车**亲自过来看望子反，进了子反帐中，他闻到了酒气，转身走了，说：“今天的战斗，我自己受了伤。我要依靠的人是司马，但司马又醉成这样，这是忘了楚国的神灵而不关心我的**民众**。我不能继续战斗了。”于是他下令让军队**撤离**鄢陵，把司马子反处以死刑。

侍仆谷阳在战斗中给子反献酒，并不是因为仇恨子反，他的内心是忠于子反的，但恰好是这种**忠诚**行为害死了子反。

谋士张孟谈

智伯瑶[①]暗中约好韩氏、魏氏，准备去讨伐赵氏。赵氏的家主赵襄子[②]召来张孟谈，告诉他："智伯问我要土地，我没有给。他多次**联络**韩、魏两家，看来是想**攻打**我。现在我该到哪里居住才行呢？"

张孟谈说："您父亲手下的能臣董阏（yān）于把晋阳**治理**得非常好，您到那里去住就可以了。"于是赵襄子去了晋阳。

注释

①智伯瑶：姬姓，智氏，名瑶，又写作知瑶，时人尊称他为智伯（同"知伯"），春秋末期晋国卿大夫，智氏家族主君。谥号"襄"，所以也叫智襄子。

②赵襄子：名毋恤，或写作无恤，谥号"襄"，春秋战国时期晋国卿大夫，赵氏的首领。赵襄子联合其他二卿消灭了智伯瑶，壮大了自己的势力，为三家分晋奠定了基础。

赵襄子到了晋阳之后，巡视内外城墙以及各级官员管理的仓库，只见城墙没有修理，谷仓没有积蓄，官府没有储备钱财，兵库没有武器，城里也没有防守用的工具。

赵襄子很害怕，就召来张孟谈，说："城墙没有修理，仓库里都没有储备，我凭什么对付敌人呢？"

张孟谈说："我听说圣人治理国家，储备全在民间，不在官府的仓库里，努力搞好教化而不是单纯修理城墙。您不妨发出命令，让百姓自己留足三年的口粮，有余粮的收进谷仓；留足三年的用度，有余钱的收进官府；剩下的闲散人员，让他们去把城墙修好。"

赵襄子当天晚上下了命令，第二天，谷仓里的粮食装不下，官府里的钱财堆不下，兵库里的武器放不下。过了五天，城墙已经修好，守备已经齐全。

赵襄子问张孟谈："我的城墙已修好，守备已齐全，钱粮已充足，武器有余。但我没箭，怎么办？"

张孟谈说："我听说董阏于治理晋阳时，卿大夫的住处都用植物的秆做墙，有的秆高达一丈。您可以用来制箭。"于是赵襄子让人用这些秆制箭，甚至比有些竹子还坚硬。

赵襄子又说："我的箭已足够了，但没铜可怎么办？"

张孟谈说："我听说董阏于治理晋阳时，卿大夫、地方官住处的厅堂都用精炼的铜做柱下础（chǔ）石③。您可以**取出**一用。"于是有了很多铜。

三家的军队到达晋阳开战，三个月还没有**攻克**晋阳。他们引了河水，围困晋阳三年。城中居民搬到高处，吊锅烧饭，**财物食品**将用完，很多人生了病。赵襄子问张孟谈怎么办。张孟谈偷偷出城，去见韩、魏两家的主君。

张孟谈拜见他们，说："我听说唇亡齿寒。现在智伯率二位主君来伐赵，赵氏将要灭亡。然后，韩、魏就会跟着灭亡。"经过张孟谈的**劝说**，两位主君决定跟赵家联合，共同反对智伯。到了约定的那天晚上，赵人杀掉智伯的守堤官，决口的水灌进智伯的军营。智伯的军队大乱，韩、魏军队从两旁进攻，赵襄子率领士兵正面冲杀，大败智伯的军队并捉住了智伯。智伯身死军破，领地一分为三，被天下人所耻笑。

注释

③础石：垫在房屋柱子底下的石头。

扁鹊见蔡桓公

有一天扁鹊(biǎn què)[1]晋见蔡桓公[2]。他在桓公面前站了一会儿之后，开口对桓公说："君上您的肌肤纹理之间有些小病，现在不医治的话，恐怕会加重吧！"

桓公说："我身体很好，没有病！"

扁鹊只得告辞出去。扁鹊离开后，蔡桓公很不高兴地说："医生们总是喜欢给没病的人治病，以此来显示自己本领大、有功劳。"

注释

①扁鹊：姓秦，名越人，战国时期医学家。

②蔡桓公：据学者考证，这篇文章中的"蔡桓公"指的是战国时期田氏齐国的桓公，名字叫田午。

过了十天，扁鹊又去晋见桓公，对他说："君上的病，现在已经到了肌肤里面，要是再不医治，会更加严重。"

桓公不理睬他，扁鹊只得又告辞离开。桓公又很不高兴。

又过了十天，扁鹊再一次晋见桓公，对他说："君上的病，现在已经到了肠胃里面，要是再不趁早医治，会更加严重。"

桓公依旧不理睬他。扁鹊离开，桓公再一次很不高兴。

又过了十天，扁鹊远远地看到了桓公，竟然一言不发，转身就走了。

蔡桓公故意让人去问扁鹊，为什么不说话就走了。

扁鹊道："一个人的病在**肌肤纹理**的时候，用汤熨（yùn）③的方法便可以医治好；到了肌肤里面，用针灸（jiǔ）也可以医治好；到了肠胃里面，用火齐汤也还可以医治；等到了骨髓里面，那就是司命④掌管的事情，医生没有办法了。现在，君上的病已经到了**骨髓**里面，所以我就不再请求为他治病了。"

过了五天，桓公觉得全身都非常疼痛，派人去找扁鹊，不料，扁鹊此时已经逃到**秦国**了。桓公的病一天比一天严重，很快他就去世了。

注释

③汤熨：中医的一种治疗方法。用热水熨帖患处以散寒止痛。

④司命：古代神话传说中掌管人生死的神。

儿子和邻居

宋国[①]有一个富人，住宅修建得非常气派，还带着**围墙**。

有一次，接连下了好几天大雨，居然把富人家的一部分围墙冲倒了。**富人**的儿子对他说："这堵围墙倒了，得赶紧找泥水匠来修补一下！不然，**盗贼**要闯进来呢！"

注释

①宋国：周朝的诸侯国，开国君主是商纣王的庶兄微子启。宋国人是殷商人的后裔。

过了一会儿，富人在家门外遇见了一个**老邻居**。老邻居也对他说：“这堵围墙要是不赶快修补好，盗贼就很容易从这里闯到你家里去呢！”

富人没有听从他们的劝告。到了晚上，果然有许多强盗从围墙倒下的地方**冲进**他家，抢走了许多财物。

富人非常后悔，懊恼地说：“我的儿子真聪明，竟然早早就猜到盗贼要进来抢劫，可惜，我当时没有听他的话！”

富人想了一会儿，又说道：“哦，当时那个老邻居，不是也和我说过盗贼要进来吗？这样看来，这些**强盗**也许是他叫来的同党呢！”

和氏之璧

楚国人和氏[①]，在山中得到了一块玉璞（pǔ）[②]，便拿去献给厉王。

厉王让玉工来**鉴定**一下。玉工观察之后说："这是一块**普通**的石头！"厉王听到之后，以为和氏在骗自己，就下令对他处以刖刑，砍去了左脚。

后来厉王死了，武王即位。和氏又拿了那块璞，去献给武王。武王也找了玉工鉴定。谁知这个玉工也说："这是一块普通的石头！"武王认为和氏在欺骗他，立刻将他**判处刖刑**，砍去了右脚。

注释

①和氏：即卞（biàn）和，春秋时期楚国人。

②璞：玉在石中，还没有剖解出来，叫作璞。

后来，武王死了，文王即位。和氏**不敢**再去献那块玉璞了，只是抱着那块璞，坐在楚山下痛哭了几天几夜，把眼泪都哭干了，接着淌出来的就是血。

文王听说了这件事，便**派人**去问他：“天下被砍掉双脚的人有很多，为什么只有你哭得这么伤心呢？”

和氏回答说：“我并不是伤心自己的脚被砍掉了，而是伤心于这块**宝玉**，竟然被人当作普通的石头看待，像我这样忠诚的好人，却被人当作骗子看待！”

文王听了他的话，找了一个玉工，将那块璞剖开后再加工，里面果然藏着一块世间罕见的宝玉。文王便重重地封赏和氏，并且将那块宝玉取名为“和氏之璧（bì）”。

一双象牙筷子

纣王[①]制作了一双象牙筷子，箕（jī）子[②]看见了，便非常悲痛。

旁人见了，就问他为什么要因一双**象牙筷子**而如此悲痛，他回答：“用了象牙做的筷子，一定不愿意再去用粗糙的碗盘，自然要配美玉做的杯子才相称；用了牙筷和玉杯，那就不愿意再去吃**粗茶淡饭**了，自然要吃珍稀难寻的**美味**才相称；有了美味，绝对不愿意再穿着粗布衣裳、坐在茅草屋里吃饭，自然要穿起锦绣的衣服、修建高大的宫殿才相称。我只怕他一天比一天奢侈（shē chǐ）[③]，将来得不到好结果呢！”

注释

①纣王：帝辛，商朝末代君主，以残暴著名，是中国古代著名的暴君。

②箕子：名胥余，是商纣王的叔父，文丁的儿子，帝乙的弟弟，官职为太师，因为封地在箕，所以叫箕子。

③奢侈：花费过多的钱财，追求过度的享受。

果然不出箕子所料，仅仅过了五年时间，纣王便变得穷奢极欲、堕落败坏：他每天让人把许多鲜肉挂在王宫花园里面的树上，取名肉林；又在厨房内添置了许多铜格，下面用火烧着，要吃肉的人，可以到肉林里取了鲜肉来，放在铜格上烤；后园内酿酒剩下的酒糟已经堆得像座小山，可以登到上面眺望；而盛放美酒的酒池竟然大得可以划船。这样子没多久，纣王就因为残暴被推翻了。

可见世界上一切大祸患的发生，一开始都是从一件小事上就看得出苗头的。

赵襄子学驾车

赵襄子向王子期[1]学习驾驭（yù）车马的技巧。王子期很认真地把所有技巧传授给了他。

过了不久，赵襄子和王子期**比赛**驾车。两个人给车换了三次马，但赵襄子三次都输给了王子期。

赵襄子因**连续失败**而很失望，对王子期说：“老师您教我驾车的时候，没有把**技巧**全教给我吧？”

注释

①王子期：战国时期著名的驾车能手。

王子期回答："技巧我已经全部教给您了，但您在使用时还有**错误**。驾驭马车应**重视**的，是要让马的身体感到舒适，人的注意力和马的动作相协调，然后才能跑得快、奔得远。现在您每次一旦落在后面，就只想着要赶上我；每当跑到前面时，心里又总怕被我赶上。引导马驾着车子**赛跑**，不是领先，就是**落后**；而您不管是领先还是落后，注意力都在我身上，还怎么能和马协调一致呢？这就是您落后的原因。"

两条蛇

有两条蛇住在**湖沼**里，一条是大蛇，另一条是小蛇。后来，**湖沼**里的水干了，两条蛇准备搬到别处去住。

将要出发的时候，它们凑在一起**商量**如何行动。小蛇就对大蛇说：“如果你在前面走，我跟在你后面，人们看到我们，一定知道这就是普通的蛇在赶路，肯定会杀死我们的。这样实在是太危险了！”

大蛇说：“依你看来，怎样走会安全一些？”

小蛇说：“不如你用嘴衔（xián）着我，背着我赶路。人们看见，会以为你非常尊重我，就会把我当作神君①，敬畏有加，也就不会想杀掉我们了。”

大蛇赞成小蛇的主张，于是用嘴衔着小蛇，背负着它越过大路。

人们看到了这两条蛇，果然都说：“不得了，这一定是神君来了！”于是都避了开去，没有谁去伤害它们。

注释

①神君：神灵，神仙。

老马和蚂蚁

管仲[①]和隰（xí）朋[②]跟着齐桓公[③]去**征伐**孤竹国。他们率领军队在春天出发，直到冬天才回来。

回程的时候，他们走了几天，忽然迷失了**道路**。大家正都无可奈何，管仲忽然想出一条**计策**：“老马认路。军中有一些年纪已经很大的马，现在是让它们发挥作用的时候了！”

注释

①管仲：姬姓，管氏，名夷吾，字仲，谥敬，春秋时期齐国名相，辅佐桓公成为春秋首霸。

②隰朋：姜姓，春秋时期齐国大夫，跟管仲一起辅佐桓公成就霸业。

③齐桓公：姜姓，名小白，春秋时期齐国国君。任用管仲做宰相，尊王室，攘（rǎng）夷狄，九合诸侯，一匡天下，多次担任诸侯盟主，是“春秋五霸”中的第一位。

于是将士们让几匹**老马**走在前面，没过多久，它们就领着队伍走到了**正确**的道路上。

他们走到了山里，队伍很快**缺水**喝了，在山里找了很久，一无所获。这时候隰朋说：“蚂蚁做窝的地方距离水源很近。蚂蚁冬天住在山的南面，夏天住在山的北面。现在，我们只要先在山的南面找到**蚂蚁窝**，再顺着往下挖，就能找到水源。”

大家又照着隰朋的话，找到蚂蚁窝，挖下去，果然涌出了可以饮用的水。

不死之药

有个人造出了一种“不死之药”，特地拿去献给荆王①，想以此**获得**重赏。

负责通报**传达**的人拿着药走进王宫的时候，遇见了一个王宫的卫士。卫士看见他之后问：“这个东西可以吃吗？”

他回答：“可以吃。”

卫士听了以后，不再说话，**连忙**伸手把药抢了过来，直接往自己嘴里一塞，立刻吞到肚子里去了。

注释

①荆王：即楚王。楚国也被称为荆国。

荆王知道了这件事，十分愤怒，马上派人把那个卫士捉拿过来，准备处死他。

卫士拜托了一个朋友去参见荆王，转达为自己**辩解**的话。

这个朋友到了荆王那里，就照着卫士的意思，说：“我当初曾问负责通报传达的人，这**东西**可以吃吗，他回答可以吃，我才将它吃了。所以我并没有罪过，有罪过的是负责**通报传达的人**啊！况且，他献的是不死之药，吃了是不会死的。我刚吃了药，如果大王现在就让人把我杀死了，这岂不是变成了‘死药’吗？可见那人有意欺骗大王。所以，大王如果杀我，就是杀了一个没有罪的人，却仅仅证明了别人**欺骗大王**。”

荆王觉得这个卫士的话很有道理，就决定不杀他，把他放了。

海大鱼

靖郭君[1]打算在自己的封地薛城修建一道城墙。很多人都来劝他不要这样做，因为修墙需要很多老百姓来干活，还要花费很多钱。来劝的人多了，靖郭君有点儿烦，就对看门人说：“如果有客人来见我，不要替他通报！”于是，想来劝他的客人都被看门人拦住了。

过了几天，又有一个人上门，对看门人说：“我绝不多话，只要允许我说三个字就行！要是多说一个字，你可以把我放锅里煮了！”

看门人就进去报告了靖郭君。靖郭君很好奇：“只说三个字，那就让他进来说给我听吧！”于是，看门人去把那个人领了进来。

那人见了靖郭君，果然只说了三个字：“海大鱼！”说完，转身就向外面走去。

注释

①靖郭君：田婴，战国时期齐国的宗室贵族和大臣。他是齐威王的小儿子、孟尝君的父亲，担任过齐国的宰相，被封在薛这个地方，谥号靖郭君。

这时候，靖郭君的好奇心更加强烈了，很想知道这“海大鱼”三个字到底是什么意思。于是，他把那个人喊回来，问：“什么叫作‘海大鱼’？你可以给我说明白吗？”

那个人说：“我说过，要是多说一个字，就把我放锅里煮。所以，我可不敢拿性命来当儿戏！”

靖郭君说：“我免除把你放锅里煮的惩罚。你赶快说给我听听！”

那个人说：“海大鱼，就是海里的大鱼！海里的大鱼，个头很大，渔网是网不住它的。但是，如果哪一天它失了水，就算是小蚂蚁也能去欺负它。现在的齐国，可以说是您的海，您只要能永远爱护齐国，让齐国永远存在，薛城自然也就永远保留着；如果齐国亡了，那么，就算您把薛城的城墙筑得像天一般高，也没什么用处呀！”

靖郭君听完，点点头说：“不错，你说得很对！”然后取消了筑墙的打算。

三人成虎

庞恭要跟随魏国太子去赵国都城邯郸做人质[1]。

临走前，庞恭对魏王说：“如果现在一个人说集市上有老虎，大王相信吗？”

魏王说：“不相信。”

庞恭又问：“如果两个人说集市上有老虎，大王相信吗？”

魏王说：“有点怀疑。”

庞恭再问：“那么如果三个人说集市上有老虎，大王相信吗？”

注释

①人质：为了争取信任，把国君的亲人或重要的大臣交给另一个国家，作为保证。

魏王说："我相信了。"

庞恭说："集市上没有老虎，这件事很清楚，但是三个人都这么说，您就相信集市上出现了老虎。现在邯郸离魏国比这儿离集市远得多，说我坏话的人也比三个多。如果有人说我的坏话，希望大王明察实情，不要轻易相信。"

可是，等庞恭从邯郸回来时，魏王已经听信了别人的坏话，不再接见他。

滥竽充数

齐宣王①喜欢听人吹竽②，于是用重金招收了三百个乐师，给他们特别好的待遇。他听竽的时候，一定要三百个人同时演奏。

有一个人，名字叫南郭先生。他不会吹竽，但对齐宣王说自己善于吹竽。齐宣王很高兴，就收下了他，让他成了乐师之一，住着漂亮的房子，吃着上等的食物。每一次齐宣王听竽，南郭先生就混在三百个乐师中间充数，他装出一副认真的模样，实际上只是摆个架势，根本没有吹出任何声音。

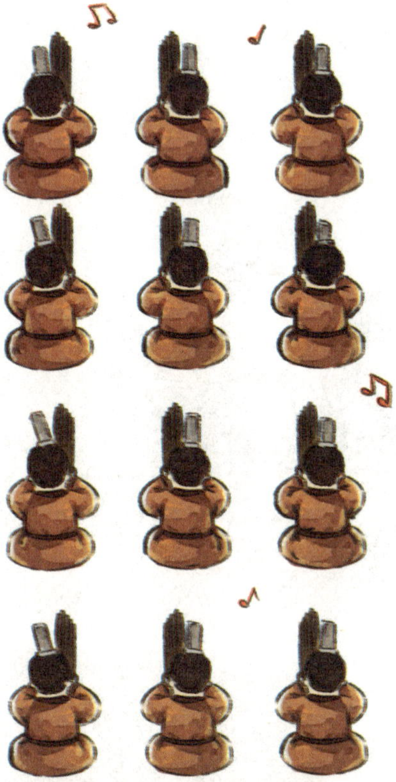

注释

①齐宣王：妫姓，田氏，名辟疆，战国时期齐国国君。

②竽：中国古代的一种吹奏乐器。形似笙而较大，管的数量也较多。

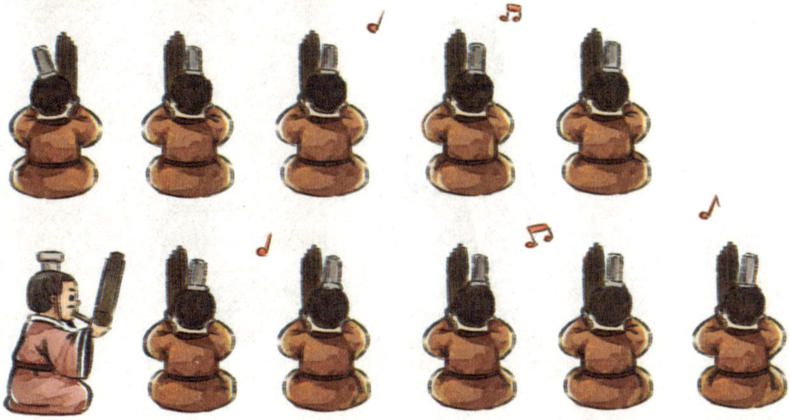

就这样，南郭先生过着**舒服**的日子。后来，齐宣王死了，儿子齐湣王[③]即位。齐湣王也喜欢听竽，但不喜欢三百多个人一起吹，而是让乐师**一个一个**吹给自己听。南郭先生混不下去了，就收拾了行李，**偷偷逃跑**了。

注释

③齐湣王：妫姓，田氏，名地，战国时期齐国国君，齐宣王之子。

画鬼最容易

有一个画师很出名，齐王知道了，就把他请来，让他为自己画画。

画师来了之后，齐王好奇地问他："在你们画师眼里，画什么东西最难？"

画师回答："画狗和马最难！"

齐王又问："那么，画什么最容易呢？"

画师回答："画鬼魅（mèi）[1]最容易！"

注释

①鬼魅：古代迷信看法认为，人死了，就成为鬼；常常要害人的鬼，叫魅。

齐王觉得很**意外**，就问他："这是什么原因？"

画师回答："狗和马，是人在生活中**常见**的动物，只要画得有一点儿不像，就很容易看出来；至于鬼魅，谁也没有瞧见过，到底是什么**相貌**什么形状，没有人说得**清楚**，所以可以凭着想象随意去画，旁人也不知道画得像不像，更不会去挑毛病了！"

厨师的死罪

有一次，晋文公①设宴，侍从端上了一盘热气腾腾的烤肉，是厨师刚刚在厨房做出来的。文公正要吃的时候，发现有头发缠在肉上。

文公非常生气，召来厨师，愤怒地**责备**他：“你这是想噎死我吗？为什么用头发**缠着**肉？”说完，打算下令处死厨师。

厨师叩头拜过两拜，请罪说：“我有三条罪状，死了也不知犯的是哪一条啊！用磨刀石磨刀，把它磨得**像宝剑一样**锋利，用来切肉，能斩断骨头，

注释

①晋文公：姬姓，名重耳，春秋时期晋国国君，“春秋五霸”之一。

却没有把头发**斩断**，这是我的第一条罪状；拿锥子穿肉的时候，没看见头发，这是我的第二条罪状；用烧得很旺的炉子去**烤肉**，炭火通红，肉都熟了，头发却没有烧掉，这是我的第三条罪状。想来侍从中该有**暗中怨恨**我的人吧？现在就杀我，未免太早了点儿吧！”

文公说：“你说得有道理。”就召来侍从问话，发现果真是这样，于是处罚了侍从。

买椟还珠

楚国有个以卖珠宝为业的商人，经常**来往**于楚国与郑国之间。

一天，他在楚国采购了一批上好的珍珠，打算带到郑国卖。为了让顾客觉得这些珍珠漂亮又贵重，好卖个高价，他想到了一个好办法。他挑选了一些上等的木兰①木，让熟练的**工匠**做成一个个样式漂亮、工艺精致的盒子，又请了技艺高超的雕刻师傅，在盒子外面刻上各种各样美丽的花纹和图案。他还用了许多名贵的香料，把盒子里里外外熏得香喷喷的。然后，他在盒子上镶嵌了珠宝和美玉，用红玉和翡翠（这里指翠鸟的羽毛）来**装饰**。盒子完工之后，看上去珠光宝气、闪闪发亮，闻上去芳香扑鼻。

注释

①木兰：落叶小乔木。材质优良，有香气，纹理直，结构细，可以用来做家具之类。

珠宝商把**珍珠**小心地放进去，带着它们信心满满地启程去郑国。

到了郑国，他把装在盒子里的珍珠拿给那些要买珠宝的郑国人看。有个郑国人捧着盒子看得**津津有味**，爱不释手。珠宝商见他如此喜欢，十分高兴，但也有点儿疑惑，因为这个郑国人一直都没有打开盒子**观赏**里面的珍珠。

这个郑国人问珠宝商价钱是多少。得到答复之后，他没有讨价还价，直接就掏出钱递给珠宝商。然后，他打开盒子，把里面的珍珠拿出来还给**珠宝商**，自己捧着盒子高高兴兴地走了。

珠宝商拿着郑国人还给自己的珍珠，吃惊得合不拢嘴。他原以为那人喜欢的是珍珠，没想到喜欢的只是装珍珠的盒子。古时候把木盒子、木匣子称为“椟(dú)”，所以后来人们提起这个故事就说“买椟还珠”。

虞庆造房

赵国人虞（yú）庆准备了木材和泥巴，找了工匠来给自己**造房子**。他心里急躁（zào）[①]，就催**工匠**快点儿动手。

注释

①急躁：指性急，碰到不称心的事情易于激动，没耐心；或是想马上达到目的，不做好准备就开始行动。

工匠回答：“木材没有干透，泥巴是**潮湿**的。木材没干透就会弯曲，泥巴潮湿重量就大；用弯曲的木材承受重量大的泥巴，就算现在把房子造成了，时间长了房子肯定会**倒塌**（tā）。”

虞庆说：“木材干了就会变直，泥巴干了就会变轻。你现在用湿木材和湿泥巴造好了房子，房子会随着时间**推移**变干的。那时候木材会一天天变直，泥巴会一天天变干，所以就算时间再长，房子一定不会倒塌。”

工匠说不过他，只好按照他**要求**的，很快把房子造了起来。又过了些时候，房子果然倒塌了。

自相矛盾

楚国有个人，专门**制造兵器**出售。一天，他带了许多矛①和盾（dùn）②到集市上去卖。

集市上的人不少，但没有几个来买他的兵器。他**心里有些急**，决定吆喝（yāo he）几声来吸引顾客。

注释

①矛：古代用来刺杀敌人的兵器，柄很长，头上装着利刃。

②盾：指盾牌，古代打仗时用来防护身体、抵挡刀箭等。

他举起一个盾来，大声喊道："我的盾**坚固无比**，这世上没有什么东西能够穿透它。"

然后他又拿起一支矛来，大声喊道："我的矛最**锋利**了，无论什么东西都能够刺穿！"

他的声音吸引了不少人来围观。忽然有一个人站出来问他："**老板**，你的矛既然这样锐利，你的盾又那样坚固，如果拿你的矛去刺你的盾，结果会怎样呢？"

这个卖兵器的楚国人被问得**目瞪口呆**，连一个字也回答不出来。

《吕氏春秋》

故事多

仇人和亲人

有一天，晋平公[①]问大臣祁（qí）黄羊[②]：“现在，南阳令[③]这个职位空着呢，你觉得派谁去担任最**合适**？”

祁黄羊回答说：“依我看，可以派解（xiè）狐去。”

平公很吃惊地说：“解狐不是你的仇人吗？你竟然推荐他？”

祁黄羊回答说：“君上问我的，是谁有才干可以担任南阳令，并没有问我的**仇人**是谁啊！解狐虽然是我的仇人，以他的才干，却是可以胜任南阳令的。”

平公点点头说：“好，就照你的意思办理吧！”于是下了一道命令，让解狐去做南阳令。

注释

①晋平公：姬姓，名彪，春秋时期晋国国君，晋悼公之子。

②祁黄羊：姬姓，祁氏，名奚，字黄羊，春秋时期晋国大夫。

③南阳令：指的是晋国南阳这个地方的长官。令是官名，意思就是长。

晋国的人听到了这个消息，都高兴地称赞说任命得对。

过了几天，平公又问祁黄羊：“我们国家现在又少一个尉④，你看谁可以担任？”

祁黄羊回答：“就派午去吧！”

平公又很吃惊地说：“午！他不是你的儿子吗？你怎么不保举别人，却偏偏要保举自己儿子呢？”

祁黄羊答道：“君上问我的，是谁有才干，可以担任尉。我当然要把最适宜做尉的人才告诉君上。至于午是不是我的儿子，又有什么关系呢？”

平公点点头说：“好，就照办吧！”于是又下了一道命令，让午去担任尉。晋国的人听到了这个消息，又都高兴地称赞说任命得对。

孔子⑤听到了这两件事情，也赞叹：“祁黄羊的建议真好啊！他推荐人才，外不避仇人，内不避亲人，真是公正啊！”

注释

④尉：古代官名，一般是武官。

⑤孔子：孔氏，名丘，字仲尼，是中国古代著名的思想家、教育家，儒家学派创始人，被后世尊为孔圣人、至圣、至圣先师等。

大力士拉牛

有个大力士叫乌获，力气非常大，因此出了名，人们传说他能举起百钧[①]的东西。秦武王[②]非常喜欢**大力士**，所以让乌获做了大官。

一天，**大街上**有头牛站在正中间，把来往的行人和车辆都挡住，过不去了。围观的人们**纷纷议论**，看谁有本事，能把牛拉走。

注释

①钧：古代的重量单位，三十斤为钧。百钧就是三千斤，形容非常重。

②秦武王：嬴姓，赵氏，名荡，又称秦武烈王、秦悼武王，战国时期秦国国君，秦惠文王之子。

乌获为了证明自己力气大，就走上前去，拽着牛尾巴使劲儿往后拉。他使出了全身的力气，脸都憋红了，结果把牛尾巴都拉断了，牛却纹丝不动。

他累得**瘫倒**在地上，围观的人们笑坏了，都说乌获只会用蛮力，实在是傻，逆着牛的**方向**拉，就算力气再大，也无济于事。

这时候，一个放牛的童子笑嘻嘻地过来，轻轻**牵起**了牛鼻环③，然后往前走，牛就乖乖地跟着他走了。

注释

③牛鼻环：穿在牛鼻孔里的环扣，通常用金属制成。古时候，牧民和农民因为牛的力气大、不好驯服，于是发明了牛鼻环，每当牛不听话就拽动鼻环，牛感觉到疼痛，就会听话顺从。

破衣服不算坏

田赞穿着很**破旧**的衣服去拜见荆王①。

荆王看到他的**衣服**，就问：“先生的衣服，为什么这样破旧呢？”

田赞回答道：“我这衣服并不算破旧，要知道，世上还有比这更为**破旧的衣服**。”

荆王说：“你能说给我听听吗？”田赞说：“铠（kǎi）甲②比这个更**破旧**。”

荆王说：“这话怎么讲呢？”

注释

①荆王：即楚王。楚国也被称为荆国。

②铠甲：古代军人穿在身上的防护装具。甲又名铠，先秦时期主要用皮革制造，称甲、介、函等；战国后期，出现用铁制造的铠，皮质的仍称甲；唐宋以后，不分质料，或称甲，或称铠，或铠甲连称。

田赞回答："铠甲，冬天穿着它很冷，夏天穿着它很热，所以在我看来，没有比**铠甲**更坏的衣服了。我田赞也很贫穷，所以穿着破旧的衣服。大王您是一国之主，没有人能跟您的富贵相当，然而您喜欢让百姓穿

铠甲，我不赞成，难道这是为了行仁义吗？穿铠甲的事情实际上就是打仗的**事情**。砍断人家脖子，剖挖人家肚子，毁坏人家城池，杀死人家父子，那些行为换来的名声又很不光彩，难道这是为了得到富贵吗？如果你考虑加害别人，别人也会考虑加害你；如果你考虑让别人陷入危难，别人也会考虑让你陷入危难，**实际上**这很不安宁。这两种情况，我认为大王都不应该采取。所以说，我觉得铠甲不是一件好东西。"

荆王听了，竟连一句话也回答不出来。

周成王①十三岁登基，因为年纪小，所以一切军政大事，都由周公②辅佐。当时唐国发生内乱，周公率军消灭了唐国。

有一天，成王和他的弟弟叔虞(yú)③在宫中的梧桐树下玩，很开心。

注释

①周成王：姬姓，名诵，周武王姬发的儿子。

②周公：姬姓，名旦，周文王的儿子，武王的弟弟，西周初期的政治家。成王年幼，由周公摄政。周公制礼、作乐，天下大治。

③叔虞：姬姓，名虞，字子于，周成王同母弟。封地在唐国，史称唐叔虞，是西周时期晋国的始祖。他的子孙迁居晋水之旁，改国号为晋。

不时会有一些桐叶飘落在地面上。成王随手捡起一片桐叶，用刀子将它切成圭（guī）④的形状，然后递给他弟弟说：“我用这个封给你土地。”

叔虞**高兴地**接了过来，然后把这件事告诉了周公。周公听说之后，也很高兴，立刻换上了大礼服，到**宫里**去向成王道贺。

成王见到周公穿得这么**隆重**来找自己，还口口声声说要道贺，被弄得莫名其妙，就问周公：“有什么事可以道贺呢？”

周公道：“听说您封给弟弟土地，这样的大事，怎么不要**道贺**！”

成王回忆起来，说：“我们在做游戏，这只是玩耍时的戏言而已！”

周公**严肃**认真地说：“天子无戏言。天子说出的话，一定要让人遵从，怎么可以开玩笑呢！”

成王无言以对，于是把叔虞封在唐国。

注释

④圭：古代的玉制礼器。长条形薄板，上尖下方，是臣子执在手里当作瑞信的东西，形制大小视爵位而定。古代用不同的圭表示分封给诸侯的土地。

秦穆公失马

从前，有一次，秦穆公①乘马车出行。路上，车**突然坏了**，右侧驾辕（yuán）②的马趁机跑了。但这匹**马**没跑多远，就被山里的一群农夫抓住了。

由于这匹马是穆公心爱的，所以他亲自去**寻找**。当他来到岐山的南面时，看到那群农夫正在分食马肉。他们知道了自己正在吃的肉竟然是穆公的爱马，都大吃一惊，吓得不敢说话。

穆公**叹息**说：“吃了骏马的肉而不马上喝酒，恐怕马肉会伤了你们的身体。”

注释

①秦穆公：嬴姓，赵氏，名任好，春秋时期秦国国君。曾出兵攻打函谷关以西的国家，开辟国土千余里，为日后秦统一中国奠定了基石。

②辕：车前驾牲畜的两根直木。

然后，穆公给他们一一喝了酒，才离开。

过了一年，秦、晋两国在韩原这个地方展开**激战**。晋国士兵已经包围了秦穆公的车，晋国将领已经抓住了穆公车上左边的马，穆公身上穿着的七层铠甲已经被击穿了六层，眼看就要被晋惠公**手下**的士兵抓到了。

在这危急时刻，一群人突然叫喊着冲了过来。他们赶到穆公车前，把穆公围着保护起来，然后与晋军拼死**搏斗**。原来他们是曾在岐山之南分食马肉的三百多个农夫。秦军士气大涨，立即组织反攻，大胜晋军，还俘获了晋惠公[3]，带回秦国。

注释

③晋惠公：姬姓，名夷吾，春秋时期晋国国君，晋献公之子。

刻舟求剑

有个楚国人，佩戴着一柄宝剑[1]外出。他来到江边，搭乘一条船过江。

船行到江中心时，起了风浪。船颠簸（diān bǒ）[2]时，他的**宝剑**突然掉了下去，坠入江中。

这个楚国人吃了一惊，说：“不好，我的宝剑**掉进**江里了。这可是我心爱的宝剑。”

船上的人听他这么一说，纷纷**安慰**他：“让船夫停住，你下水去找一找吧。”

注释

①剑：古代兵器，长条形，一端尖，两边有刃，安有短柄。

②颠簸：上下震荡或抖动。

只见这个楚国人从怀里掏出一把**小刀**，在船沿的木头表面划了一个记号，说：“没关系，这是我的剑掉下去的地方。有了**记号**，我就能找到宝剑。”然后他让船夫继续驾船过江。

等船**靠岸**停了，他就从刻记号的地方下水去找剑。可是，船已经移动了，剑却在原来落水的地方。所以他打捞了很久，都找不到自己的宝剑。

孔子疑颜回

有一次，孔子和弟子们被困在陈国和蔡国之间，随身携带的**粮食**吃完了，又没办法买，结果一连七天只能靠野菜充饥。

孔子因为饿得没有力气，只好白天躺在床上**睡觉**。弟子颜回①外出讨米，幸运地讨到了一些，就赶紧回到住处烧火做饭。饭快熟了，孔子闻到香味，忍不住抬头，却看见颜回伸出手，从锅里抓了一点儿饭放进自己嘴里。孔子就以为颜回是在**偷吃**，但假装继续睡觉。

过了一会儿，饭做熟了，颜回进屋，恭敬地喊

注释

①颜回：曹姓，颜氏，名回，字子渊，鲁国人，孔门“七十二贤”之首。十三岁拜孔子为师，是孔子最得意的门生。

醒孔子，端上了饭。孔子假装刚刚醒来，什么也没有看见，一边起床一边对颜回说：“今天我梦见了先君②，用没吃过的、干净的饭**祭奠**一下先君吧。”

颜回回答：“不行，这饭已经吃过了，不能用来祭奠。刚才烟尘掉进了锅里，把饭弄脏了，可是扔掉沾着**烟尘**的食物是不吉利的，所以我把那一点儿饭抓出来吃了。”

孔子叹息着说：“人们所相信的是眼睛，可是**眼睛**看到的还是不可以相信；所依靠的是心，可是心里揣度的还是不足以依靠。学生们记住：了解人本来就不容易呀。”

注释

②先君：已故的父亲。

挖井得到一个人

宋国有户姓丁的人家，自己没有井，灌溉（guàn gài）①田地所用的水，都是到远处的**一口井**去打来的。由于每天都需要给田地浇水，

而丁家的田地和住宅离那口井实在太远了，所以，丁家每天都得专门有一个人负责挑水，几乎一直在路上来回。这样的话，其他的活计，就少一个人去做。

丁家觉得这样**太辛苦**也太不方便了，于是决定在家里挖一口井。他们请了工人，很快把井挖成。有了井之后，丁家就不必每天再专门派一个人去挑水了。

注释

①灌溉：用水浇地。

丁家的人非常高兴，便对左邻右舍说：“我们家里挖了一口井，得到了一个做工的人。”

邻居们互相交谈的时候，把这当**新鲜事**去说，传来传去，就变成“丁家挖井挖到了一个人”。这下子更是一传十、十传百，整个国都的人都听说了这奇怪的**传闻**。

它最后传到了宋国国君的**耳朵**里。国君也觉得非常奇怪，就派人去向丁家问个明白。

丁家的人听完**传言**之后，大笑说：“我们的意思是，**打了一口井**，得到了一个人的劳力，并不是从井里挖出来一个人呀！”

赵简子杀白骡

赵简子[1]有两匹白色的骡子[2]，非常喜欢它们。

阳城胥渠这个时候在广门担任小官。一天夜里，他跑到赵简子门外，敲门求见，对门人说：“请向主君通报，就说主君的家臣胥渠得了病，医生告诉他：‘得到白骡的肝脏，病就可以治好，不然就得死。’”

注释

①赵简子：原名赵鞅，又名志父，亦称赵孟，春秋时期晋国赵氏的领袖。

②骡：一般指公驴和母马杂交后所生的“混血儿”。体型较大，像马，叫声似驴，耳长，鬃毛和尾毛则介于马和驴之间。

门人进去通报，赵简子的一个手下正在旁边侍奉，听到后气愤地说：“胥渠竟然想得到我们主人的白骡！请您让我去杀了他。”

赵简子说：“杀人却为了保存牲畜，不也太不仁义了吗？杀掉牲畜以便救活人，不是非常仁义的吗？”然后，他召来厨师，把白骡杀掉，取出肝脏，让人拿去送给阳城胥渠。

过了没多长时间，赵简子发兵攻打狄人。胥渠左边带七百人，右边带七百人，最先登上城头，并获取了敌将的首级。

夔只有一只足

鲁哀公[①]问孔子："听说，从前虞舜[②]的**时候**，有个乐正[③]名叫夔（kuí），他只有一只足，**这件事**是真的吗？"

注释

①鲁哀公：姬姓，名蒋，春秋时期鲁国国君，鲁定公之子。死后谥哀。

②虞舜：姓姚，名重华，因为祖先生活在虞这个地方，所以叫虞舜。上古五帝之一，以贤德孝行著称。

③乐正：是乐官之长，掌管音乐。相传尧时已经设置。

孔子回答："这不是真的，是人们理解错误导致的。当初，虞舜想用音乐去感化百姓，就让人推荐人才，得到了夔，就让他担任乐正。后来有人说，要再去寻访几个像夔一样的人，推荐给虞舜。但虞舜觉得夔一个人就已经把所有的事情做得很好，于是回答：'不必再多举荐，只要夔一个人就足够了！'他所说的'夔一足'，意思是'有夔一个人就足够了'，哪里是说他只有一只足呢？"

哀公听完孔子的解释，也觉得传闻中"夔只有一只足"这种话不符合常理，实在是太可笑了。

春居谏齐宣王

齐宣王①修建宫室，规模之大超过了一百亩②，堂上设置了三百座门。凭齐国的强盛和富有，**修建**了三年还没能完成。臣子谁也不敢劝阻宣王。

大臣春居去拜见宣王，问他："楚王抛弃了先王的礼乐，**音乐**因此变得轻浮了，请问楚国算是有**贤明君主**吗？"宣王回答："没有贤明君主。"

春居又问："所谓的贤臣数以千计，却没有人敢**劝谏**，请问楚国算是有贤臣吗？"宣王回答："没有贤臣。"

注释

①齐宣王：妫姓，田氏，名辟疆，战国时期齐国国君，齐威王之子。

②亩：土地面积单位，一亩大约为 666.667 平方米。

春居说："现在大王您修建宫室，规模之大超过了一百亩，堂上设置了三百座门。凭着齐国这样的实力，**修建**了三年还是不能完成。臣子谁也不敢劝阻，请问您算是有贤臣吗？"宣王沉默了一下，回答："没有贤臣。"

春居说："请大王您允许我离开吧！"说完就快步走出去。

宣王说："春子③！春子**请回来**！为什么这么晚才**劝阻我**呢？我今天就停止这件事。"然后宣王赶紧召来记事的官员，说："记下来：我不贤德，喜欢修建大宫室，春子阻止了我。"

注释

③春子：对春居的尊称。"子"是古代对成年男子的尊称。战国后期，拥有一定社会地位的成年男子都可以称为"子"。

防民之口

周厉王[①]剥削欺压百姓，非常厉害。百姓十分愤怒，却又无可奈何，于是都在背后骂他，说他的坏话。

召公[②]听到了，就去晋见厉王，劝告他：“百姓难以忍受您的暴政了，所以，外面痛恨您的人很多，都在讲您的坏话。请您改过吧！”

谁知道厉王听说了这些事情之后，非但没有改正错误，还派了卫巫[③]去监督百姓。如果听到有谁说厉王的不是，就立即捉起来处死。结果，全都城的人连话也不敢说了，有时在路上遇着了，彼此只使个眼色，当作打招呼。

注释

①周厉王：姬姓，名胡，西周的第十位君主。

②召公：姓姬，名虎，是召公奭（shi）的后代。召公的后代一直担任周王的卿士，掌管国家政事。

③卫巫：帮助厉王监督百姓的人，是来自卫国的巫师。

厉王见到百姓不敢说自己的坏话了，就非常高兴。他把召公喊过来，说：“我已经成功地**消除**了百姓讲的坏话。现在没有人敢说我一个不字。”

召公回答：“您这哪里是消除了，是把人们的嘴堵上了。防百姓的口，好像是防一条河川；河川里的水虽然一时被阻塞，可是一旦决堤，伤害会更大。百姓也是这样。治水的人，会疏通河道，让它畅通；治民的人，会开导他们，让大家畅所欲言。所以君王处理政事，让公卿列士**直言劝谏**，让好学博闻的人献上讽谏诗，让乐师进献规劝告诫的话，平民则将自己的意见转达给君王，让身边的臣子把意见都讲出来，让君王的同宗都能补其过失、察其是非，然后由君王自己考虑取舍，再去**实施**。这样，下边没有遗漏的善言，上边没有错误的举动。如果您堵住下边人的嘴，从而铸成君王的过错，恐怕要成为**国家的忧患**。”

但是，厉王不听他的劝告。这种情况下，百姓再也不敢公开发表言论批评他了。过了三年，全都城的人一致起来反抗，将厉王放逐到彘（zhì）这个地方。

黎丘的鬼

梁国[①]的北边有座叫黎丘的小山，那里有个奇怪的鬼，喜欢**模仿**别人儿子、侄子、兄弟的样子。附近的村子里住着个老人。一天，他在街市上**喝醉了酒**。回家路上，黎丘的鬼装扮成他儿子的模样，假装扶着他，却在路上折磨他。

注释

①梁国：就是魏国，战国七雄之一。因为魏国自河东迁都到大梁，所以又叫梁国。

老人回到家，酒醒之后就责骂儿子："我是你的父亲啊，难道我对你不好吗？我醉了，你却在路上折磨我，是为什么呢？"

他儿子哭着跪在地上，磕着头说："冤枉啊！没有这样的事！昨天我去村东向人讨债了，您可以问那个人。"他父亲相信了，说："呵！这就一定是那只鬼了，我本来听说过的！肯定是他假扮成你的样子，来折磨我！"

第二天，老人特意又到街市上喝酒，想再次碰见这个鬼，然后把它刺死。他醉了以后，沿着上一次的路往家走。他儿子在家里等到深夜，见父亲一直不回来，非常担心，就出门到路上迎接。

老人远远地看见了自己的儿子，心想："那个鬼又来了，这一次，我一定不再上他的当了。"于是，他等儿子走近了，拔出剑来，直刺过去。只听得"啊呀"一声，他儿子倒在地上死了。

老人的意识被像他儿子的鬼弄糊涂了，因而杀死了真的儿子。世上有些人被假冒的贤士[2]搞糊涂了，见了真的贤士，反而不能辨认，这是和黎丘老人一样头脑糊涂啊。

注释

② 贤士：德行高尚、才能杰出的人士。

翟璜劝魏文侯

魏文侯①举行宴会，跟大臣一起饮酒。他喝得高兴，就问在座的大臣："你们大家都来说说，我是一个怎么样的君主？"

有的大臣说，您是一位很仁义的君主。有的大臣说，您是一位很英明的君主。

轮到任座了。他说："您是个不贤明的君主。您得到了中山国，不把它封给弟弟，却把它封给儿子，所以说您不贤明。"

文侯听了这句话，很不高兴，怒气冲冲。任座看到他脸色的变化，知道他生气了，就站起来快步走了出去。

注释

①魏文侯：姬姓，魏氏，名斯，魏国的建立者，魏惠王的祖父。他在位时礼贤下士，任用能臣，实施变法及便民政策，对外开疆拓土。

然后轮到了翟璜②。翟璜说：“您是位贤明的君主。我听说如果君主是贤明的，他的臣子就敢直率地说话。现在任座说话很直率，所以我知道您是一位**贤明的君主**。”

文侯听了这话之后很高兴，说：“他刚才离开了，现在还能让他回来吗？”

翟璜回答：“怎么不能？我听说忠臣竭尽自己的**忠心**，即使因此获罪丢掉性命也不敢躲避。任座恐怕还在门口。”

翟璜出去一看，任座当真还在门口，就以君主的**命令**叫他进去。

任座进来了，文侯走下台阶迎接他，把他当作上客对待。

注释

②翟璜：战国初期魏国国相，为魏文侯推荐了许多人才，让魏国富强起来。

子罕的品德

士尹池作为楚国使者，到宋国去出使，司城子罕①在自己家里**宴请**他。士尹池看到，南边邻居家的墙向前凸出，子罕却不拆了它取直；西边邻居家的积水流过子罕的院子，他却不加制止。

注释

①司城子罕：乐喜，子姓，乐氏，字子罕，是春秋时期宋国的卿。司城，即司空，主管建筑工程、制造车服器械、监督手工业奴隶。因为宋武公的名字叫司空，需要避讳，所以改名为“司城”。

士尹池询问这是为什么。司城子罕说："南边邻居是做鞋的工匠。我要让他搬家，他父亲说：'我家靠做鞋谋生已经三代了，现在如果搬家，那么宋国要买鞋的人就不知道我的住处了，全家将不能谋生。希望相国您可怜我。'因为这个缘故，我没有让他搬家。西边邻居家的院子地势高，我家的院子地势低，积水很容易流过来，所以没有加以制止。"

士尹池回到楚国，楚王正要发兵攻打宋国。士尹池劝阻楚王："不可攻打宋国。它的君主贤明，它的国相仁慈。贤明的人，能得到民心拥戴；仁慈的人，别人能为他出力。楚国去攻打它，大概不会有功，而且还被天下所耻笑。"所以楚国放弃了宋国，改去攻打郑国。

孔子听到这事以后说："在朝堂上修养自己的品德，却能胜过千里之外的敌军，这大概说的就是司城子罕吧！"

宋王赏罚

齐国攻打宋国，宋王派人去侦察齐国军队到了什么地方。

派出去的人回来说：“齐军已经**临近了**，国人①都已经恐慌了。”宋王听了之后很不安。左右近臣都对宋王说：“这个人一定是在**说谎**。我们宋国多么强大，齐国军队那么虚弱，怎么可能这样？”

于是宋王**大怒**，就把这个人杀掉了。接着又派人去，回报仍与前一个人的一样，宋王再一次大怒，处死了他。这样的事接连发生了很多次。

后来，又派了一个人去侦察，这时齐国军队真的已经非常近了，国人也都非常恐慌。被派去的这个人在路上遇到了他哥哥。

注释

①国人：西周和春秋时期对居住在国都的人的通称。居住在大邑以内、城邑及附近的人也可以这么称呼。

他哥哥说：“国家已经十分危险了，你还要到哪里去？”

弟弟说：“去替咱们的君王**侦察**齐军。想不到齐军已经离得这么近，国人已经这么恐慌。现在我又担心又害怕。先前去侦察的人都是因回报齐军迫近而被处死的。如今我回报真相，大王会先杀了我；如果不回报真相，齐军打过来，国家被攻破，也是一死。这该**如何是好**呢？”

他哥哥说：“如果回报真相，你会比国破后被杀的人先死。”于是这个人回报宋王：“根本没看到**齐军在哪里**，国人也非常安定。”宋王听了十分高兴。

左右近臣都说：“可见先前那些人是该杀的了！”宋王大喜之下，就赐给这个人很多**钱财**。

齐兵一到，宋王自己跳上车，急急忙忙逃命去了。这个人带着自己的钱财搬去了其他国家居住，生活非常富裕。

齐宣王爱射箭

齐宣王爱好**射箭**，经常射箭。他喜欢用强弓，更喜欢别人**夸耀**他能够拉开强弓。其实他使的弓只用三石①的力气就能够拉开。

他经常给近臣们**表演**自己拉开强弓的英勇姿态，甚至在高兴的时候，还会把弓递给大臣，让他们试试能不能拉开。

注释

①石：重量单位，一石为一百二十斤。

大臣为了讨好宣王，个个都**装模作样**地接过来试一试，然后就会有意把弓拉开一半，故作惊讶地说：“哎呀，要想拉开这弓，所花的**气力**肯定不少于九石啊。除了大王，有谁拉得开这么强的弓呢？”

齐宣王听了这种话，**非常高兴**。

然而，齐宣王使用的力气不过三石，可是他一辈子**相信**自己能拉开九石的弓。

子培救主

楚庄王率领群臣到云梦泽打猎，射中了一只随兕（sì）[1]。申公子培抢在庄王去捡猎物之前把随兕夺走了。

庄王说：“明明是我先射中的，子培作为臣子，竟然来抢我的猎物。臣子怎么能这样犯上不敬啊！”他生气地命令杀掉子培。左右官员都上前劝说：“子培是个贤人，又是您最有才能的臣子，这里面必有缘故，希望您能仔细了解一下这件事。”庄王于是没有杀掉子培。

不到三个月，子培病死。后来楚国出兵，与晋国军队交战，大获全胜，回国之后奖赏有功将士。

注释

①随兕：古代传说中的恶兽的名字。

子培的弟弟上前向主管官员请赏："别人在**行军打仗**中有功，我兄长在大王的车下有功。"

庄王问："你这话是什么意思？"子培的弟弟回答："我兄长在大王您的身旁冒着犯上不敬的恶名，被判了**死罪**，但他本心是要效忠君王，让您享有千岁之寿啊！我兄长曾读古书，上面记载'杀死随兕的人不出三个月必死'。因此我兄长见到您射杀随兕，**十分惊恐**，才抢在您之前把它夺走，所以后来遭到**祸害**而死。"

庄王让人打开平府②查阅古籍，果然有这样的记载，于是厚赏了子培的弟弟。

注释

②平府：楚国收藏文书的府库。

澄子找衣服

宋国有个叫澄子的人，为人**蛮横不讲理**。一天，他丢了件黑色的衣服，就到大街上去寻找。

他站在那里，**盯着**每一个路人仔细看。这时，一位妇人穿着黑衣服经过。澄子二话不说，上前拉住人家不放手，要拿走她的衣服，还**恶狠狠**地说："今天我丢了件黑衣服！所以你要把这件黑衣服给我！"

那妇人说：“虽然您丢了件黑衣服，但这件**黑衣服**，确实是我自己做的。您应该去找**自己**的那件黑衣服呀。”

澄子说：“你不如赶快把衣服给我。先前我丢的是件纺①的黑衣服，现在你穿的是件单的黑衣服。用你没有**里子**的衣服来赔偿我有里子的衣服，你岂不是已经占了便宜吗？”

注释

①纺：有里子的衣服，即夹衣。

百里奚

百里奚没碰到有利机遇的时候，从虢国逃出，被晋国俘虏，后来在秦国喂牛，以五张**羊皮**的价格被转卖。

公孙枝[①]得到百里奚之后很喜欢他，把他推荐给秦穆公。过了三天，公孙枝就**请求**穆公委任百里奚官职。

穆公说：“他只是用五张羊皮买过来的，你却让我**委任**他官职，传出去的话，恐怕要被天下耻笑，说我们秦国没有人才可用了吧！”

注释

①公孙枝：也写作“公孙支”，字子桑，所以又称公孙子桑，秦国大夫。百里奚本是虞国人，后来到了秦国，辅佐穆公成就霸业，是春秋名相。

公孙枝回答：“信任贤才而重用他，这是君主英明；让位给贤才而自己甘居其下，这是臣子**忠诚**。君主是英明的君主，臣子是忠诚的臣子。他如果确实贤德，国内的臣民都会服从，敌国都会**畏惧**，谁还有闲工夫耻笑呢？”

穆公于是任用了百里奚。百里奚**治理国政**、出谋划策无不得当，**做事情都能成功**。秦国也变得更加强盛。

公孙鞅背信

公孙鞅①受到秦孝公②的重用。但是，对秦国国君来说，公孙鞅既不是同宗亲戚，也没有多年的友谊情分，只是凭着才能被任用的。他要对秦国尽职，表现出自己的才干，就带兵去攻打其他国家。

于是公孙鞅带领军队去**进攻**魏国。魏国派公子卬（ áng ）③率兵抵御他。

公孙鞅去秦国之前，在魏国待过一阵子，当时和公子卬关系很好。现在两军对垒，他派人对公子卬说：“我之所以外出游历并希望变得显贵，都是为了公子您的**缘故**。现在秦国让我率兵，魏国让公子您出战，我们的友情那么深厚，怎么忍心互相动手呢？请公子向您的君主报告，我也向我的君主**报告**，让双方都罢兵。”公子卬同意了。

注释

①公孙鞅：即商鞅，战国时期政治家、改革家、思想家、军事家。姬姓，公孙氏，名鞅，卫国人，法家代表人物。

②秦孝公：嬴姓，赵氏，名渠梁，战国时期秦国国君。

③公子卬：又叫“公子昂”，即魏昂，战国时期魏国王族公子，魏惠王之弟。

双方都准备回师的时候，公孙鞅又派人对公子卬说：“您回国以后，咱们可能就没有再见面的机会了。我希望同公子**聚一聚**再离别。”

公子卬见他说得这么感人，就同意了。魏国的**将士们**都劝公子卬：“不能这样做，有危险的。”公子卬不听，他觉得公孙鞅是朋友，不会欺骗自己。

于是两人见面叙旧。公孙鞅乘机埋伏了士兵，在**宴席上**突然冲出来，俘虏了毫无准备的公子卬。魏国军队没了指挥官，被秦国军队打得大败。

后来孝公死了，儿子秦惠王即位，因这件事而怀疑公孙鞅的**品行**，想加罪于他。公孙鞅就想带着自己的家众与母亲回魏国去，魏国大臣襄疵（cī）不肯接受他，并对他说：“因为您对公子卬背信弃义，我不了解您，不敢信任您。”

禹

《史记》里故事多

尧舜禹禅让

上古时期，部落①之间组成联盟，推选贤明的部落首领担任联盟首领，成为天下的**君主**，他们被称为“帝”。其中有一位君主尧，他的仁德如天，智慧如神。接近他，就像太阳一样温暖人心；仰望他，就像百谷盼望云雨一样。他富有却不骄傲，尊贵却不放纵。他戴的是黄色的帽子，穿的是黑色衣裳，用白马拉着朱红色的车子出行。他能**尊敬**有善德的人，让同族九代相亲相爱，百官**政绩昭著**，各方诸侯邦国都能和睦相处。

注释

①部落：一般指原始社会民众由若干血缘相近的宗族、氏族结合而成的集体。有比较明确的居住地域、名称、语言、信仰和习俗，通常有以氏族首领和军事首领组成的部落议事会，某些部落还设有最高首领。

尧让大臣们根据日月的出没、星辰的位次制定历法，教给民众开展生产的节令，安排官员们管理百姓四季的生产和生活。所有官员恪守职责，各种事业都兴盛起来。

那时候，地上发了洪水，浩浩荡荡，包围高山，漫上丘陵，严重影响了民众的生产和生活，尧听从大臣们的建议，任用鲧（gǔn）②去治水。但鲧治水九年，没有取得成效。

尧的年纪越来越大，他问大臣们谁能继承自己的事业，接过帝位。有人回答："你的儿子丹朱通达事理。"尧说："哼！丹朱这个人愚顽凶恶，不能用。"尧又问："还有谁可以？"另一个人回答："共工③广泛聚集民众，做出了业绩，可以用。"尧说："共工好讲漂亮话，用心不正，貌似恭敬，但欺骗上天，不能用。"大臣们纷纷推辞，尧就让大家推举，

于是，大臣们推荐说："有一个单身汉住在民间，叫虞舜，是盲人的儿子。他的父亲愚昧，母亲顽固，弟弟傲慢，舜却能与他们和睦相处，把家治理好，使他们不至于走向邪恶。"尧说："那我就试试他吧。"

注释

②鲧：又称崇伯，姒姓，有崇氏，有崇部落的首领。帝颛顼之子，大禹的父亲。

③共工：当时一个比较强大的部落的首领。据说共工氏姓姜，是炎帝的后代。

于是尧把两个女儿嫁给他，观察他的德行。舜的父亲瞽叟（gǔ sǒu）是个瞎子。舜的生母死后，瞽叟又娶了一个妻子，生下了象。象性情**暴躁**，不服管教，瞽叟却很喜欢他，常常想把舜杀掉。

舜哪怕有点儿小错，就会遭到重罚。但舜恭顺行事，孝敬父母，友爱弟弟。他们想杀掉他的时候，就找不到他；而有事要找他的时候，他又总是在身旁侍候着。舜在历山耕作，大家都能**互相推让**地界；在雷泽捕鱼，大家又都能谦让捕鱼的好位置；在黄河边制陶器，那里就完全没有次品。人们都愿意追随他，他住的地方一年就成为一个村落，两年就成为一个小城镇，三年就变成大城市了。

见了这些，尧赐给舜一套好衣服，给他一张琴，为他建造仓库，还赐给他牛和羊。瞽叟想杀舜，让舜爬到高处用泥土修补谷仓，然后在下面放火。舜用两顶斗笠保护着自己，像长了翅膀一样跳到地面上逃开。瞽叟又让舜去挖水井，然后跟象一起往井里倒土，想把舜活埋在里面。他们高兴地以为舜死了，就去瓜分舜的财产。但舜早就留了个心眼，挖井的时候，在侧壁凿出一条暗道，从那里逃生。舜知道父亲和弟弟谋害自己，但还是像以前一样孝敬父母，关爱弟弟。

尧试着让舜担任官职。舜谨慎地理顺各种**伦理道德**，人民都遵从他。尧又让他参与百官的事，百官的事因此变得井井有条；让他在明堂④四门接待宾客，那里处处和睦，从远方来的诸侯和宾客都很有礼貌。

注释

④明堂：古代天子朝会及举行封赏、庆典等活动的地方。

尧又派舜进入山野、丛林、大川、草泽，遇上暴风雷雨，舜也没有迷路误事。于是尧知道了舜有管理天下的才能。尧年纪大了，就让舜代行天子之政。舜制定礼仪制度，巡视四方疆土，教导诸侯治国之道，考察业绩，论功行赏。他划分区域，疏浚河川，减轻刑罚，提拔贤能，惩办罪人，天下人都高高兴兴地服从他。

尧认为，如果把天下传给自己的儿子丹朱，天下人就会遭殃而只有丹朱一人得到好处；如果让给舜，天下人就都得到益处而只对丹朱一人不利。尧说：“我不能使天下人受害而只让一人得利。”所以，他最终把天下传给了舜。

尧逝世后，三年服丧完毕，舜把帝位让给丹朱，自己躲了起来。但前来朝觐的诸侯，不到丹朱那里去而到舜这里来；打官司的人，也不去找丹朱而来找舜；歌颂功德的，不去歌颂丹朱而来歌颂舜。舜说：“这他于是天意呀。”就回到京城，登上天子之位。

舜即位后，给贤能的人士授予官职，让他们去建立功业，造福人民。他任命禹为司空，负责治理水土；任命弃负责农业，教百姓播种百谷；任命契担任司徒，施行五伦教育；任命皋陶（gāo yáo）担任司法官，审判罪犯，执行刑罚；任命垂为共工，统领各种工匠；任命益为虞（yú），主管山泽；任命伯夷担任秩宗，掌管祭祀、礼仪；任命夔（kuí）为典乐，掌管音乐；任命龙为纳言，负责传达旨命，报告下情。舜让他们谨守职责，每三年考核一次，经过三次考核，按照成绩升迁或贬黜。舜安抚四方的部落，被他们共同称颂。

禹创制《九招》乐曲歌颂舜的功德，凤凰飞来，随着乐声盘旋起舞。天下清明的德政都是从舜开始的。

舜任命的大臣们都建立了**辉煌**的功业，其中禹的功劳最大。禹的父亲鲧治理洪水没有成效，被舜流放到羽山，后来死在那里。舜任用鲧的儿子禹，让他来继续治水事业。

禹为人聪敏机智，能**吃苦耐劳**。他遵守道德，仁爱可亲，勤勤恳恳，庄重严肃，堪称百官的典范。他接受了舜帝的命令后，就出发去考察实地情况。他穿山越岭，在外面奔波了十三年，几次从家门前路过都没进去。他节衣缩食，居室简陋，把资财用于治理河川。他左手拿着准和绳，右手拿着规和矩⑤，还装

注释

⑤准、绳、规、矩：古代所用的测量工具。准是水准器。绳是测量距离、引画直线和定平用的工具。规是画圆形的工具。矩是画方形或直角的工具。

载着测四时、定方向的仪器，开发九州土地，疏导九条河道，修治九个大湖，测量**九座大山**。他让益给民众分发稻种，可以种植在低洼潮湿的土地上；又让弃给艰难的民众发放救济粮食。禹一边行进，一边考察各地的山川地形和物产情况，了解交通路线，规定贡赋种类。他**以身作则**，尽心治理水患，凿山通泽，疏导河流，终于**制服**了洪水，使天下人民安居乐业。

舜选定了禹作为帝位的继承人。舜死后，禹为了把帝位让给舜的儿子商均，也**躲避**起来。但天下诸侯都不去朝拜商均而来朝拜禹。禹这才继承了帝位，接受天下诸侯的朝拜。

尧、舜、禹三代帝王以禅（shàn）让的方式先后成为天下的君主。他们德才兼备，**治理有方**，让当时的人民生活富足，社会获得很大的发展，呈现一片安宁、祥和的太平景象，因此被后人视为模范君主的代表。

武王伐纣

帝舜负责农业的臣子弃有种植的才能。百姓们依照弃的方法耕种，得到很好的收成。因为弃有功劳，帝舜把他封在邰（tái）这个地方，号称“后稷（jì）”，姓姬。他的子孙后代逐渐**壮大**，形成了周部落，定居在渭河流域岐山以南的周原。周原物产丰富，土地肥沃，灌溉便利，适于耕种。周部落的人民在这里开垦田地，建造房屋，修筑城池，发展经济，国力越来越强大。

到了商朝后期，周国的强大已经引起了商王朝的警惕。商纣王①听信谗言，把周部落的首领周文王姬昌关押了起来。周国的大臣花了很多钱购买珍兽、宝马和美女，作为礼物送给纣王。纣王很高兴，就把文王放了，还赐给他征伐邻近诸侯的权力。

纣王**发明**了炮烙之刑②，很残忍。文王就给纣王献上一块土地，以换取废除这个刑罚。纣王答应了，文王因此受到天下百姓的爱戴。

注释

①商纣王：帝辛，商朝末代君主，以残暴著名，是中国古代著名的暴君。

②炮烙之刑：中国古代酷刑，商纣王所创。堆起炭把铜柱烧红，让人在上面走，受不了烫的人就会掉到火中被烧死。

诸侯也越来越佩服他，有了矛盾会去找文王给他们评理。文王做了很多善事，威信越来越高。

文王**施行仁义**，重用人才。有一位名叫吕尚的饱学之士，年纪已经很大了，听说文王求贤若渴，就来到周国。但他没有直接去求见文王，而是每天坐在渭水旁钓鱼。文王在打猎的时候碰见了他，两个人**攀谈起来**。文王非常高兴，说：“我的先君太公说，一定会有圣人来到周国，周国因此兴旺。这说的就是您吧？”因此称吕尚为“太公望”，并请他跟自己一起乘车回去，尊他为**太师**。

文王见商纣王残暴无道，百姓**不堪忍受**，决定积蓄力量推翻商朝。在太公望的辅佐下，他讨伐周围诸侯，建设新的国都，赢得了天下三分之二的诸侯的支持。但文王还没有等到讨伐纣王的时机到来，就去世了，他的儿子武王姬发嗣位，继续完成他的大业。

过了九年，武王发兵东征商朝，太公望向全军发布命令说：“集结士兵，迟到的一律砍头。”军队到达盟津，各国诸侯不召自来的有八百之多，诸侯都说：“可以征伐商纣了。”武王说：“还不行。”于是率领军队回去了。

又过了几年，商纣王杀死了自己的叔叔比干，还囚禁了伯父箕子。商朝的太师和少师抱着乐器投奔周国。于是，武王向全体诸侯宣告："纣王的罪恶深重，不能不讨伐了！"武王率领战车三百辆，勇士三千人，披甲战士四万五千人，东进伐纣。军队全部渡过盟津后，诸侯都来会合。武王作了《太誓》，向全体官兵宣告："纣王毁坏天、地、人的正道，疏远亲族弟兄，所以现在我姬发要恭敬地执行上天的惩罚。各位努力吧，不能再有第二次，不能再有第三次！"

开战那天，武王一早就来到商朝都城的郊外**牧野**，举行誓师。武王左手拿着黄色大斧，右手拿着有牦牛尾装饰的白色旗帜，用来指挥。前来会合的诸侯军队，共有战车四千辆，摆开了阵势。纣王听说武王打过来了，也发兵七十万来抵抗武王。

纣王军队的人数虽多，却都没有打仗的心思，只盼着武王赶快攻进来。他们都**掉转兵器**往回进攻，给武王做了先导。武王急驱战车冲过去，纣王的军队全散了，背叛了他。纣王打了败仗，返回都城，登上鹿台，穿上缀有宝玉的衣服，跳进火堆里把自己烧死了。

武王手持**旗帜**指挥诸侯，诸侯都向他行拜礼，**武王还礼**，诸侯全跟着武王。武王走向商朝国都，那里的百姓都在郊外等着他。于是武王命令群臣向商都百姓宣告："上天赐福给你们！"商都百姓全拜谢叩头，武王也向他们回拜行礼。

武王进入城中，来到纣王自杀的地方，用黄色大斧斩下了纣王的头，悬挂在大白旗上。

武王举行**仪式**，宣布承受上天之命，革除商朝政权。他把箕子从牢狱里释放出来，又释放了被囚禁的百姓，把商朝的遗民封给纣王的儿子；命令发放鹿台仓库的钱财和粮仓的存粮，赈济贫弱的民众；命令展示传国之宝九鼎和商朝的宝玉，让人给比干的墓培土筑坟，在军中祭奠阵亡将士。**然后**，武王率领军队回家去。

武王分封诸侯，**规划**新都。他下令把马放养在华山南面，把牛放养在桃林区域，让军队把武器放倒，进行整顿，然后解散，以此向天下表示不再用兵。

管鲍之交

管仲，名夷吾，是齐国颍上地方的人。他年轻时与鲍叔牙成为朋友，鲍叔牙**知道**他很有才能。两个人一起做事的时候，管仲常常占鲍叔牙的便宜。但鲍叔牙知道管仲家里穷，所以根本**不计较**，始终对他很好，一点儿怨言也没有。

后来鲍叔牙去侍奉齐国的公子小白，而管仲去侍奉公子纠。公子纠和公子小白的哥哥齐襄公①**昏乱无道**，诛杀无辜，欺辱大臣。他的兄弟们害怕被牵连，性命不保，都逃到国外去了。公子纠的母亲是鲁国人，所以逃亡到鲁国②，身边有管仲和另一个齐国大臣召忽跟随。公子小白的母亲是卫国③人，他逃到了莒（jǔ）国④那里，身边有鲍叔牙跟随。

注释

①齐襄公：姜姓，吕氏，名诸儿，齐僖公长子，齐桓公异母兄。

②鲁国：周朝的同姓诸侯国之一。周武王灭商后，封弟弟周公旦于鲁，都城为曲阜。

③卫国：周朝分封的姬姓诸侯国，首任国君是周文王的儿子康叔封。

④莒国：东夷古国，周朝分封的诸侯国，国君为己姓。距离齐国和鲁国比较近。

襄公被他的堂弟公孙无知[5]杀死，无知自立为国君。公孙无知随后又被仇人杀死，国君之位空了出来，大臣们**商量**说要选一个贤明的公子。公子小白从小的好朋友、齐国大臣高傒（xī）[6]暗地里先派人到莒国去，通知小白赶紧回国。但鲁庄公[7]也得到了无知被杀的消息，就派了一支**军队**，护送公子纠回国，同时又让管仲领了一队兵马，赶到自莒至齐的要道上，拦阻小白。

管仲在半路截住小白的**车辆**，张弓搭箭，向小白射去，射中了衣带上的钩环。小白急中生智，假装中箭而死，倒在车中。管仲以为小白真的被他射死了，非常高兴，立刻派人飞报鲁军。鲁国护送公子纠的兵马得了管仲的报告，以为小白已死，国君之位肯定是公子纠的了，就放慢了赶路的**速度**，过了六天才到达齐国。

注释

⑤公孙无知：春秋时期齐国公族，齐僖公同母弟夷仲年之子。父亲早死，受僖公宠爱。僖公死后，襄公削减他的待遇，所以他非常怨恨襄公。

⑥高傒：姜姓，高氏，名傒，字仲，谥号敬，春秋时期齐国上卿。祖父为齐文公之子、齐成公之弟公子高。

⑦鲁庄公：姬姓，名同，鲁桓公之子。

而实际上，小白装死瞒过管仲之后，就乘了有遮蔽的车子，昼夜赶路回到齐国，立刻被高傒立为国君，这就是齐桓公。

桓公即位之后，立刻发兵拦阻公子纠回国。齐军和鲁军打了一仗，鲁军战败逃走。桓公写信给鲁国，让鲁国处死公子纠，但要求把召忽和管仲活着交给齐国，好亲自处决他们，否则就要动武。鲁国接到桓公的信，非常害怕，只得杀死了公子纠。召忽自杀了，管仲愿意被囚禁起来送回齐国。

桓公因为管仲当初射了他一箭，所以十分怨恨，原本打算将管仲活捉回来，亲手杀死。鲍叔牙知道他的想法，就对他说："我运气真好，能够跟随主公，主公现在终于做国君了。国君的地位在齐国已经是至尊，所以我对主公不能再有什么贡献了。主公要是只想治理好一个齐国，那以高傒和我二人的能力也足够了；但如果想图谋霸王之业，就非得让管仲辅佐不可。管仲在哪个国家，哪个国家就能很快富强起来。这个人才，是万万不可以失去的。"

桓公听了鲍叔牙的话，准备免了管仲的罪，加以重用。他担心如果鲁国知道了自己的想法，会扣留或者杀掉管仲，就装出一副要把管仲捉到齐国杀了才甘心的样子，免得鲁国起疑。管仲也知道其中的用意，所以情愿坐着囚车，由鲁国人押送到齐国去。到了齐鲁交界的地方，鲍叔牙亲自来迎接鲁国押解的队伍，接收了装在囚车里的管仲。等到了堂阜这个地方，鲍叔牙就把管仲的枷镣解除。管仲斋戒沐浴，换了干净的衣冠，去见桓公。桓公用很隆重的礼

节拜他做大夫，并且委托他**管理国政**。在管仲的治理下，齐国经济繁荣，军事强盛，越来越富强。桓公九次会集诸侯，纠正混乱的秩序，安定天下，成为春秋五霸中的首霸，这都是管仲辅助的功劳。

鲍叔牙在推荐管仲辅佐桓公之后，甘愿官居管仲之下。管仲说：“我当初贫穷的时候，曾经和鲍叔牙一起**经商**，分财物时常常多拿一些，但鲍叔并不认为我贪财，知道我家里穷。我曾经为鲍叔牙办事，结果让他更穷了，但鲍叔牙并不认为我笨，知道这是时机不利。我曾三次做官，三次被免，但鲍叔牙并不认为我没有才干，知道我是没有遇到好时机。我曾三次作战，三次败逃，但鲍叔牙并不认为我胆小，知道我有老母亲要养活。公子纠失败，召忽为他而死，我**被囚禁受辱**，但鲍叔牙并不认为我不知羞耻，知道我是不拘泥于小节，以功名不显扬于天下为羞耻。生我的是父母，了解我的却是鲍叔牙啊！”管仲和鲍叔牙之间深厚的友情，成为后世流传的佳话。

一鸣惊人

春秋时期，楚庄王[1]即位成为楚国[2]国君。但奇怪的是，他登基之后，丝毫不管国政，已经过了三年，却从来没有发布任何**政令**，也没有做过一件跟朝政有关的事情。他日日夜夜寻欢作乐，还下了一道很严厉的命令，警告大家："如果有人敢**进谏**（jiàn），统统杀掉，绝对不会宽赦（shè）！"

所以大臣们轻易不敢去庄王面前劝说。伍举[3]想了想，决定进宫去劝谏。只见庄王左手抱着郑国来的姬妾，右手抱着越国来的美女，坐在一群唱歌跳舞的乐人中间，开心地喝着酒。庄王见到伍举，问他有什么事。

注释

①楚庄王：芈姓，熊氏，名旅，楚穆王之子，楚成王之孙。

②楚国：西周到春秋战国时期存在于长江流域的诸侯国。国君为芈姓熊氏。

③伍举：春秋时期楚国大臣。因封于椒，又称椒举。楚大夫伍参之子，伍奢之父。

伍举说："我有一个谜语，请大王您猜一猜。有一只羽毛丰美、体型雄伟的大鸟，停在楚国郊外一座**高大**的土山上，已经三年了。可是说来奇怪，这三年来，它既不飞起来，也从来不鸣叫，只是收拢翅膀，歇在那里不出声。大王可知道这是什么鸟吗？"

庄王**笑着回答**："这种鸟三年不飞，一飞就要冲上天去；三年不鸣，一鸣就要惊动天下人。退下吧！你的意思，我已经明白了。"

伍举回去后，大臣们以为庄王会有所改变，想不到他依旧没日没夜地寻欢作乐，比以前**更过分**。过了几个月，苏从[④]忍不住了，进宫去见庄王，说了许多**劝谏**的话。庄王不为所动，冷冷地问他："你难道没有听见我的命令吗？"

注释

④苏从：春秋时期楚国大夫。

苏从毫不畏惧地回答："如果杀了我，可以让大王变成有道明君，那正是臣的愿望。"

庄王停掉了一切寻欢作乐的行为，上朝听政。他雷厉风行地诛杀了几百个奸邪的臣子，又提拔了几百个贤良的臣子，并且信任伍举、苏从两人，叫他们协理国政。楚国人见国君一下子变得英明善断，都非常高兴。楚庄王后来成了春秋五霸之一。

乐人优孟

优孟原是楚国的一名乐人[①]。他身高八尺，富有辩才，时常用**说笑**方式劝诫庄王。

庄王非常喜欢一匹马，给它穿上华美的**绣花衣服**，养在富丽堂皇的屋子里，让它睡在铺着竹席的**凉床**上，用枣干来喂它。结果，这匹马得肥胖病死了。庄王派群臣给马办丧事，要用棺椁（guǒ）[②]装马的尸体，依照大夫的礼仪来埋葬死马。左右近臣争论此事，认为不可以这样做。庄王下说：“有谁再敢以葬马的事来进谏，就处以死刑。”

优孟听到此事，走进殿门，**仰天大哭**。庄王吃惊地问他为什么哭。优孟说：“马是大王所喜爱的，就凭楚国这样强大的国家，有什么事情办不到，却用大夫的礼仪来埋葬它，太薄待了，请用人君的礼仪来埋葬它。”

注释

①乐人：能歌善舞的艺人。优，意思是演戏的人，指这个乐人的职业。孟，是这个乐人的名字。

②椁：同“槨”，棺材外面套的大棺材。

庄王问："那怎么办？"优孟回答："我请求用雕刻花纹的美玉做棺材，用细致的梓木做套材，用楩(pián)、枫、豫、樟[3]等名贵木材做护棺的木块，派士兵给它挖掘墓穴，让老人儿童背土筑坟，齐国、赵国的使臣在前面陪祭，韩国、魏国的使臣在后面护卫，建立祠庙，用牛、羊、猪祭祀，封给万户大邑来供奉。诸侯听到这件事，就都知道大王轻视人而看重马了。"庄王说："我的过错竟到这种地步吗？该怎么办呢？"优孟说："请大王准许按埋葬畜牲的办法来对待它：在地上堆个土灶当套材，用大铜锅当棺材，用姜枣来调味，用香料来解腥，用稻米做祭品，用火做衣服，把它安葬在人的肚肠中。"于是庄王派人把马交给了主管宫中膳食的太官，不让天下人长久传扬此事。

楚国宰相孙叔敖[4]知道优孟是位贤人，待他很好。孙叔敖病重将死时，叮嘱儿子："我死后，你一定很贫困。那时，你就去拜见优孟，说'我是孙叔敖的儿子'。"过了几年，孙叔敖的儿子果然十分贫困，靠背柴卖柴为生。

注释

③楩、枫、豫、樟：都是有名的贵重木材。

④孙叔敖：芈姓，蒍(wěi)氏，名敖，字孙叔，春秋时期楚国令尹，辅佐楚庄王成为霸主。

有一次他在路上遇到优孟，就对优孟说：“我是孙叔敖的儿子。父亲临终前，嘱咐我贫困时就去拜见优孟。”优孟说：“你不要到远处去。”于是，他立即缝制了孙叔敖的衣服和帽子穿戴起来，模仿孙叔敖的言谈举止和**音容笑貌**。过了一年多，他活像孙叔敖，连庄王和左右近臣都分辨不出来。

庄王举行酒宴，优孟上前敬酒祝福。庄王**大吃一惊**，以为孙叔敖又复活了，想让他做楚相。优孟说：“请允许我回去和妻子商量此事，三日后再来就任。”庄王答应了他。

三日后，优孟又来见庄王。庄王问：“你妻子怎么说的？”优孟说：“妻子说千万别做楚相，楚相不值得做。比如孙叔敖，做了楚相，忠正廉洁地治理楚国，楚王才得以称霸。如今死了，他的儿子竟无立锥之地，贫困到每天靠背

柴卖柴养活自己。如果要像孙叔敖那样做楚相，还不如自杀呢。”他接着唱道：“住在山里种田真辛苦，难以获得食物。出外做官，自己贪赃卑鄙的，积有余财，不顾廉耻，死后家室虽然富足，但又害怕接受贿赂（huì lù）[5]干非法之事，犯下大罪，自己被杀，家室也遭诛灭。贪官哪能做呢！想要做个清官，遵纪守法，忠于职守，到死都不敢做非法之事。唉，清官又哪能做呢！楚相孙叔敖，一生坚持廉洁的操守，现在妻儿老小穷到背柴为生。清官实在不值得做啊！”

于是，庄王向优孟表示了歉意，当即召见孙叔敖的儿子，封给他四百户人家，祭祀孙叔敖用。自此之后，十世子孙一直没有断绝祭祀。优孟的这种聪明才智，可以说是正得其宜，抓住了发挥的时机。

注释

⑤贿赂：用来买通别人的财物。

西门豹治邺

魏文侯[①]在位的时候，任命西门豹做邺（yè）县令。西门豹到了邺县，召集当地**有名望**的长者，询问民间有什么痛苦的事情。长者们回答："苦于给河神娶媳妇，大家因为这事都很穷。"

西门豹问**为什么**，长老们说："邺县的三老、廷掾（yuàn）[②]常年向百姓征收赋税，达数百万钱之多，用其中的二三十万为**河神**娶媳妇，再同庙祝、巫婆[③]一同瓜分其余的钱，各自拿回家。那期间，巫婆四处巡视，见到长得漂亮的贫苦人家女儿，就说应该做河神的媳妇，立即下聘礼[④]娶走。为她沐浴，给她缝制新的绸绢衣服，在河边盖宫室，挂上大红厚绢制的帐子，让她单独住在里面斋戒。又给她宰牛造酒准备饭食，

注释

①魏文侯：姬姓，魏氏，名斯，战国时期魏国开国君主。

②三老：古代掌管教化的乡官。廷掾：县令的下属官吏。

③庙祝：寺庙中管香火的人。巫婆：以替人祈福消灾、占卜等为职业的女人。

④聘礼：订婚时所备的财礼。

过了十几天，大家一同把像嫁女儿的床帐枕席一样的浮具装点好，让这女孩坐在上面，放到河中。浮具起初漂在水面，几十里以后就**沉没**了。那些有漂亮女子的人家，害怕大巫婆替河神娶他们的女儿，所以大多带着女儿逃到远处了。因此城里越来越空，人越来越少，更穷了，这种情况已经很久了。民间俗话说：‘假如不给河神娶媳妇，河水冲来淹没田产，老百姓都会送命。’”西门豹说：“等到为河神娶媳妇时，请三老、**巫婆**、父老们到河边去送新娘，也希望来告诉我一声，我也要去送。”

到了**那一天**，西门豹到河边跟大家会面。三老、官吏、有钱长者以及乡间的父老们都到了，连同观看的百姓共二三千人。那个大巫婆是个老妇人，已有七十岁。随从的女弟子有十几个，都穿着绸子单衣，站在大巫婆后面。西门豹说：“叫河神的媳妇过来，看看她美不美。”巫婆们就将新娘从帐子里扶出，来到西门豹面前。西门豹看了看，回头对三老、庙祝、巫婆、父老们说：“这个女孩不美，劳烦大巫婆到河中报告河神，需要换一个**漂亮**的，后天送她来。”说完就让士兵一齐抱起大巫婆扔进河里。

过了一会儿，西门豹说：“大巫婆怎么去这么久还不回来？徒弟去催她一

下。”又把一个徒弟扔进河中。过了一会儿，又说：“徒弟怎么也不回来？再派一个人去催她们！”又把一个徒弟扔进河里。总共扔进河里三个徒弟后，西门豹说：“巫婆、徒弟是女人，不能把事情**传达清楚**，劳烦三老替我进去报告河神。”又把三老扔进河里。西门豹头上插着笔，弯着腰，面对河水站着等了很长时间。旁观的长者和官吏都非常害怕。西门豹回头说：“巫婆、三老不回来，怎么办？”想再派廷掾和一个有钱长者去催促他们。廷掾和有钱长者都跪在地上磕头，**额头**都磕破了，血流在地上，脸色如死灰一样。西门豹说：“好吧，暂且等一会儿。”等了一会儿，西门豹说：“廷掾起来吧。看样子河神留客太久了，你们都离开这里回家吧。”邺县的官吏、百姓都很害怕，从此以后，不敢再说替河神娶媳妇了。

西门豹征发百姓开凿了十二条渠道，引河水浇灌农田。开凿河渠时，老百姓嫌辛苦，**不愿意干**。西门豹说：“现在父老子弟虽然以为我给他们带来辛苦，但是百年以后，希望父老子弟们再想想我所说的话。”直到汉朝，当地都还能享受河水带来的利益，百姓因此富裕起来。

伍子胥复仇记

伍子胥，名员，字子胥，是楚国人。他的父亲伍奢[1]和费无忌都是楚平王[2]的儿子太子建的老师。平王派费无忌到秦国去，替太子建迎娶媳妇。费无忌见太子建的未婚妻长得特别漂亮，就先回到楚国，对平王说：“秦女长得很漂亮，大王可以留下来做自己的妻子，另外替太子找一个。”平王竟然真的这么做了。

太子建不喜欢费无忌，于是费无忌经常在平王面前说太子的坏话。平王逐渐疏远太子建，让他去守边界。费无忌又捏造罪状陷害太子，说太子怨恨平王，准备

注释

①伍奢：春秋时期楚国大臣，伍举的儿子。

②楚平王：芈姓，熊氏，名弃疾，继位后改名居，楚共王的第五个儿子，楚康王和楚灵王的弟弟。

造反。平王信以为真，就召伍奢上朝责备。费无忌在一旁添油加醋，于是平王把伍奢关到了牢里。

太子建逃去其他国家。费无忌说伍奢有两个儿子伍尚和伍员，应该一起杀了，不然将来必为楚国**后患**。于是平王让伍奢写信喊两个儿子来。伍奢说："信可以写。我的大儿子伍尚孝顺仁厚，**让他来**，他一定会来；小儿子伍员刚强暴烈，能忍辱负重成大事，他知道来了还是不免一死，所以一定不会来。"

平王派人召伍尚和伍子胥，伍子胥说："平王召见我们兄弟，肯定不会释放父亲，而是**担心**我们活着会成为后患。我们如果都去了，父子三人都会被杀死。如果都死了，父亲的仇怎么报？不如逃往其他国家，借他们的力量为父报仇。"伍尚说："我知道就算去了，也不能保住父亲的命。但如果父亲为了保命召我去，而我没去，日后报仇又没成功，会被天下人耻笑。我去陪父亲死，你逃走。你能为父亲报仇。"伍尚被使者抓走。伍子胥**张弓搭箭**，吓退使者，逃离了楚国。伍尚被送到平王那里，跟伍奢一起被杀死。

伍子胥一路逃亡，最后去了吴国。路上遇到追兵，他逃到江边，江上有一个渔翁，看到伍子胥处境危险，就划船送他过江。伍子胥过江后，解下随身带的宝剑说："这把剑价值百金，送给你老人家。"

渔翁说：“按照楚国的法令，抓到伍子胥的人，赏**粮食**五万石，封给执珪（guī）[3]的爵位。我既然连那些都不要，难道还稀罕你这价值百金的宝剑吗？”最后不肯接受。

伍子胥到达吴国都城，这时吴王僚刚刚**即位**，公子光[4]做将军。伍子胥就通过公子光的关系**求见**王僚，劝王僚出兵攻打楚国。

注释

③执珪：春秋战国时楚国的爵位名称，又称上执珪。珪是卿大夫在举行典礼时手中所执的一种玉板。

④公子光：吴王诸樊（fán）的儿子。诸樊的父亲吴王寿梦有四个儿子，寿梦想把王位传给幼子季札（zhá），他不接受。于是老大诸樊即位，然后把王位传给老二馀祭，接下去传给老三馀昧（mèi），老三要传给季札时，季札还是不接受。结果老三的儿子僚自立为王。公子光不服气，认为既然四叔不接王位，理应由自己继承，所以想推翻王僚。

王僚被伍子胥说动了，然而公子光担心王僚重用伍子胥这样智勇兼备的能人，将来不好推翻，就**阻止**王僚说："伍子胥的父兄都被楚王杀死，他想报私仇。攻打楚国未必有利于我们吴国。"王僚一想不错，就终止了伐楚的**念头**，并且不大信任伍子胥了。

伍子胥见王僚如此无能，而公子光有**推翻**王僚自立为君的野心，就向公子光推荐了一个名叫专诸的勇士，自己到乡下种地去了。

又过了五年，平王死了。王僚趁楚国办丧事的机会，派军队去袭击。公子光在吴国大军跟楚军打仗而国内空虚之际，设宴请王僚到自己家中喝酒，让专诸刺杀了王僚。然后公子光自立为吴王，这就是吴王阖庐（hé lú，也写作阖闾）。他召回伍子胥做谋臣，共同策划国事。

此后，伍子胥率领吴国军队，多次攻打楚国并取胜。阖庐在位的第九年，出动了全部军队，联合另外两个国家共同**攻打**楚国。吴军经过五次战役，攻入了楚国都城。这时候，楚国国君是楚平王的儿子楚昭王⑤。昭王逃离了楚国，伍子胥到处搜寻，没有找到他，就挖开了平王的坟墓，拖出尸体，鞭打了三百下才停手。经过二十年的隐忍和努力，伍子胥终于为无辜被杀的父兄报了仇。

注释

⑤楚昭王：芈姓，熊氏，名壬，又名轸（珍）。

卧薪尝胆

吴国和越国[1]是邻国，经常互相攻打。吴王阖庐趁越王允常去世的时机，出兵越国。允常的儿子越王勾践刚刚继位，就率领兵马迎击吴军。勾践派三百个

敢死勇士，分成三行，冲进吴军阵地，大声呼喊着，自刎而亡。吴国士兵看得目瞪口呆，忘了作战时的戒备。越军便乘机冲向吴军阵地，大败吴军。

吴王阖庐自己也受了伤，因此生了病，越来越重，他在即将病死之前，把吴国王位传给自己的儿子夫差，并且嘱咐他不要忘记越王勾践的杀父之仇，一定要为自己报仇。

夫差即位之后，立志报仇雪耻，让士兵勤加操练，积极备战。第二年，夫差召集了吴国所有的精兵去攻打越国。结果，越王勾践的军队被吴王夫差打败。勾践和手下五千个士兵，被吴军包围在会稽这个地方。

注释

①越国：春秋时期的诸侯国。国君是夏禹的后裔，开国君主是夏朝君主少康的庶出之子。

勾践的大臣范蠡（lí）[②]建议向吴王夫差求和。勾践就让另一个大臣文种带了很多礼物，到吴王夫差那里去求和。夫差想答应他。伍子胥连忙劝阻说：“这是上天把越国赐给我们吴国，大王怎么可以放过这种好机会，不能答应他。”

文种回来，说夫差不肯讲和，勾践很**失望**，打算杀掉妻子，毁掉财宝，带着五千个士兵去拼死一战。文种阻止他说：“吴国的太宰伯嚭（pǐ）[③]，是个贪财的人，我们可以送给他**金钱珍宝**，让他替我们说情。”

于是勾践派文种带了美女和财宝，先暗地里给太宰伯嚭送去，再让伯嚭带着文种去见夫差。文种对夫差说：“要是大王肯放过勾践，那越国的一切珍宝，都是大王的；要是大王不同意，那么勾践就打算杀掉妻子，毁掉珍宝，领着五千士兵拼死作战。这样的话，大王您得不到珍宝，还得跟他打仗，总要受不小的损失。”伯嚭在一旁也趁机劝说夫差放过勾践。

注释

②范蠡：春秋时期楚国人，投奔越国后被勾践重用，帮助勾践复国灭吴后隐退经商，化名鸱夷子皮，人称陶朱公。

③伯嚭：春秋时期吴国大臣。楚国名臣伯州犁之孙，父亲为伯郤（xì）宛，是楚王左尹，后来被楚国令尹囊（náng）瓦（字子常）所杀，并株连全族。伯嚭逃难到吴国，得到吴王宠信，最后担任太宰。

伍子胥又劝说夫差，让他千万趁此机会灭了勾践，不能放虎归山留后患。伍子胥说："勾践是个刻苦自励的人，现在若不将他除掉，将来一定后悔莫及。"可是夫差不听伍子胥的话，同意跟勾践讲和。勾践把政事委托给文种，带着范蠡到吴国给夫差当了两年奴仆才回国。

越王勾践回国之后，立志报仇雪耻。他为了这件事忧心苦思，担心自己会被安逸的生活消磨意志，于是夜里睡觉不用床铺被褥，而是睡在柴草上；又在自己的座位上悬挂了一个苦胆④，不论坐、卧、饮、食，都仰起头来，先尝一下苦胆，同时问自己："你忘记了会稽的耻辱吗？"

勾践亲自下田耕种庄稼，他妻子也亲自动手织布。他吃饭时从来不会有肉菜，也不穿两层的华丽衣服。他对贤才非常有礼貌，能把自己的身份放得很低，招待宾客时热情诚恳，还亲自救济穷人，悼慰死者，跟百姓们一起干活。他委任文种管理政事、范蠡管理军事，君臣尽心协力，让百姓得到生养和教育的机会，为了向吴国报仇而积蓄力量。

而吴王夫差自从战胜越国，就变得骄傲起来，他多次出兵，攻打齐国。勾践总是讨好夫差，顺着夫差的意思，经常送来礼物和美女，还率领越国的军队跟随夫差去打仗。夫差觉得勾践完完全全听命于自己，一点儿也不怀疑他。

注释

④苦胆：即胆囊，因为胆汁是苦的，所以通称苦胆。

伍子胥多次劝告夫差不要相信勾践，结果**惹怒**了夫差，再加上伯嚭总是说伍子胥的坏话，夫差就让使者给伍子胥送去一把剑，叫他自尽。伍子胥临死时，大笑着对使者说：“把我的眼睛挖下来，放在吴国的东门，将来可以看着越国军队进入吴国都城！”

越国**经过**了将近二十年的休养和生产，国富民饶，兵精粮足。吴国却因连年用兵，精锐都丧失了，只剩些**老弱残兵**。越王勾践看时机已到，便出兵吴国，吴军连战连败，不能抵御。越军长驱直入，把吴王夫差围困在姑苏山上。夫差派人去求和，勾践不忍心，也想答应，范蠡连忙阻止：“当年在会稽，上天把越国赐给吴国，但吴国没有要，大王才能有今天；现在上天又把吴国赐给越国了，大王怎可逆天行事，给将来留祸根呢？”

夫差见勾践不许**求和**，只得自杀。临死前，他遮住了自己的脸说：“我没有脸去见伍子胥啊！”勾践安葬了夫差，又杀了不忠的太宰伯嚭，灭掉了吴国。

商鞅变法

商鞅出身于卫国公族，名鞅，公孙氏。他后来的封地在商，所以叫商鞅。

商鞅年轻时就喜欢刑名法术之学，在魏相公叔痤（cuó）[1]手下当官。公叔痤知道他很有才能，病重时向魏惠王[2]推荐商鞅接任相国，但魏惠王没答应。后来，商鞅听说秦孝公[3]在寻访有才能的人，要重振霸业，就动身去了秦国。

商鞅拜见了秦孝公好几次，跟他陈述不同的治国之道。最后，秦孝公对富国强兵的办法很感兴趣，但他担心变法的话，天下人会议论自己。商鞅说："治理国家没有一成不变的办法，圣人只要能够使国家强盛，就不必

注释

①公叔痤：战国时期魏国大臣，担任相国，娶魏国公主为妻。

②魏惠王：又称梁惠王，姬姓，魏氏，名罃（yīng），魏武侯之子。

③秦孝公：嬴姓，赵氏，名渠梁，秦献公之子。

沿用旧的成法；只要能够利于百姓，就不必遵循旧的**礼制**。”孝公说：“讲得好。”于是任命他为左庶长④，让他主持变法。商鞅制定了一系列制度，比如编订户口、奖励军功、鼓励生产等。

新法**准备就绪**后，还没公布。商鞅怕老百姓不相信，就在国都后边市场的南门竖起一根三丈长的木头，宣布，谁能把木头搬到**北门**，就赏给十金。人们都觉得这件事很奇怪，不敢相信。于是又宣布，谁能把木头搬到北门，就赏给五十金。

注释

④左庶长：秦国的官爵名称，负责军政事务。

这时候，有个人大着胆子上前，把木头从南门搬到了北门。看守的官员当下给了他五十金，以此**表明**官府令出必行，绝不欺骗。然后，商鞅颁布了新法。

新法在民间施行了一年，数以千计的秦国老百姓到国都说新法不方便。正当这时，太子触犯了新法。商鞅说："新法不能顺利推行，是因为上层人触犯它。"准备依新法处罚太子。因为太子是国君的**继承人**，不能施刑，于是处罚了太子的两个老师。第二天，秦国人就都遵照新法执行了。

新法推行了十年，秦国百姓都非常高兴，路上有人丢了东西也不会被拿走，山林里也没了盗贼，家家富裕丰足。人民勇于为国家打仗，不敢为私利争斗，乡村和城镇社会秩序安定。

鸡鸣狗盗

孟尝君，姓田，名文，是**齐国贵族**大臣田婴[1]的儿子。田婴做了多年齐国宰相，对齐国有功，被封在有一万户人家的薛邑，人称薛公。

孟尝君出生在五月初五，当时人迷信，认为这是个凶日。所以孟尝君刚生下来，田婴就下令把他丢掉。孟尝君的母亲偷偷把儿子抚养成人之后，带他去见父亲。田婴很**生气**。孟尝君见父亲发怒，就对着父亲叩头大拜，然后问：“您为什么不让养五月生的孩子？”田婴回答：“**五月出生**的孩子，长到跟门户一样高时，会妨害父母的。”

孟尝君又问：“人的命运是上天给的呢？还是门户给的呢？如果是上天给的，您何必**担心**？如果是门户给的，您把它加高点儿不就行了吗？”田婴无言以对，就让他不要说话了。

注释

①田婴：妫（guī）姓，田氏，名婴，齐国宗室大臣，据称为齐威王之子，齐宣王之弟。

过了一阵子，孟尝君趁跟田婴见面时问他：“儿子的儿子叫什么？”田婴回答：“叫孙子。”孟尝君接着问：“孙子的孙子叫什么？”田婴回答：“叫玄孙。”孟尝君又问：“玄孙的孙子叫什么？”田婴说：“我不知道了。”孟尝君说：“您担任齐国宰相，到如今已历三代君王，齐国的领土没有扩大，您自己却积攒了万金的家产，门下也看不到一位贤能之士。现在您的姬妾可以糟蹋绫罗绸缎，贤士却穿不上粗布短衣；您的男仆女奴饭食肉羹吃不完，都剩下了，贤士却连糠菜也吃不饱。现在您还一个劲儿地积攒更多财富，想留给那些连称呼都不知道的后代，却忘记国家在诸侯中一天天地失势。我对此很不理解。”

田婴听完之后，从此改变了对孟尝君的态度，开始器重他，让他主持家政，接待宾客。家中宾客来往不断，日益增多，孟尝君的名声随着传播到各诸侯国中。各诸侯国都派人来请求田婴立孟尝君为太子。田婴去世后，孟尝君继承了爵位和封地。他在薛邑招揽各国来的宾客，宁肯舍弃家业也要给他们提供丰厚的待遇，因此使天下贤士无不倾心向往。孟尝君对来到门下的宾客都热情接纳，不挑不拣，不分亲疏，一律给予优待。齐湣（mǐn）王②派孟尝君到秦国。

注释

②齐湣王：妫姓，田氏，名地，齐宣王之子。

秦昭王[3]早就听说孟尝君的名声，一直想让他到秦国来，立即让孟尝君担任秦国宰相。有大臣劝说昭王："孟尝君的确贤能，可他是齐王的同宗，现在当秦国宰相，谋划事情必定先替齐国打算，而后才考虑秦国，秦国可要危险了。"于是昭王就罢免了孟尝君的职务，把他囚禁起来，还打算杀掉。

孟尝君知道情况后，就派人私下求见昭王的宠妾，请她帮忙劝说昭王放了孟尝君。那个宠妾提出**条件**："我希望得到孟尝君的白色狐皮裘[4]。如果把裘送我，我就帮忙。"

孟尝君来秦国的时候带了一件白色狐皮裘，价值千金，**极其珍贵**，天底下没有第二件。但是，他到了秦国拜见昭王时，已经把这件狐皮裘献了上去，现在再也拿不出第二件了。孟尝君为这件事发愁，问遍了宾客，谁也想不出办法。

注释

③秦昭王：又称秦昭襄王，嬴姓，名稷，秦孝公之孙，秦惠王（惠文王）之子。

④白色狐皮裘：用狐腋下的纯白毛皮做成的衣服，又称狐白裘。据说狐腋下的皮毛最轻暖，因而最高级。

有个能力差但会披狗皮盗东西的人说：“我能拿到那件白色狐皮裘。”于是当天晚上，他化装成狗，钻入秦宫中的**仓库**，取出献给昭王的那件狐皮裘，交给孟尝君献给了昭王的宠妾。宠妾得到狐皮裘后，替孟尝君向昭王说情，昭王便释放了孟尝君。

孟尝君获释后，立即更换出境**证件**，改了姓名，乘上快车逃离秦国。夜半时分，孟尝君一行人到了秦国边境上的函谷关。此时，昭王后悔了，派人寻找孟尝君，发现他已经**逃走**了，就立即命人驾上车去追捕他。

按照规定，要等到鸡鸣时，函谷关的守卫才能放来往客人出去。孟尝君担心昭王的追兵赶上自己，因此万分着急，让宾客们想办法出关。宾客之中有个没有什么能耐但会学鸡鸣的人，他站出来，开始**学鸡叫**。附近的鸡听到之后，也随着一齐叫起来。守卫听到鸡都在鸣叫，以为时间到了，就打开关门，检查了孟尝君一行的证件，让他们出了函谷关。孟尝君出关之后，过了好一会儿，昭王的追兵赶到，但孟尝君已经走远，他们只好回去了。

当初，孟尝君收留这两个人做宾客的时候，其他宾客都觉得丢人，认为孟尝君不该收留这种只会鸡鸣狗盗的人。孟尝君在秦国逃难时，这两个人鸡鸣狗盗的本事却救了他。自此以后，宾客们都佩服孟尝君海纳百川的做法。

将相和

廉颇是赵国的名将。赵惠文王①在位时，廉颇征讨齐国，**大获全胜**，夺取了阳晋，被封为上卿，以勇气闻名于各诸侯国。蔺相如是赵国人，一开始是宦者令缪（miào）贤的门客。

赵王得到了楚国的和氏璧②。秦昭王听说了这件事，就派人给赵王送信，表示愿意用**十五座城**交换这块玉。赵王同大臣们商量：要是把玉给了秦国，秦国可能不给城，赵国就会白白受骗；要是不给，怕秦军来攻打。商量很久，大家都不知道该怎么答复。

赵王想找一个能去秦国回复的**使者**，缪贤就推荐了自己的门客蔺相如，说他是个有智谋的勇士。

注释

①赵惠文王：嬴姓，赵氏，名何，赵武灵王之子。战国指的是春秋之后的一个时代，从公元前 403 年起，到公元前 221 年秦始皇并吞六国止。此时是东周末期，秦、齐、楚、燕、韩、魏、赵七雄并立，争战不已，所以叫“战国”。

②和氏璧：又叫和氏之璧、荆玉，是中国古代一块著名的玉石，相传是楚国人卞和发现的。

赵王召见蔺相如，问他“秦王要用十五座城交换我的和氏璧，要不要给他？”蔺相如说：“秦强赵弱，不能不答应。”赵王说：“得了我的璧，不给我城，怎么办？”蔺相如说：“秦国请求用城换璧，赵国不答应，赵国理亏；赵国给了璧而秦国不给赵国城，秦国理亏。衡量一下，宁可答应，让秦国来承担理亏的责任。”赵王说：“可以派谁当使臣？”蔺相如说：“臣愿出使。给赵国城，就把璧留给秦国；不给赵国城，我一定把和氏璧完好地带回赵国。”赵王于是派遣蔺相如带着和氏璧，去了秦国。

秦王在章台③接见蔺相如，蔺相如捧璧献上。秦王大喜，把璧递给美人和侍从传着看，左右都高呼万岁。蔺相如看出秦王没有给城的意思，便走上前去说：“璧上有个斑点，让我指给大王看。”秦王把璧交给他，蔺相如于是手持玉璧退后几步站定，身体靠在柱子上，气得头发竖立，把帽子都顶起来了，对秦王说：“大王想得到宝璧，派人送信给赵王，赵王斋戒了五天，派我捧着宝璧，在殿堂上恭敬地拜送国书，这是尊重大国的威望，要表示敬意呀。如今我来到贵国，大王却在一般的宫殿接见我，礼节非常傲慢；得到宝璧后，传给美人们观看，这样来戏弄我。我观察大王没有给赵王十五城的诚意，所以我又收回宝璧。大王如果要逼我，我的头今天就同宝璧一起在柱子上撞碎！”

注释

③章台：战国时秦国宫殿名称，因其中有章台而得名。

蔺相如手持玉璧，斜视庭柱，就要撞上去。秦王怕他真把璧撞碎，便向他道歉，并让人拿来地图，指明从某地到某地的十五座城给赵国。蔺相如估计秦王是在假装给赵国城，就对秦王说：“和氏璧是天下公认的宝物，赵王送璧之前斋戒了五天，如今大王也应斋戒五天，在殿堂上安排九宾大典，我才敢献上宝璧。”秦王估量着**不可强夺**，就答应斋戒五天，请蔺相如住在广成传（客舍）里。蔺相如估计秦王虽然答应，但必定背约不给城，就派他的随从穿上粗麻布衣服，怀中藏好璧，从小路逃出，把璧送回赵国。

秦王斋戒五天后，就在殿堂上安排了**九宾大典**，去请赵国使者蔺相如。蔺相如来到，对秦王说：“秦国过去的二十几位君主，从没有一位守约。我实在是怕被大王欺骗而对不起赵王，所以派人带着宝璧回去，从小路已到赵国了。秦强赵弱，大王先把十五座城给赵国，赵国立即把宝璧送来。凭秦国的强大，赵国怎么敢留下宝璧而得罪大王呢？我知道欺骗大王之罪应被诛杀，我情愿下油锅，只希望大王和各位大臣仔细**考虑此事**。”秦王和群臣大吃一惊，有的侍从要把蔺相如拉下去，秦王说：“现在就算杀了蔺相如，还是得不到**宝璧**，反而破坏了秦赵两国的交情，不如趁此机会好好款待他，放他回赵国，赵王难道会为了一块玉璧欺骗秦国吗！”最终还是在殿堂上接见蔺相如，完成礼仪之后让他回国。

蔺相如回国后，赵王认为他身为使臣不受诸侯的欺辱，非常称职，于是封他为上大夫。秦国没有把城给赵国，赵国也始终不给秦国璧。

此后秦国两次攻打赵国，都胜利了。秦王派使者通知赵王，想在西河外的渑（miǎn）池与赵王进行一次友好会见。赵王害怕秦国，不想去。廉颇、蔺相如商议：“大王如果不去，就显得赵国既软弱又胆小。”赵王于是前去赴会，蔺相如随行。

廉颇送到边境，和赵王诀别："大王此行，估计路程和会见，再加上返回的时间，不会超过三十天。如果三十天还没回来，就请您**允许**我们立太子为王，以断绝秦国的妄想。"赵王同意了，便去渑池与秦王会见。

秦王酒兴正浓时，说："寡人私下里听说赵王爱好音乐，请您弹瑟④吧！"赵王就弹起瑟来。秦国的史官上前来，写道："某年某月某日，秦王与赵王一起饮酒，令赵王弹瑟。"蔺相如上前说："赵王私下里听说秦王**擅长**秦地土乐，请让我给秦王捧上缶⑤，以便互相娱乐。"秦王发怒，不答应。这时蔺相如向前递上瓦缶，并跪下请秦王**演奏**。秦王不肯敲缶，蔺相如说："在这五步之内，我蔺相如要把脖颈里的血溅在大王身上了！"侍从们想要杀蔺相如，他圆睁双眼大喝一声，那些人都吓得倒退。秦王很不高兴，只好也敲了一下缶。蔺相如回头招呼赵国史官写："某年某月某日，秦王为赵王敲缶。"秦国的大臣们说："请用赵国的十五座城向秦王献礼。"蔺相如也说："请用秦国都城咸阳向赵王献礼。"秦王直到**酒宴结束**，始终未能压倒赵国。赵国部署了大批军队，严阵以待，因而秦国也不敢有什么举动。

注释

④瑟：中国传统拨弦乐器。形状像琴，有25根弦。

⑤缶：瓦器，用来盛放酒浆，秦国人拿它当乐器，鼓之以节歌。

渑池会结束以后，赵王认为蔺相如功劳大，封他为上卿，位居廉颇之上。廉颇说：“我是赵国的将军，在战场上厮杀，立下功劳，而蔺相如只不过靠**一张嘴**会说话了点儿，地位竟然在我之上。况且他本来是卑贱之人，位居他之下，我感到羞耻，难以忍受。”并且扬言：“我遇见蔺相如，一定要羞辱他。” 蔺相如听到后，处处回避廉颇。每到上朝时，蔺相如常常推说有病，不愿和廉颇去争位次先后。

有一天，蔺相如**外出**，远远看到廉颇，就掉转车子回避。蔺相如的门客就一起来见他，说：“我们之所以离开亲人来侍奉您，就是仰慕您高尚的节义。如今您与廉颇官位相同，廉老先生口出恶言，您却怕得躲起来，也太过分了。普通人这个**样子**，尚且感到丢人，何况身为将相的人呢！我们这些人没出息，请让我们告辞吧！”蔺相如坚决地挽留他们，说：“诸位认为廉将军和秦王相比谁厉害？”他们回答：“廉将军比不了秦王。” 蔺相如说：“以秦王的威势，我都敢在朝堂上呵斥他，羞辱他的群臣，难道会怕廉将军吗？秦国之所以不敢对赵国用兵，是因为有我们两人在。如果两虎相斗，势必不能共存。我这样忍让，是把国家的安危摆在前面，而把个人的恩怨放在后面。”

廉颇听说了这些话，就脱去上衣，背着荆条，由宾客引领，来到蔺相如的门前请罪。他说：“我是个粗野的人，想不到您如此宽厚！”二人终于和好，成为生死与共的挚友。

触龙劝太后

赵国国君惠文王去世，太子即位，就是孝成王①。因为孝成王还比较年轻，所以由太后②代他掌管政事。孝成王即位的第一年，秦国军队进攻赵国，夺下了三座城。

秦兵继续攻赵，一天比一天紧急，赵国眼看抵挡不住了，就派人到齐国去求救。齐国要求太后把心爱的小儿子长安君③送来当人质④，才肯出兵相救。

注释

①孝成王：嬴姓，赵氏，名丹。

②太后：即赵威后，赵惠文王的妻子。

③长安君：赵威后的小儿子，孝成王的同母弟，长安君是他的封号。

④人质：把国君的亲人或重要的大臣交给另一个国家，作为抵押，以获得信任。

赵太后不肯，赵国的大臣们**苦劝不止**。来劝的人多了，太后就明明白白地对左右侍从说：“如果再有来劝我让长安君去做人质的，我一定要把唾沫吐他脸上。”

大臣触（chù）龙说希望拜见太后，太后就**怒气冲冲**地等着他。触龙进宫后，慢慢地迈着小碎步坐下，自己告罪说：“老臣我的脚有毛病，走不快，很久没来拜见您了。我时常**惦念**着，恐怕太后的身体有什么不舒服，所以很想看望太后。”太后说：“我出门全靠马车和轿子。”触龙说：“您的饮食没有减少吧？”太后说：“就靠喝粥罢了。”触龙说：“老臣我近来特别不想吃饭，就勉强自己散散步，每天走上三四里，多少增加了点儿**食欲**，身体也舒适一些了。”太后说：“这我可办不到。”几句问答下来，太后愤愤不平的脸色稍有缓和。

触龙说：“我的儿子舒祺，排行最小，又没什么**本事**，可是我年纪大了，又这般衰老，恐怕不能管到他成人。他是我最怜爱的一个儿子，我想给他找个出路，希望他能补上黑衣卫士⑤的空缺，保卫王宫。”

注释

⑤黑衣卫士：即王宫卫士。当时赵国王宫的卫士一律穿黑衣。

太后说："好吧！年纪多大了？"触龙回答："十五岁了。虽然还不大，但愿在我还没入土时把他托付给您。"太后说："你们男人也**偏爱**小儿子吗？"触龙回答："比妇人们还厉害！"太后笑着说："妇人偏爱得更厉害。"触龙说："老臣不这么看，就拿太后来说，我以为您疼爱燕后⑥，胜过长安君。"太后道："**你错了**，我爱燕后，哪有长安君这般深切！"

触龙说："父母疼爱子女，往往为他们考虑得周到长远。您送燕后远嫁的时候，握着她的脚后跟，为她哭泣，想到她要去那么远的地方，**悲伤极了**。她嫁过去之后，您又常常想念她，祭祀的时候却祷告说'千万不要让她回来'⑦，难道不是为她的**长远打算**，希望她的子子孙孙都能做燕国国君吗？"太后说："是啊。"触龙说："从现在往上推到三代以前，历代赵王的子孙，被封侯的，他们的后代还有保住名位的吗？"太后说："没有了。"触龙说："不只是赵国，各国诸侯的子孙，当初被封侯的，他们的后代还有保住名位的吗？"太后说："我没听说过。"

注释

⑥燕后：赵威后的女儿，嫁给燕国国君为后。

⑦千万不要让她回来：诸侯的女儿出嫁到别国去，如果回娘家，一般是发生了不好的事情，比如国家灭亡、丈夫去世而无子嗣、被废黜等。

触龙说：“这是由于离得近的灾祸落到自己身上，离得远的灾祸就落到子孙头上。难道那些被封侯的君主子孙就都不是好人吗？不是，是由于他们的地位尊贵却没有功勋，待遇优厚却没有劳绩，拥有的贵重宝物又太多了。如今您让长安君处在尊贵的地位，又封给他肥沃的土地，赐他许多贵重的宝物，可是如果不趁现在让他为赵国立些功劳，一旦您辞别了人世，长安君失去了保护，凭借什么在赵国立身？老臣认为您为长安君打算得短浅，没有像替燕后那样长远，所以说您疼爱他不如燕后。”太后说：“好吧，我听你的意见。”

于是太后准备了一百辆车，把长安君送到齐国去做人质，齐国便出兵救赵国了。

毛遂自荐

平原君，姓赵，名胜，是赵武灵王[1]的儿子，因为被封在平原，所以称平原君。他曾三次担任赵国的宰相，跟孟尝君一样喜欢收留宾客，门下食客常常有几千人之多。

赵孝成王的时候，秦国出兵攻打赵国，**连战连胜**，长驱直入，围困了赵国都城邯郸。孝成王派平原君亲自到楚国去一趟，要求楚国和赵国合纵[2]，联手抗秦。

平原君动身之前，要在门下的食客当中选二十个有勇有谋、文武双全的，跟自己**一同**到楚国去。他想着，如果能客客气气地谈判成功最好，如果谈不下去，就要挟持楚王订立盟约。结果只选出来十九个，没有凑满人数。

注释

①赵武灵王：嬴姓，赵氏，名雍。赵肃侯之子，赵孝成王的祖父。推行“胡服骑射”，提高了赵国的军事实力。

②合纵：又写作“合从”，战国时期苏秦游说六国诸侯实行纵向联合，与秦国对抗的政策。古时南北叫纵，东西叫横。战国七雄——秦、韩、魏、赵、齐、楚、燕当中，秦国在西面，其余六国在东面。因为秦国最强，经常攻打六国，苏秦便提倡“合从”，劝六国南北合起来，协力抵挡秦国。后来，张仪又提倡“连横”，就是分散东方六国的团结，劝其中的一两国跟西边的秦国联合。

这时，门下食客中有个名叫毛遂的，径直走到前面，向平原君自我推荐说：“我听说您要去楚国跟楚王签订盟约，想选二十个人一同去，现在还少一个，希望您让我凑个数。”

平原君却问他：“先生，你在我门下有几年了？”毛遂回答：“三年了。”

平原君**摇摇头**说：“有才能的贤士生活在世上，本领会立刻显出来，就如同锥子放在口袋里，它的锋尖会立刻钻出来。如今先生在我门下已经**三年了**，可是，我的左右近臣从没有称赞推荐过你，我的耳朵从没有听到别人说起你。这是先生没有什么专长啊。我看，你不能去，还是留在这里吧！”

毛遂答道：“是的，我正是一把**锋利的锥子**，只是苦于以前没有人把我放到口袋里。到今天，我才有机会请求你这样做。要是我早被放到口袋里，那么锋芒早就全部显露出来了，不是露出一点儿尖就罢了。”

平原君听他说得有理，就同意让他跟着去楚国。另外那十九个人互相使眼色示意，暗暗**嘲笑**毛遂，只是没有发出声音来。毛遂去楚国的路上，跟那十九个人谈论、争议天下局势，大家都佩服他。

平原君想与楚王③订立合纵盟约，再三陈述利害关系，从早晨就开始谈判，直到中午还没决定下来。那十九个人就鼓动毛遂说：“先生上堂去吧。”

注释

③楚王：即楚考烈王，芈姓，熊氏，名完，楚顷襄王之子。

于是毛遂紧握剑柄，一路小跑地上了台阶，到堂上，便对平原君说：“谈合纵不是‘利’就是‘害’，两句话能决定的事。现在从早晨就开始聊，到了中午还决定不下来，是什么缘故？”

楚王见毛遂登上堂来，就对平原君说：“这个人是干什么的？”平原君回答：“这是我的随从家臣。”楚王厉声呵斥道：“怎么还不给我下去！我在跟你的主人谈判，你来干什么！”

毛遂紧握剑柄走向前去，说：“大王敢呵斥我，不过是仗着楚国人多势众。现在我与您相距只有十步，大王的性命控制在我手中，楚国再人多势众，这会儿也帮不了大王了。况且，我的主人就在面前，当着他你为什么这样呵斥我？况且我听说商汤[4]曾凭着七十里的地方称王天下，周文王凭着百里大小的土地使诸侯臣服，难道是因为他们的士兵多吗？实际上是由于他们善于掌握形势，奋力发扬自己的威力。

注释

④商汤：子姓，名履，原本是夏朝方国商国的首领，励精图治，陆续灭掉多个诸侯国，最终灭夏。经过诸侯大会，汤被推举为天子，定国号“商”，成为商朝开国君主。

“如今楚国领土方圆五千里，士兵百万，这是争王称霸的资本。楚国如此强大，天下谁也不能挡住它的威势。秦国的白起⑤，不过是个毛孩子罢了，他带着几万人的部队，发兵与楚国交战，第一战就攻克了都城，第二战烧毁了夷陵，第三战就侮辱了大王的**祖先**。这是楚国百世不解的怨仇，连赵国都感到耻辱，大王却不觉得羞愧。合纵盟约，不是为了赵国，而是为了楚国啊。”

听了毛遂的这番话，楚王立即改变了态度：“是，是，的确像先生所说的那样，我一定竭尽全国的力量履行合纵盟约。”毛遂进一步**逼问**：“合纵盟约算是确定了吗？”楚王回答：“确定了。”于是毛遂命令楚王的左右近臣把鸡、狗、马的血取来，依次让楚王、平原君、自己和堂下的十九个人完成结盟仪式。

平原君确定了**合纵盟约**便返回赵国，说：“我不敢再观察识别人才了。我观察识别人才多说上千，少说几百，自认为不会遗漏天下的贤能之士，现在竟然把毛先生给漏下了。毛先生凭着他那张能言善辩的嘴，竟比百万大军的威力还要强。”于是把毛遂尊为上等宾客。

注释

⑤白起：芈姓，白氏，名起，战国时期秦国名将。指挥了许多重要战役，为秦国统一六国做出了巨大贡献，被封为武安君。

窃符救赵

信陵君，魏氏，名无忌，是魏昭王①的小儿子，魏安釐（xī）王②的异母弟。昭王去世，安釐王即位，封魏无忌做信陵君。

信陵君为人**仁慈又谦虚**，尊重士人。无论是才能高的，还是才能低的，他都以礼相待，从来不会因为自己富贵就傲慢地对待士人。因此，四方的士人都不远千里，争先恐后地投奔到他门下来，足有三千人之多。在当时，诸侯因为信陵君**贤明**，宾客又多，十多年都不敢派军队进攻魏国。

魏国有个隐士名叫侯嬴，已经七十岁了，家境贫寒，是国都大梁城东门的看门人。信陵君听说他是贤能之士，就派人**拜见**，并且送了一份厚礼，可是侯嬴不肯接受。他说："我几十年来修养品德，坚持操守，现在不能因为我是个贫穷的看门人，就接受公子的财物。"

注释

①魏昭王：姬姓，魏氏，名遬（chì），魏襄王之子，魏惠王之孙。

②魏安釐王：姬姓，魏氏，名圉，魏昭王之子。

于是，信陵君大摆酒席，宴请宾客。等到客人们都到齐坐下之后，信陵君就驾着**马车**，带了许多随从，空出车子上左边的座位，亲自到东门去迎接侯嬴。侯嬴整了整自己的破帽子和破衣服，径直走上车子，毫不客气地坐在了当时被认为是尊贵上座的左边，连一点儿谦让的意思也没有，实际上是想借此观察信陵君的态度。可是信陵君手里**握着缰绳**，神情更加恭敬。

侯嬴对信陵君说：“我有个朋友，在集市的一家肉店里干活，我想去看望他，可否请公子把车赶到集市里去？”信陵君马上赶着车去了集市。侯嬴下了车，见到他的朋友朱亥，两人开始聊天叙旧。侯嬴故意站着跟朱亥聊了很久，暗地里斜着眼睛看信陵君的态度。只见信陵君站在旁边安静地等待着，面色越发温和。

这时候，信陵君府上**宾客满座**，都是魏国有权势的人，像将军、相国、宗室贵族等，全等着信陵君回来开宴。信陵君却在集市里等着侯嬴。集市上的人都在围观，看到了信陵君亲自给侯嬴驾车。信陵君的随从们都在偷偷地骂侯嬴**放肆没礼貌**。侯嬴再看信陵君，面色还是非常温和，一点儿也没有改变。于是，侯嬴这才跟朱亥告别，走上车。

信陵君驾着车回到自己家，亲自引导着侯嬴坐到上座。然后他挨个给宾客介绍侯嬴。满堂宾客都大吃一惊。酒喝到热闹的时候，信陵君起身离座，到侯嬴面前敬酒。

侯嬴对他说："今天，我给公子帮忙，也总算够多了。我原是个看守城门的人，公子却屈尊亲自赶车，到大庭广众之中迎接我，还特意过分礼待我。我想成就公子爱惜贤士的名声，所以故意让公子的车马长时间等在集市里，借拜访朋友的时机，观察公子的态度和面色，公子的态度却越来越恭敬。这样一来，集市上看热闹的人都以为我是小人，都以为公子是能真正礼贤下士的忠厚长者。"从此以后，侯嬴就成了信陵君府中的上客。

有一天，侯嬴对信陵君说，自己去拜访的那个屠夫朱亥是有才能的人。于是信陵君多次去问候他，朱亥却一次也不来回访，信陵君觉得很奇怪。

安釐王二十年，秦昭王出兵攻打赵国，围困了都城邯郸。信陵君的姐姐是赵国平原君的夫人，多次写信给魏王和信陵君，恳求他们出兵救援。魏王派将军晋鄙带了十万大军去救赵国。秦昭王知道后，就派使者对魏王说："我攻打赵国，迟早要拿下。诸侯谁敢来救赵国，等我拿下赵国，下一个打的就是它。"魏王害怕了，就派人去止住晋鄙，让军队停在邺这个地方，观望形势，不再前进。

赵国苦等救兵不来。平原君急得一直派使者来催信陵君，写信责备他，让他心疼一下深陷重围的姐姐。信陵君接了信，求了魏王很多次，还找了很多人劝说，但魏王害怕秦国，不肯答应进军。信陵君见魏王是说不动了，就决定带着自己的门客去赵国，宁可跟赵国人民一起战死，也不苟活于世。

有几百个食客愿意跟他一起去。于是，信陵君准备了一百多辆车子出发。出城的时候

经过东门，信陵君看见了侯嬴，就把自己要去跟秦军拼死的打算告诉他，然后跟他道了别。侯嬴回答：“公子，你努力吧！我老了，不能跟你一起去。”

信陵君走了**几里路**，非常不高兴，他想：“我对待侯嬴够周到的，天下人都知道。现在我就要死了，他怎么连一言半语都没送给我，难道我有什么地方做错了吗？”于是他调转车头回去，想问问侯嬴。回到东门，侯嬴笑着说：“我早已知道，公子是要回来的。”他又说：“公子好客，名闻天下。现在，公子有为难的事，竟然想不出别的方法，却要**赶着**去和秦军拼命，这好比拿了肉去喂饿着肚子的老虎，怎么会成功呢？早知这样，又何必养这么多食客呢？公子非常优待我，我知道，公子去战场我却不送，那么你一定生我气，会再回来质问我。”

信陵君向侯嬴行礼，请教他如何救赵。侯嬴就让周围的人都退下，然后低声对他说：“我听说，晋鄙的兵符③经常放在大王的卧室里。大王最宠爱

注释

③兵符：古代传达命令或调动军队所用的凭证，常用铜、木或玉石制成虎的形状，所以又叫虎符。它可以分成两半，左边交给统帅，右边留在国君手里，指挥军队时必须带着符去，两片合在一起，才能生效。

如姬，她能出入大王的卧室，可以偷出兵符。听说从前如姬的父亲被仇人杀死，她天天想替父亲报仇。但是从大王以下，大家三年都没帮她办到。后来，如姬对公子哭诉了这件事，公子便立刻派门客斩了仇人的头，献给如姬。现在如姬肯定愿意拼命报答公子。公子只要开口求她偷兵符，她肯定答应。拿到兵符后，公子便可以夺了晋鄙的军队，带去救赵国。”

信陵君依计行事，如姬果然偷了兵符交给信陵君。信陵君拿着兵符要动身，侯嬴止住他说：“将在外，君命有所不受，晋鄙是可以权宜行事的。万一他起了疑心，不肯把兵权交给公子，还要向魏王请示，那就危险了。我的朋友朱亥，是个大力士，公子可以带他同去。晋鄙肯听话，那就最好；万一不听，就可以叫朱亥打死他。”

于是，信陵君去请朱亥。朱亥笑着说：“我不过是个市井屠夫。从前承公子不弃，几次亲自来访，我却一次也没去公子府上答拜，这并不是我不懂礼貌，而是因为这种小礼小节没什么用处。现在，公子有急难，正是我报答公子的时候。”他跟着信陵君一起去。信陵君出发的时候，侯嬴说：“我本该跟公子一起走，但是上了年纪，不行了。我计算着公子的行程，等您到军中，我就朝着您所在的北方自杀，给您送行。”后来，他真的在信陵君到达军中的那一天面向北边自杀了。

信陵君带着朱亥到了晋鄙那里，出示了兵符。晋鄙果然起了疑

心，朱亥就拿出袖子里藏着的铁椎，有四十斤重，打死了晋鄙。然后，信陵君代替晋鄙，**统领**这支军队。他下令：“父子都在军中的，父亲回家；兄弟都在军中的，哥哥回家；没有兄弟的独生子，也回去奉养父母。”最后留下了八万精兵，进攻秦军，秦军知道后就撤围而去。邯郸得以保全，赵国**得救**了。

赵王和平原君亲自到边界上来迎接信陵君。信陵君知道魏王会生气，于是让将领们把**军队**带回魏国，自己留在了赵国。

荆轲刺秦王

荆轲是卫国人，祖先来自齐国。他喜爱读书、击剑，在各国之间漫游，跟各地的**贤士豪杰**结交。荆轲到燕国以后，跟擅长击筑[①]的高渐离成为朋友。燕国的隐士田光对他很友好，认为他不是平庸的人。

不久，在秦国做人质的燕太子丹[②]逃回燕国。太子丹**过去**在赵国做人质时跟出生在赵国的嬴政关系很好。后来嬴政当了秦王，太子丹又到秦国做人质，秦王对他**不友好**，所以他怀着怨恨，逃了回来。这时候秦国天天出兵攻打其他国家，战火即将波及燕国，燕国君臣唯恐**大祸临头**。太子丹很担心，请教老师鞠武，让他想办法阻挡秦国侵吞六国的步伐。

注释

①筑：古代弦乐器，形似琴，有十三弦。演奏时，左手按弦的一端，右手执竹尺击弦发音。

②太子丹：姬姓，名丹，燕王喜之子。

过了一些时候，秦国将军樊於（wū）期③得罪了秦王，逃到燕国，太子丹收留了他。鞠武劝太子丹说，秦王本来就很凶暴，如果因此生燕国的气，燕国就危险了。所以他建议太子丹把樊於期送走，但太子丹没有答应，让樊於期在燕国住了下来。鞠武对太子丹推荐了田光，说他能够谋划大事，并介绍田光去见太子丹。

太子丹用非常恭敬的礼节迎接田光，向他求教阻挡秦国的计策。田光说："我现在老了，精力已经衰竭，我的好朋友荆轲可以承担这个使命。"太子丹希望田光能介绍自己跟荆轲认识，于是田光打算离开。太子丹嘱咐田光不要泄露机密。田光答应了，然后去见荆轲，让他前往宫中拜访太子。荆轲答应。田光说："太子希望我不要泄露机密，这是在怀疑我。我要打消太子的怀疑。希望您立即去见太子，就说我已经死了，表明我不会泄露机密。"然后他就自杀了，以激励荆轲去完成大事。

荆轲于是去见太子，告诉他田光已死，转达了田光的话。太子丹哭得非常伤心，等荆轲坐稳，对他以头叩地。

注释

③樊於期：原为秦国将军，后因败在赵国名将李牧手下，畏罪逃往燕国，被太子丹收留。

太子丹说："秦王很贪婪，不占尽天下的土地，使各国的君王向他臣服，他的野心和欲望是不会满足的。如今秦国已俘虏了韩王，占领了韩国。他又出动军队向南攻打楚国，向北逼近赵国。赵国抵挡不住秦军，一定会向秦国臣服；赵国臣服，那么灾祸就降临到燕国。燕国弱小，多次被战争所困扰，如今估计调动全国的力量也不能抵挡秦军。诸侯畏服秦国，不敢联合起来抵抗它。我想选一位勇士，**派往**秦国，用重利诱惑秦王，趁机劫持秦王，让他全部归还侵占的各国土地；如果他不答应，就趁势杀死他。秦国出了乱子，东方各国可以趁机联合起来，一定能够打败秦国。我请您来担当这个重任。"荆轲答应了太子丹的请求。太子丹就尊奉荆轲为上卿，让他住进上等的宾馆，每天都去看望他，给他提供高级饮食，还经常送给他奇珍异物，任他随心所欲，满足他的心意。

过了很长一段时间，秦国灭了赵国。大军向北**挺进**，直到燕国南部边界。太子丹很害怕，去求荆轲。荆轲说："我要去秦国了，但需要能让秦王相信我的东西**当作礼物**。秦王悬赏黄金千斤、封邑万户，要樊於期将军的脑袋。如果我拿樊将军的脑袋和燕国督亢一带的**地图**献给秦王，秦王一定高兴地接见我，这样我就有机会接近秦王。"太子丹不忍心杀掉樊於期，就请求荆轲想想别的办法。

荆轲明白太子丹不忍心，就私下会见樊於期，跟他说了自己的计划，樊於期听完，爽快地自杀了。太子丹知道之后，赶过去趴在尸体上痛哭，由于已经没法挽回，就把樊於期的首级装到匣子里密封起来。

太子丹之前已经用重金购买了天下最锋利的匕首，让工匠用毒淬（cuì）[④]它。

注释

④淬：把烧红了的铸件往水、油或其他液体里浸一浸，立刻取出来。

燕国有位勇士叫秦舞阳，十三岁就杀过人，别人都不敢正面看他。于是太子丹把他选为荆轲的**助手**。又过了些日子，荆轲还没有出发，太子丹担心他反悔，就再次催问他是否要动身，可否让秦舞阳先出发。荆轲生气了，说："只顾去而不顾完成使命回来，那是没出息的小子！况且是拿一把匕首进入强大残暴的秦国。我一直在等一位朋友**同去**。眼下太子认为我拖延了时间，那就诀别吧！"于是，荆轲准备出发。

太子丹及宾客中知道这件事的，都穿着白衣、戴着白帽为荆轲送行。他们到易水岸边，大家**道别之后**，高渐离击筑，荆轲和着拍节唱歌，声调苍凉凄婉。送行的人都泪如雨下，一边向前走一边唱："风萧萧兮易水寒，壮士一去兮不复还！"荆轲登上车子，头也不回地走了。

到了秦国，荆轲带着价值千金的礼物，去拜访秦王宠幸的臣子蒙嘉。蒙嘉替荆轲先在秦王面前说："燕王害怕大王的威严，情愿臣服，他砍下樊於期的首级并献上燕国督亢一带的地图，想要送给大王。"

秦王听到这个消息，非常高兴，就穿上礼服，安排了**外交**上极为隆重的九宾仪式，在咸阳宫召见燕国使者。

荆轲捧着樊於期的首级，秦舞阳捧着地图匣子，按照正、副使的次序走进宫。到了殿前台阶下，秦舞阳脸色突变，害怕得发抖，大臣们都感到奇怪。荆轲回头朝秦舞阳笑笑，上前谢罪说："北方的粗人没有见过大王的威严，所以有点儿害怕，请大王原谅。"秦王对荆轲说："递上舞阳拿的地图。"荆轲就取过地图献上。秦王看了樊於期的头之后，让他展开地图。荆轲慢慢打开地图，长卷展到最后，匕首露了出来。荆轲趁机伸出左手抓住秦王的衣袖，右手拿起匕首直刺过去。

秦王大惊，自己跳了起来，挣扎中衣袖扯断了。秦王慌忙去抽自己腰间的**佩剑**，但是因为剑太长，剑鞘又套得很紧，惊恐急迫之间，竟然不能立即拔出来。

荆轲拿着匕首追赶秦王，秦王绕着柱子躲避。大臣们都吓得不知所措。由于秦国法律规定，殿上的大臣不允许携带任何兵器，殿下的武士也只能拿着武器守卫在殿外，没有秦王的命令，不准进殿。秦王围着柱子奔跑，又急又慌，不知如何是好。大臣们回过神来，大喊：“大王，把剑推到背后！”秦王听到后，把剑推到背后，这才拔出长剑攻击荆轲，砍断了他的左腿。荆轲受伤，无法站立，就举起他的匕首直接投刺秦王，但落空了，只击中了铜柱。秦王见荆轲手里没了武器，就上前用剑刺了荆轲八下。荆轲浑身是伤，知道自己的刺杀任务已经失败了，就靠在柱子上大笑，张开两腿像簸箕一样坐在地上骂：“大事之所以没能成功，是因为我想活捉你，迫使你订立归还诸侯们土地的契约，以回报太子。”这时侍卫们冲上前来，杀死了荆轲，秦王也不高兴了好一会儿。

因为荆轲这件事，秦王大发雷霆，派军队去攻打燕国。燕王杀掉太子丹，把他的人头献给秦王。过了五年，秦国灭掉了燕国。后来秦王吞并了天下，改称始皇帝。高渐离隐姓埋名，但因为击筑好出了名，秦始皇就把他召进宫，有人认出他是高渐离。秦始皇喜欢听他击筑，就不杀他，但把他的眼睛弄瞎了。高渐离就把铅放进筑中，趁击筑的时候，举起筑去砸秦始皇，可惜没有击中。秦始皇杀了高渐离，终身不敢再接近从前东方六国的人了。

破釜沉舟

项羽，名籍，羽是他的字。他家本是楚国贵族，祖先代代都是将官。他自小跟随叔父项梁长大。项梁的父亲就是楚国大将项燕①。

项羽小时候，曾学习写字识字，没有学成就不学了；又学习剑术，也没有学成。项梁很生气。项羽却说：“写字，能够用来记姓名就行了；剑术，也只能敌一个人，不值得学。我要学习能敌万人的本事。”项梁于是教他打仗的兵法，项羽非常高兴，可是刚刚懂得了一点儿兵法的大意，就不肯再用心去研究。

秦始皇②出游，经过项羽居住的吴中。他的马车一路有许多兵马护卫，刀枪闪耀，旗帜飘扬，非常威风，很多老百姓都站在路边看。项梁和项羽叔侄两人也挤在人群中看热闹，项羽伸手指着秦始皇的马车说：“那个人，我可以取代他！”项梁连忙把他的嘴捂住，说：“不要乱说，会害得全族人没命的！”但项梁也因此觉得项羽不是寻常人，很器重他。

项羽长大后，身高八尺有余，力大无穷，能举起沉重的鼎，才气超过常人，吴中的年轻人都很害怕他。

注释

①项燕：战国末年楚国名将。曾经大败二十万秦军，但被秦国名将王翦（jiǎn）率六十万大军击败，项燕自杀。

②秦始皇：即秦王嬴政，灭掉六国统一天下后，使用“皇帝”作为新的称号，他就是“始皇帝”。

秦二世[3]元年七月，陈胜[4]等在大泽乡起义。九月，当地的郡守也想起兵反秦，以**取得先机**，去找项梁商量。项梁让项羽斩下了郡守的头，然后召集当地的豪强官吏，向他们说明反秦的道理，就发动吴中之兵起事了。

项梁起兵以后，附近聚众起义的年轻人知道他是名门之后，都来追随。于是项梁旗下很快**聚集**了六七万人。后来，项梁听说陈胜已经死了，就召集各路将领聚会，共议大事。

有个七十岁的老先生，名叫范增，以前不肯出来做官，现在来见项梁，说："秦灭六国，楚国是最无罪的。楚怀王[5]被骗入秦没有**返回**，楚国人至今还在同情他。如今陈胜起义，不立楚国的后代却自立为王，运势一定**不会长久**。现在您在江东起事，楚国有那么多将士如众蜂飞起，争着归附您，就是因为项氏世世代代做楚国大将，一定能重新立楚国后代为王。"项梁认为范增的话有道理，就到民间寻找楚怀

注释

③秦二世：名胡亥，秦始皇第十八子，秦朝第二位皇帝。

④陈胜：字涉，阳城人。第一个起兵反秦的义军领袖。占据陈郡称王，建立张楚政权。

⑤楚怀王：芈姓，熊氏，名槐，楚威王之子，楚顷襄王之父。在与秦昭王会盟时被扣押，从此被囚禁，最后死在秦国。

王的孙子熊心。熊心正在给人家牧羊，项梁找到他以后，就袭用他祖父的谥号，立他为楚怀王，以顺应楚国民众的愿望。

项梁率领军队多次打败秦军，越来越轻视他们，渐渐显露出骄傲的神态。宋义[6]劝他说："打了胜仗，将领就会骄傲，士卒就会懈怠懒惰，这样的军队一定要吃败仗。如今士卒有点儿**懈怠**懒惰，而秦兵在一天天地增加，我替您担心啊！"项梁不听。秦朝果然发动了全部兵力来增援。秦将章邯（hán）[7]在定陶大败楚军，项梁战死。

章邯打败项梁军队以后，渡过黄河向北，**进攻**起义将领建立的赵国，大败赵军。这时候，赵王赵歇和部下都逃进了巨鹿城。章邯命令下属军队包围巨鹿，自己的军队驻扎在巨鹿南边，修建了通道给他们输送粮草。

由于宋义曾说过项梁的军队要**战败**，所以楚怀王认为他懂得用兵，就任命他为上将军，项羽任次将，范增任末将，去援救赵国。其他各路将领都隶属于宋义，号称卿子冠军。部队抵达安阳，停留四十六天，不向前进发。

注释

⑥宋义：原为楚国令尹。秦末楚国复辟后，成为楚怀王熊心的上将军。章邯攻赵时，宋义奉楚怀王的命令统兵解救，各路将领都归他统领，所以号称"卿子冠军"。

⑦章邯：秦朝大将。多次击败起义将领，后被项羽击败，归顺项羽。

项羽说：“我听说秦军把赵王包围在巨鹿城内，我们应该赶快率兵渡过黄河，楚军从外面攻打，赵军在里面接应，肯定能打垮秦军。”宋义说：“我认为**并非如此**。

如今秦国攻打赵国，打胜了，士兵也会疲惫，我们就可以利用这种疲惫；打不胜，我们就率领部队擂鼓西进，一定能歼灭秦军。所以，现在不如先让秦、赵两方**相斗**。若论披着坚固的铠甲、执着锐利的兵器，上阵杀敌，我宋义比不上您；若论坐于军帐，运筹决策，您比不上我宋义。”于是通令全军：“凶猛如虎，违逆如羊，贪婪如狼，倔强不听指挥的，一律斩杀。”他又派儿子去齐国为相，亲自送行，置备酒席，大会宾客。

当时天气**寒冷**，下着大雨，士兵们一个个又冷又饿。项羽对将士说：

“我们大家是想齐心合力攻打秦军，他却久久停留不前进。如今正赶上荒年，百姓贫困，将士们吃的是芋头掺豆子，军中没有存粮，他竟然置备酒席，大会宾客，不率领部队渡河去跟赵国合力攻秦，却说要‘利用秦军的疲惫’。秦国那样强大，去攻打刚刚建起的赵国，必定可以拿下。赵国被攻占，秦国就更加强大，到那时还谈得上什么利用秦国的疲惫？再说，我们的军队刚刚打了败仗，怀王坐卧难安，集中了境内的全部士兵和粮食，交给上将军一个人，国家安危在此一举。可是上将军不体恤士兵，却派自己的儿子去齐国为相，谋取私利，这不是真正的贤良之臣。”

于是，项羽早晨去参见上将军宋义，就在军帐中斩下了他的头，出来向军中发令：“宋义和齐国同谋反楚，楚王密令我处死他。”这时候，将领们都畏服项羽，没有谁敢抗拒，一起立项羽为代理上将军。项羽派人去追赶宋义的儿子，把他杀了。项羽又派人去向怀王报告。楚怀王无奈，让项羽当了上将军。

项羽诛杀宋义之后，威震楚国，名扬诸侯。他首先派遣下属将领率二万人渡过漳河，援救巨鹿，取得了一些小胜利，赵国又来请求增援。项羽就率全军渡过漳河，把船只都弄沉，把锅碗都砸破，把军营都烧毁，只带上三天的干粮，以此向士兵表示一定要决死战斗，丝毫不怀退却之心。部队抵达前线，与秦军多次交战，大获全胜。

这时，楚军的强大程度居诸侯之首，前来援救巨鹿的各诸侯军筑有十几座营垒，没有一个敢发兵出战。到楚军攻击秦军时，他们都只在营垒中观望。楚军战士无不一以当十，士兵们杀声震天，诸侯军人人吓得直发抖。项羽打败秦军以后，召见诸侯将领，当他们进入军门时，一个个都跪着用膝盖向前爬，没有谁敢抬头仰视。自此，项羽真正成了诸侯的上将军，各路诸侯都听他号令。

约法三章

刘邦，字季，沛（pèi）县人。他性情仁厚，并且喜欢施舍，度量宽宏，不太善于经营家里的生产事务。他成年后，做了小官，担任泗（sì）水亭长[①]。

有一次，他从沛县解送一批犯人往骊山去。那些犯人大多在半路上逃脱，他索性把所有犯人都放了，**并且**对他们说："你们都走吧！我也要逃到别处去了。"犯人中有十几个壮士，自愿跟着刘邦逃到山中。沛县的子弟，听说他的仁义行为，就跑来投奔他。

秦二世刚登上帝位的**那年秋天**，陈胜在大泽乡这个地方起义，反对秦朝的暴政。原来楚国领土上的民众，纷纷杀掉当地的秦朝官员，响应陈胜。沛县的县令见各地情形如此，知道民意所向，不可阻挡，就打算先发制人，率领本县民众去响应陈胜，于是召集手下的官吏们商议起事的办法。

萧何、曹参[②]就建议："大人您本

注释

①亭长：秦汉时候制度，每十里为一亭，亭设有亭长，掌管捕盗贼的事情。

②萧何：沛县人，西汉初期重要政治家，刘邦的关键功臣。早年任秦沛县狱吏，辅佐刘邦起义。汉朝建立之后担任丞相。曹参：沛县人，西汉开国功臣，跟随刘邦起兵，身经百战，继萧何之后担任相国。

是朝廷官员，现在想反叛朝廷，恐怕百姓不肯服从，倒不如利用从前逃亡在外的那帮人，让他们回来，可以压制百姓。”

沛县的县令同意了，派人去召刘邦回来。刘邦就带着手下几百人回沛县。谁知县令怕自己管不住这些人，就反悔了，把四面城门紧紧关闭，派兵士上城严守，还怀疑萧曹二人献这计策是**不怀好意**，想把他们杀死。萧曹二人知道了，非常惊慌，就连夜逃走，爬出城墙，投奔了刘邦。

刘邦见县令反悔，就写了一封信，绑在箭上，射到城里。信上写道：“百姓们受秦朝**暴政**折磨已经很久了，现在是大家起来反抗的时候了！城中父老们，各处起义军不久就要到来，那时恐怕全城人都会被杀掉。不如咱们现在就把县令杀了，选一个有作为的领袖，响应各处起义军，那么，咱们的身家性命都能保全。”

城中的百姓读了这封信，便率领子弟把县令杀死，打开城门，迎接刘邦**进城**。父老乡亲们认为刘邦有当领袖的能力，就推他为沛公。沛县的年轻人纷纷来投奔沛公的队伍。沛公听说项梁、项羽在吴中起兵，势力很大，就去投奔了项梁。首先竖起起义大旗的陈胜遇害了，项梁就把各路起义将领召集在一起，拥立从前楚国国君怀王的孙子熊心为楚王，称号也是楚怀王。

秦国军队渡过黄河，向北进攻，项梁战败死去。秦国军队在巨鹿城包围了赵王赵歇的军队。赵歇几次请求救援，怀王就任命宋义为上将军，项羽为次将，范曾为末将，向北进兵救赵，同时命令刘邦向西攻取土地，进军秦朝首都所在的关中地区，并和诸将约定，谁先进入函谷关、平定关中，就让谁在那里做王。

这时候，秦军强大，常常乘着胜利的威势**追击**败逃之敌，诸将中没人觉得先入关是有利的事。只有项羽恨秦军打败了项梁的军队，愿意和刘邦一起入关。怀王手下的老将们都说："项羽这个人敏捷勇猛，曾经攻下襄城，那里的军民都被他活埋了。凡是他经过的地方，没有不被毁灭的。不如改派忠厚老实的人，实行仁义，**率军**西进，向秦地的父老兄弟讲明道理。秦地父老兄弟因他们的君主暴虐而受苦，已经很久了，现在如果真的能有位忠厚老实的人前去，不欺压百姓，才会使秦地降服。现在只有刘邦一向忠厚老实，可以派他去。"怀王就派了刘邦率领大军向西进攻。

刘邦率兵西进，一路同秦军作战，收服了很多将士和城池。他命令全军，所过之处，不得**抢掠**，秦地的人都很高兴，秦军瓦解，因此大败。刘邦的军队越战越勇，在各路将领中最先到达灞（bà）上，距离国都咸阳很近了。秦王子婴③驾着白车白马，用**丝绳系着脖子**，封好皇帝的印玺和符节，在道路旁投降。有的将领说应该杀掉秦王。

注释

③子婴：秦朝的最后一位统治者。赵高逼杀秦二世之后，去掉秦朝的帝号，立宗室子弟子婴为秦王。子婴诛杀了赵高。

刘邦说："当初怀王派我攻关中，就是认为我能**宽厚容人**。再说人家已经投降了，又杀掉，这么做不吉利。"于是把秦王交给官吏看管，进入咸阳。刘邦见到宫殿富丽堂皇，就想住在里面休息，被樊哙（fán kuài）、张良[4]劝阻，这才下令把秦宫中的贵重**宝器财物**和府库都封好，然后退回来驻扎在灞上。

刘邦召来各县的父老和有**才德名望**的人，对他们说："父老们苦于秦朝的苛虐法令已经很久了，批评朝政得失的要灭族，相聚谈话的要处以死刑。我和诸侯约定，谁首先进入关中就在这里做王，所以我应当做关中王。现在我和父老约定，法律只有三条：杀人者处以死刑，伤人者和抢劫者**依法治罪**。其余凡是秦朝的法律全部废除。所有官吏和百姓都像往常一样，安居乐业。总之，我到这里来，就是要为父老除害，不会对你们有任何侵害，请不要害怕！再说，我之所以把军队撤回灞上，是想等着各路将领到来，共同制定规矩。"

注释

④樊哙：沛县人，西汉开国将领，出身寒微，跟随刘邦起兵，四处征战，以勇猛著名。张良：西汉的关键开国功臣，刘邦最重要的谋臣之一。先辈在战国时期是韩国贵族，五世为相。早年曾刺杀秦始皇，失败后隐居，后追随刘邦，辅助刘邦战胜项羽，建立汉朝。

然后，刘邦派人和秦朝的官吏一起到各县镇乡村去巡视，向民众讲明情况。秦地的百姓都非常喜悦，争着送来牛羊酒食，慰劳士兵。刘邦推让不肯接受，说：“我军仓库里的粮食不少，不缺吃的，不想让大家破费。”人们更加高兴，唯恐刘邦不在关中做王。刘邦因此收获了关中百姓的人心。

鸿门宴

项羽和刘邦两人，一同受命于楚怀王，去**攻打**秦国，约定谁先拿下关中，谁就做关中的王。

项羽先去解了巨鹿之围，没料到刘邦在同一时间已经顺利进军关中，拿下了秦朝的首都咸阳。项羽率领军队赶往关中，到达函谷关时，发现刘邦的士兵在这里守卫着函谷关，不让诸侯的兵进去。项羽非常愤怒，便派手下将领攻破函谷关，**长驱直入**，到鸿门这个地方扎下营寨。

那时刘邦的军队驻扎在灞上，还没有和项羽会面。刘邦手下的将领曹无伤想讨好项羽，就派人到项羽那里说：“刘邦要在关中做王了，叫子婴做宰相，一切珍宝他都占为己有。”

项羽大怒说：“明天早上，叫兵士饱餐一顿，就出兵击破刘邦。”那时候，项羽有四十万大军，刘邦只有十万兵马。项羽的谋臣范增对项羽说：“刘邦还没有进入关中时，贪财好色；自从到了关中，不取一丝一毫财物，也不取一个妇女，可见他志向不小。趁这时候赶紧把他除掉才是，不要错过机会。”

项羽的另一个叔父项伯①，一直以来跟张良关系很好。因为张良在刘邦手下当**谋臣**，所以项伯连夜赶到刘邦的军营里，把项羽要率大军进攻刘邦的消息告诉张良，劝张良赶快离开，不要跟着刘邦的军队一起送死。张良说：“我跟随刘邦入关，他如今有难，我如果不说一声就跑了，是很没道义的，所以我得跟他说一声。”

于是张良进去，把这个**消息**告诉刘邦。刘邦非常吃惊，张良问他：“你估计自己的兵力，可以抵挡项羽吗？”刘邦回答：“当然不如他。”张良说：“我去托项伯说情，让他告诉项羽，说你不敢违背项羽的旨意，或许还可以挽回。”于是刘邦详细问了项伯的情况，并请项伯进来，**向他敬酒**，还约定让儿女长大后**结亲**。

然后刘邦说：“我入关以来，自己不敢拿什么东西，查清关中的官吏、人民的户口，一一登记在册子上；又封好府库，丝毫不动，专等项将军来点收。我之所以派了许多兵马把守函谷关，是要防止那些**盗贼流寇**闯进来，免得发生不测之事。我在这里日夜盼望项将军来，哪里敢背叛他呢！请你把这话详细转告项将军，说我刘邦决不会背叛他的恩德。”

项伯同意了，还让刘邦第二天一早去项羽那里谢罪。刘邦答应了。

注释

①项伯：项羽的叔父，名缠，字伯，跟随项羽大军作战。汉朝建立后，被封为射阳侯。

项伯回到营里，把刘邦的话说给项羽听，并且说刘邦攻破关中有大功，所以项羽的军队才能这么**容易**就进来，现在如果攻打他有点儿说不过去，不如好好款待他。项羽就同意了。

第二天一早，刘邦带了张良、樊哙和一百多骑人马，到鸿门拜见项羽说："我和将军同心协力，讨伐万恶的秦国，我万万没想到自己能够先入关，攻破秦国。可是现在有小人在中间说坏话，让将军和我产生了误解。"项羽说："这是你的手下曹无伤说的，**不然**，我怎么会这样做呢！"于是，气氛和缓下来。

然后，项羽就留刘邦在军营里，摆了宴席请他吃饭喝酒。在喝酒的时候，范增屡次向项羽使眼色，让他下令杀掉刘邦，可项羽都置之不理，假装没有看见。范增就站起来，走到外面，喊来了项庄②，对他说："大王心肠太软了，不忍下手杀刘邦。你进去敬酒，然后装着要舞剑取乐，趁机杀掉刘邦。"

于是项庄就进去敬酒，然后说："大王和沛公**饮酒**，军中没有什么可以取乐，我来舞套剑给大家助兴。"项羽同意了。

于是项庄拔出剑来就舞，项伯知道他不怀好意，也拔出剑来舞，常常用自己的身子护住刘邦，让项庄不能接近。

注释

②项庄：项羽的堂弟，是项羽军中的将领。

张良见场面危急，就走到军营门口，把樊哙喊过来，告诉他："里面情形很紧急！项庄借舞剑为名，想趁此时下毒手，把沛公杀了。"樊哙立刻带着宝剑、提着盾牌，大踏步直向军营里闯。门口的卫兵要拦着他，他用盾牌护着身子去撞，把卫兵撞倒，闯进了饮酒的**军帐**，站在项羽对面，瞪大了眼睛看项羽，头发都竖起来了。

项羽本来是席地坐着的，见樊哙闯进来，就直起身子，一手按着剑，问："你是什么人？"张良在旁说："他是沛公的卫士樊哙。"项羽说："好个壮士！赏他一杯酒。"左右立刻倒了一大杯酒，递给樊哙。樊哙拜谢，然后站起来接了杯，一饮而尽。项羽又说："再赏他一个猪肘子。"左右就把一整只**猪肘子**递给樊哙，樊哙接了，把盾牌盖在**地上**，又把猪肘子放在盾牌上面，然后拔出剑来，一块一块地切开来吃，没过一会儿就全吃完了。

项羽问："壮士能够再喝吗？"樊哙回答说："我死都不怕，多喝几杯酒，有什么要紧！本来秦王暴虐无道，心如虎狼，杀人就好像没完一样，所以天下的人，都反叛他。怀王和诸将约定：谁先破秦，入咸阳，谁就做王。现在沛公先破秦，入咸阳，府库人民丝毫不敢去动，退兵在灞上，专程等大王来。他之所以派了兵马把函谷关守住，不过是防着别的盗寇进来，免得发生不测之事。如今大王来了，对于沛公这样**劳苦功高**的人，不但没有给予封侯的赏赐，反而听信小人的谗言，要杀害他，这不是暴虐无道，和秦王一样了吗？我想大王是决不会做这种事情的。"这一番话，说得项羽无言可答，只得说："坐吧！"于是樊哙和张良并排坐下。

过了一会儿，刘邦装作要去上厕所，先离了席，又对樊哙做手势，让他跟出来。没过多久，张良也走了出来。樊哙劝刘邦逃走。刘邦说还没有跟项羽告辞，樊哙说：“要做大事，不能顾小节。如今他们是刀俎（zǔ）③，我们是鱼肉，只要能脱身就好，还讲什么告辞不告辞！”刘邦决定先走，让张良留下来应对项羽。张良问：“您来的时候带什么礼品了吗？”刘邦回答：“带来白璧一双，是要献给项王的；玉斗一双，是要赠给范增的。刚来的时候，他们怒气未定，不敢献上，现在，你替我献给他们吧。”

刘邦的军队距离鸿门，有四十里路，他嫌远，就决定从小路走，把带来的车马都丢在鸿门，自己骑了一匹马，让樊哙等四个卫士拿着兵器步行随护。临走的时候，他嘱咐张良：“从这条路到我们军营，不过二十来里，你算着时间，等我们已经回到营里了，再进军帐去。”

注释

③刀俎：俎是切肉或菜时垫在下面的砧板。刀俎就是刀和砧板，原为宰割的工具。

张良估算着刘邦已经回到自己的军营，就进去对项羽代刘邦道谢告辞："沛公酒量浅，喝醉了，自己不能亲自来**道谢告辞**，让我奉白璧一双，**献给**大王，玉斗一双，送给亚父④。"项羽问："沛公在哪里？"张良回答说："听说大王有意责备他，所以一个人先走，已经回到自己营中去了。"项羽就收下白璧，放在座上。范增接了**玉斗**，却放在地上，拔剑砍碎，气愤地说："唉！这帮小子，没法和他们谋大事！夺项王天下的人，一定是沛公，我们都要做他的俘虏了。"刘邦一回到军营，立刻把曹无伤捉来杀了。

注释

④亚父：对范增的尊称。范增是项羽的主要谋士，项羽很尊敬他，称他为"亚父"。亚，是次的意思。

霸王末路

西楚霸王项羽和汉王刘邦，为了争夺天下，打了四年的仗。最后，刘邦联合了韩信①、彭越②，并**召集**了各路汉军，一齐在垓（gāi）下会师，把项羽的军队重重围住。

项羽被联军围住，士兵越来越少，**粮食**也吃没了。一天晚上，他听到四面传来楚地的歌谣，原来是包围自己的汉军在唱歌。他大惊失色，说："难道汉军已经把楚地都占领了吗？不然的话，为什么汉军中的楚人这么多呢！"他越想越**难过**，就起床坐在帐中喝酒，借酒浇愁。

项羽有个很宠爱的美人，名叫虞姬，无时无刻不带在身边；还有一匹日行千里的骏马，名叫乌骓（zhuī），经常骑着上战场。

注释

①韩信：淮阴人，西汉最重要的开国功臣之一，中国古代著名军事家。汉朝建立后，由齐王改封楚王，又被刘邦找借口降为淮阴侯。

②彭越：字仲，西汉王朝开国功臣，汉初名将。

看到自己目前的处境，面对着美人和骏马，项羽心中有无限感触，于是作了一首悲壮的歌，**情绪激昂**地唱了起来：

“力气能拔山啊，英雄气概世无双，时运不济呀骓马不再往前闯。骓马不闯啊怎么办，虞姬呀虞姬，怎么**安排**你呀才妥善？”

他反复唱了几遍，虞姬也跟着唱。

唱到后来，项羽的眼泪不停地往外流，左右侍者也跟着落泪，大家都不敢抬头看他。虞姬为了不拖后腿，就拔剑自杀了。项羽穿好**盔甲**，骑上马，还剩的八百多个部下都骑上马跟着他，乘着黑夜冲出重围，向南逃去。汉军到了天快亮的时候才觉察到项羽已经突围而出，于是派兵马去追赶。

项羽一行渡过淮河，还能跟上的部下只剩一百多个了。走到阴陵，他们迷了路，向旁边的一个农夫打听。这农夫故意骗他们向左边走。他们照办，结果陷在一个大泽③里，因此被汉军赶上。项羽就领了兵马，往东飞奔，到了东城，身边只剩**二十八个人**了。

注释

③大泽：大的湖泊沼泽。

项羽跑上山冈，回头一望，见几千兵马紧紧地从后赶来，估计自己不能脱身，就对那二十八个人说："我自从起兵，到现在已经八年了，八年之中，亲身打了七十多场战争，抵挡我的敌人都被打垮，攻击我的敌人都被降服，从来没有失败过，因此称霸天下。哪知到了如今，被围困在这里，这是上天要灭亡我，不是因为我不会打仗。今天我们肯定得战死在这里，但我绝对不肯白白地死了。我要打一场痛痛快快的仗，胜他们三回，让你们冲破重围，斩杀汉将，砍倒他们的军旗，让你们看一看，知道这是上天在灭亡我，并不是因为我不会打仗。"

那时汉军已经追到，把山冈团团围住。项羽把他部下二十八骑分为四队，朝着东南西北四方，然后对他们说："你们看，我要冲下山去，斩汉军中一将！"他命令四面的骑士们飞奔下去，冲到山的东面，分作三处集合。

话一说完，项羽便大喝一声，放马冲下山去，汉军就像草木随风倒下一样，却没有一个能阻拦他的。项羽顺手斩了一名汉将，冲出重围，向东面走。这时，有个汉军骑将追了上去。项羽回转头来，瞪着眼睛像狮吼般怒喝一声，汉将连人带马都被吓坏了，退回好几里。

项羽和他部下二十八骑分作三处集合。汉军不知项羽究竟在哪一处，也把兵马分为三大队，再来围攻他们。项羽驱马冲上去，又斩了一个都尉，杀了上百士兵，然后再召集他的部下，只缺了两骑。项羽便对他的部下说："怎么样，我的话对吗？"他的部下都很佩服地说："正像大王所说的那样。"

项羽一行逃到了乌江岸边。乌江亭长在江边备了船只，对项羽说：“江东地方虽小，但土地纵横千里，民众有几十万，占据了江东，也足够称王了。请大王快快下船来，渡过江去。现在只有我有船，汉军就算追过来，也渡不了江。”项羽笑着拒绝说：“上天要灭亡我项羽，我还渡过去做什么！况且我当年带了江东八千子弟，渡江西征，到如今没有一个生还，就算江东父老怜惜我，仍旧推举我做王，我又有什么脸面去见他们！就算他们不责备我，难道我自己心里不惭愧吗！”然后，项羽对亭长说：“我看您是个仁厚长者，我五年来都骑这匹马，所向无敌，而且它的脚力真好，常常日行千里。我不忍杀它，送给您吧。”

项羽把马送给亭长后，让随从的兵士都下马步行。那时汉军已赶上来，他们便各自拿着短兵器和汉军肉搏。项羽一个人杀了数百名汉军，但身上也受伤十多处，眼看突围无望，就拔出剑来自杀了。一代英雄项羽，就这样结束了一生。

《前汉书》里故事多

韩信报恩

韩信，淮阴县人。他从小贫穷，既没有被推选去做官，又不会做买卖谋生，于是经常到别人家讨饭吃。

他曾**投靠**一个当亭长①的熟人，每天去家里蹭饭。亭长妻子讨厌他，就很早起床，把饭做好，端到卧室里吃掉。到吃早饭的时候，韩信去了，发现没有给自己**准备饭食**。他明白了亭长妻子的用意，就离开亭长家，再也不去了。

韩信曾到城下钓鱼，有一位老妈妈在河边漂洗丝绵絮，见他一直饿着肚子，觉得**可怜**，就给他饭吃，一连几十天，直到漂洗的活计完毕。韩信感激地对老妈妈说："我将来一定要重重地报答你。"老妈妈听了，很生气地说："你一个大丈夫不能养活自己，年轻人，我是可怜你，才给你饭吃，难道是想要报答吗！"

注释

①亭长：秦汉时城乡都置亭，为基层行政单位。十里一亭，亭设亭长，下有吏卒，掌管治安、诉讼和捕盗贼等事务。

韩信虽然穷得吃不饱饭，却总是随身佩着一把宝剑。淮阴城里有个青年，就当众欺侮韩信："你虽然个子长得高大，还爱好带刀剑，可实际上胆小得很！你要是不怕死，就用剑刺我；你要是怕死，就从我的胯（kuà）下爬过去。"韩信盯着那个青年仔细地看了看，一言不发，竟然弯下身子，从他的裤裆下爬了过去。满街上看热闹的人都嘲笑韩信，认为他没有出息，是个胆小鬼。

后来，各路英雄起兵反抗秦朝的暴政。韩信得到刘邦重用，成为大将，为建立汉朝立下大功，被封为楚王。韩信到了楚都，召见过去曾给他饭吃的那位漂母，赠送她一千金。然后找到当年的那个亭长，赠送他一百钱，对他说："你是小人，做好事有始无终。"

韩信又召见那个曾侮辱自己、让自己从胯下爬过去的年轻人，任命了他一个中尉[2]的官职。他对自己手下的将相说："这是个壮士。当他侮辱我时，我难道不能杀死他吗？但杀死他没有名目，所以忍了下来，才达到今天这样的成就。"

注释

②中尉：官职名。战国时赵国设置，负责选官举贤。秦、西汉初为统兵武职名称，后常置，掌管京城治安执法。西汉初，诸侯王国军事长官也叫中尉，负责维持王国治安。

田横五百士

田横，是原来齐国田氏王族的后代。他的家族在**当地**势力强大，受人尊敬。在秦末农民起义中，田横跟堂兄田儋（dān）、哥哥田荣率领家仆和本县子弟起兵反抗秦军，逐渐平定了齐国。田氏兄弟相继成为齐王。

但后来刘邦夺得天下，派军队征服齐地。齐王田横害怕刘邦会杀掉他，就和部属五百多人逃往海中，住在岛上。刘邦知道后，认为田横兄弟本来已平定了齐国，齐国的许多**贤士**能人都归附于他，如今他住在海岛上，若不招揽到自己手下，恐怕以后会有变乱，于是派使者前去，赦免了田横的罪，还要召见他。

田横**委婉地谢绝**了："我以前把陛下的使者郦（lì）食（yì）其（jī）[1]杀掉了，听

注释

①郦食其：著名的说客，刘邦的部下。他奉命出使齐国，本来已经劝服齐王归顺刘邦，但韩信此时为了立功，继续攻打齐国，导致郦食其被齐王烹（pēng，煮）杀。

说他弟弟郦商现在是汉军的将领，我很担忧他会报仇，因此**不敢前往**。我期望做个寻常百姓，住在海岛上。”使者回来报告了刘邦。刘邦就召见郦商，告诉他不许找齐王田横寻仇，然后又派使者去把这些告诉了田横，并传话说：“田横来后，大者封王，小者封侯。如果不来，就派兵去讨伐。”于是，田横带了两位门客，**乘坐马车**去洛阳见刘邦。

走到洛阳城外一个备马和传递文书的地方，田横对使者说：“作为臣子拜见天子，应该洗头洗澡。”于是他们停了下来。田横对门客说：“起初我和汉王一样都是南面称王的人物，如今汉王做了天子，我则成了亡国的俘虏，要北面称臣降服于他，实在是令人**羞愧难当**啊。况且我杀了别人的兄长，却要和当弟弟的一起为同一个主人效力，即使他害怕天子的命令不敢动我，难道我心里就不**惭愧**吗？而且陛下之所以召见我，不过是想看看我的容貌而已。陛下在洛阳，现在把我的头砍下来奔跑三十里，容貌还不至于腐败，还可以看看我长什么样子。”说完他就自杀了，让门客捧着他的头，跟随使者尽快去见刘邦。

刘邦看到后，流下了眼泪说："唉，不简单啊！以平民的身份起家，兄弟三个人相继称王，实在是贤能啊！"然后任命田横的两个**门客**做都尉[2]，派兵二千人，用侯王的礼节安葬田横。

安葬完毕，两个**门客**在田横墓边挖了个坑，都自杀了。刘邦听了大为惊异，认为田横的门客都是贤能之人，听说还有五百门客在海岛上，就派使者去召他们到洛阳。**可是**，那五百个门客听说田横已死，也都纷纷自杀，追随田横而去。

注释

②都尉：官名。武职，比将军略低，战国时始设。秦汉时，侍从官、掌握地方军队的武官、执行临时任务的官员，都叫这个名字。

贯高护主

刘邦在讨伐项羽、统一天下的过程中，分封了几位异姓王。其中，赵王张耳①早早去世，他儿子张敖**继承**了王位，还娶了刘邦的长女鲁元公主为王后。

有一次，刘邦来到赵国，张敖每天早晚亲自侍奉饮食，态度很**谦卑**，非常符合子婿的礼节。刘邦却坐在那里大声呼喊责骂，态度非常**傲慢无礼**。赵国的相贯高、赵午已经六十多岁了，原本是张耳的门客，见到这种场面，生气地说："我们的赵王真是一个懦弱的王呀！"他们劝张敖说："你对皇上非常**恭顺**，而他对你没有礼貌，请让我们替你把他杀了。"

注释

①张耳：原本是魏国的名士，秦末时参加农民起义，重建了赵国。后来归顺刘邦，协助他灭了项羽，被封为赵王。

张敖听了把手指**咬出血来**，说：“你们怎么能说出这样的话！我的父亲亡了国，是皇上帮助他复国，德泽流被子孙后代，这一切都是皇上的力量。希望你们不要再说这样的话。”

贯高等十几人私下互相议论：“是我们错了。我们的赵王是个忠厚长者，不肯背德负恩。但我们不能忍受侮辱，现在陛下**侮辱**赵王，我们要把他杀掉，这和赵王又有何牵连呢？如果事情成功，就替赵王出了口气；如果事情失败，那就由我们自己承担罪责好了。”

过了一年，刘邦又经过赵国。贯高他们派人隐藏在柏人县馆舍的夹壁中，准备**伺机**杀掉他。但刘邦觉得“柏人”这个名字听着不吉利，没有留宿便走了。第二年，贯高的仇人知道了他们的计划，就告发了。于是刘邦逮捕了赵王和那些企图谋反的人。赵午等十几人都争着要自杀，只有贯高气愤地骂他们：“谁让你们这样做？现在赵王没有谋反，却被一起抓去。你们死了，谁来证明赵王没有**谋反**呢？”

他们和赵王一起被囚车押到了京城长安。贯高对狱吏说：“是我们这些人干的，赵王不知道。”狱吏用鞭子打了他几千下，还用烧红的铁条去刺他。贯高遍体是伤，

却没有再说一句话。廷尉[2]把贯高的供词报告了刘邦。刘邦说："真是位壮士！谁和他熟悉，可以**私下里**问问他。"大臣泄公说："我了解他，他是赵国讲究名誉信义、不背弃自己诺言的人。"刘邦就让泄公去问贯高。

贯高抬头看着泄公，像平常一样寒暄，聊得很高兴。谈话中，泄公问赵王是不是真的没有**谋反**。贯高说："人之常情，哪有不爱自己父母妻儿的？现在我家三族都要因此被处死，难道我会用自己的亲人来保全赵王吗！确实是因为赵王没有谋反，是我们自己谋划的这件事。"他把事情的原委详细地告诉了泄公。泄公对刘邦汇报了所有情况。刘邦就赦免了张敖。

刘邦很赏识贯高的敢做敢当和**守信用**，就让泄公告诉贯高："张敖已放出来，皇上很赏识你，因此赦免你。"贯高说："我之所以不死，就是因为要说明赵王没有谋反。现在赵王已经释放，我的责任也尽了。但是作为臣子有谋杀皇上的名声，哪里还有颜面去服侍皇上呢！"于是自杀。

注释

②廷尉：官名，秦始置，汉初沿袭，掌管刑狱审判。

大风歌

刘邦在沛县起兵反秦，后来夺取天下，建立汉朝，成为皇帝。有一年，他亲自率领大军去镇压造反的淮南王英布，胜利之后班师回京，路过故乡沛县，就暂作停留。

刘邦在沛县的行宫摆开筵（yán）席，把所有父老子弟和以前认识的熟人朋友都喊过来，招待他们饮酒。他还从沛县挑选了一百二十个小孩子，教他们唱歌。

酒兴正浓时，刘邦亲自击打着筑（zhù）[1]，放声歌唱道："大风起兮（xī）云飞扬，威加海内兮归故乡，安得猛士兮守四方！"这首歌的意思是："大风激猛地刮起来啊，浮云随着风翻腾飞扬，我的威严施加四海啊，荣归故里衣锦还乡，怎

注释

①筑：古代弦乐器，形似琴，有十三弦。演奏时，左手按弦的一端，右手执竹尺击弦发音。

样才能得到勇敢的猛士啊，来为国家镇守四方！”

刘邦让小孩子们一起跟着唱。他自己随歌起舞，感慨万千，不由得伤感起来，泪水不停地往下流。他对父老乡亲说：“游子总是怀念自己的故乡。我虽然身居关中，死去之后，魂魄仍然会留恋沛地家乡。回想当年，我为了推翻暴秦，在沛县以沛公的身份起兵，后来得到了天下。现在，我打算让沛县成为我的汤沐邑（yì）②，免除沛民的徭（yáo）役③，世世代代不用向朝廷**缴纳赋税**。”

沛县的父老故人非常高兴，他们接连很多天在一起饮酒，还讲述当年刘邦是平民时的故事。大家听了开怀大笑，欢乐极了。过了十几天，刘邦想**告辞**，父老乡亲诚恳地挽留他。刘邦说：“我带来的人马众多，在这里待的时间长了，恐怕供给不了。”于是**启程离开**。

沛县的父老乡亲都拿着各种特产礼品去给刘邦送行。刘邦就又停了下来，与大家痛饮三天，然后分别。

注释

②汤沐邑：在周代，诸侯要时常朝见天子，所以天子赐给他们王城周围千里以内、供住宿和斋戒沐浴的封地。后来这个词指国君、皇后、公主等受封者收取赋税的私邑。

③徭役：中国古代，政府规定平民要无偿提供劳役，如在筑城、开河、建造皇宫及陵寝的工程中从事繁重劳动，或者到边境去服兵役、劳役，名目很多。

萧规曹随

萧何和曹参，都是沛县人。刘邦起兵反秦，萧何和曹参都跟随他。萧何负责管理军中事务，曹参率领将士冲锋陷阵。刘邦战胜项羽，登基称帝，建立汉朝。萧何当了相国，制定规章制度，把一切事情管理得井井有条。

汉惠帝①继位后，让曹参担任齐国的相。当时天下刚刚平定，齐国是刘邦长子刘肥的封国，有**七十多座城**。曹参听一位名叫盖公的学者的建议，把黄老之术②选为施政要领。他为齐相九年，齐国安定，人们都称赞他为**贤相**。

曹参和萧何还是低微的小吏时，关系很好。后来萧何当了相国，两个人有了矛盾。但萧何即将去世的时候，向惠帝**推荐**的继任者是曹参。汉惠帝就任命曹参来做相国。

曹参代替萧何做相国，所有的事都没变更，全部遵照萧何的约定。他选择那些郡国小吏出身、不善文辞的忠厚长者来担任属吏，而那些会深刻解释法律条文、想求得声名的，都排斥在外。

注释

①汉惠帝：即刘盈，刘邦之子，西汉第二位皇帝。谥号孝惠。

②黄老之术：产生于战国时代的哲学、政治思想流派。尊传说中的黄帝和老子为创始人，因此得名。这一派认为，君主应该“无为而治”。所谓“无为”就是要求政府尽量不干涉人们的生活，让百姓休养生息。

他日夜饮酒，卿大夫以下官员及宾客见到曹参无所事事，都想进言劝说。可是，人一到，曹参就端出美酒给他喝。只要曹参猜着来人要开口说话，就再次劝他喝酒，直到醉了才让他回去。结果一直没人能开口劝曹参，于是大家习以为常。

惠帝见曹参不理政事，非常奇怪，心里想：“难道是看我年轻吗？”于是他

对曹参的儿子曹窋（zhú）说：“你回去，私下里试着像平常聊天那样，随意地问你父亲：‘先帝刚弃群臣而去，皇上年富力强，您为相国，天天喝酒，无所事事，怎么能为天下分忧呢？’但不要说是我告诉你的。”曹窋回家，有空的时候，就照着惠帝的吩咐劝说曹参，结果曹参生气地责打了他二百下。

上朝的时候，惠帝就责备曹参：“与曹窋有什么关系呢？那是我让他去问你的。”曹参脱帽谢罪说：“陛下自己觉得圣明英武跟先帝比如何？”惠帝说：“我怎么敢与先帝比！”曹参又说：“陛下看我和萧何谁贤能？”惠帝说：“您好像不如他。”曹参说：“陛下说得很对。先帝与萧何平定天下，法令已明白具备，陛下垂衣拱手，曹参等谨守职责，不也可以吗？”惠帝说：“好！您去休息吧。”

曹参做了三年相国，去世了。百姓歌颂他：“萧何制定法令，明确划一；曹参接替他为相，遵守他制定的法度而不改变。曹参施行清静无为的做法，百姓因而安宁不乱。”

姐弟重逢

窦（dòu）姬，出生于清河郡观津县。她的父亲经历秦朝动乱，在那里隐居，不问世事，过着清贫垂钓的生活，不幸坠河而死。窦姬的哥哥叫窦长君，家里还有一个弟弟窦广国，字少君。少君四五岁的时候，因为家境贫穷，被别人抢走卖了，家里人也不知道他的去向。

少君丢失前，窦姬就已经辞别了家人，以良家子女的身份进入皇宫伺候吕太后。过了一段时间，吕太后打算放一批宫人出去，并将她们赏赐给诸侯王，窦姬也在其中。她被安排去了代国。代王是刘邦的第四个儿子刘恒。到达代国之后，窦姬受到了代王刘恒的喜爱，生下了一个女儿和两个儿子。

后来，代王刘恒当了皇帝，就是汉文帝。文帝即位几个月后，大臣们请求册立太子，而窦姬的儿子年纪最大，就被立为太子。窦姬被册立为皇后。

窦皇后的弟弟少君，被转手卖了十几家，最后被卖到宜阳，为他的主人进山烧炭。

有一天黄昏，一百多个人在山崖边睡觉，山崖忽然崩塌，除了少君，大家都被压死了。他替自己占卜①，卦象显示几天后可以封侯。

正巧少君的主人要去长安，他就跟随主人一起出门。到了**长安**，他听说新近册封的皇后是观津人，姓窦。少君离开家的时候虽然年幼，但还记得自己的家乡和姓氏，又记得曾和姐姐一起去采桑叶，从树上掉了下来，他就把这些事作为**凭证**，上书讲述了自己的身世，要和姐姐相认。

窦皇后把这些事对文帝说了，又把少君召来询问。少君**详细地**述说了事情的来龙去脉，果然都是真的。文帝和窦皇后又问他是否还记得别的往事。他说："姐姐被选为宫人离开我西去的时候，和我在驿站②中告别，还要来了米汁为我**洗头**，然后又给我吃了饭，方才离去。"

于是窦皇后拉着他的手大哭起来，左右的侍者也都跟着悲伤不已。文帝重重地赏赐了少君，让他留在长安。大臣们看到长君和少君没受过什么教育，就特地挑选了有德行的长者和他们一同居住。窦长君、窦少君从此成为谦让有礼的君子，不敢凭着自己地位显贵而盛气凌人。

注释

①占卜："占"意为观察，"卜"是用火烧龟壳，古人认为龟壳被烧后出现的裂纹形状，可以预测吉凶福祸。

②驿站：古代供传递政府文书、情报的人中途更换马匹或休息、食宿的地方。

节俭爱民的汉文帝

汉文帝即位不久，就下诏（zhào）[①]制定条例，百姓中年龄在八十岁以上的，赐每人每月米一石[②]、肉二十斤、酒五斗。**年龄**在九十岁以上的，每人再增加帛二匹、絮三斤。

当时有人来献千里马，文帝下诏：“我每次出行，饰有羽毛、绣着鸾鸟的红色旗帜在前，侍从车辆在后。条件好时，**队伍**一天走五十里，有军队随行时，一天走三十里，现在让我乘上千里马独自跑在前面，到哪里去呢？”于是退还千里马，并给了送马人回去的路费，又下诏：“我**不接受**进奉，命令四方不要请求前来献上东西。”

注释

①诏：诏书，古代皇帝颁发的命令。

②石：中国古代重量单位，一石为一百二十斤。

汉文帝在位二十三年，宫室、苑囿（yòu）[3]、车骑、服御都没有增加。当百姓感到不便时，常**放开禁令**以利百姓。他曾想造一座报时辰的露台，召来工匠做预算，计算出需要百金。文帝说：“百金是中等人家十户的产业。我继守先帝的宫室，常常害怕有所玷（diàn）污，何必要筑露台！”他修造陵墓，按照山川的原貌修建，都用**瓦器**，不准以金银铜锡装饰。

汉文帝还一反当时人死后厚葬的习俗，在去世时留下遗诏要求薄葬。他说：“死亡是天地间的常理、事物的自然规律，何必为此悲伤大哭！现今之世，都爱生而恶死，厚葬以致**浪费财业**，重服以致伤害民生，我极不赞同。长时间隆重的吊唁（yàn）活动，使临丧者在寒暑中受尽折磨！凡必须参加葬礼的，都不要大量披麻戴孝，头与腰上的孝带宽不过三寸。不要用布帛来铺盖灵车，不要派军队护灵，不要派百姓到**宫殿**中来哭灵。下葬三十六天以后，全部换去孝服。”

由于汉文帝体恤（xù）百姓，节俭爱民，所以他被后世称为有仁德的皇帝。

注释

③苑囿：指划出一定范围，在其中畜养禽兽、种植林木，供帝王游赏、玩猎的专属领地。

张释之执法

张释之，字季，南阳郡堵阳人。他以执法公正不阿闻名，受到汉文帝器重，官至廷尉，主管国家司法事务。

有一天，文帝的马车经过中渭桥，突然有个人从桥下跑出来，让驾车的马受了惊。文帝非常生气，就让侍卫把那个人逮捕起来，交给廷尉张释之治罪。

张释之审问那个人。他回答说：“我是长安县的人，走到这里，听说皇上的车子要过来，路上要清道戒严，就急忙躲到桥下。等了好久，以为皇上已经过去，便从桥下出来，正巧皇上的车马和仪仗队就在眼前，心中害怕，立即转身跑了。”

张释之据此上奏说：“此人违反了清道戒严的号令，应当处以罚金。”文帝大怒说：“这个人惊了我的马，幸亏我的马脾性温和，假若是别的马，不早就摔伤我了吗？你却仅仅处以罚金！”

张释之说：“法律是天子与天下人共同遵从的。如今法律是这样规定的，您却要加重处罚，这样法律就不能取信于民了。况且当时皇上如果令人就地杀掉他，也就罢了，既然交给廷尉，而廷尉是天下公平的象征，一旦有偏差，天下运用法律时都会任意或轻或重，老百姓往哪儿安放他们的手脚？”文帝沉默了好久，说：“还是廷尉办得对。”

后来，有人偷了开国皇帝刘邦庙内神座前的玉环，被抓了起来。文帝非常生气，把小偷交给廷尉治罪。张释之依照法律中偷盗宗庙服饰器物的条文，奏请判处斩首。

文帝勃然大怒，说：“那人胡作非为，居然偷盗先帝宗庙中的器物！我之所以交付给你廷尉审理，是想判他灭族，你却按照通常的法律条文奏请，这不是我恭敬承奉先人的本意。”

张释之脱下帽子，叩头解释说：“按照法令，这样判处已经到极限了。况且斩首与灭族同是死罪，但以逆顺轻重的程度为根据。如果今日偷盗宗庙器物便诛灭他全族，那么他日如果有愚蠢的子民偷挖了长陵[1]上的一捧土，皇上又将怎样给他施加刑罚呢？”

文帝冷静下来，和自己的母亲薄太后谈论了这件事，然后批准了廷尉的判决。一些高官显贵看到张释之持论公正，就同他结为亲密朋友。张释之由此受到天下人的称颂。

注释

①长陵：西汉开国皇帝刘邦的陵墓。刘邦是汉惠帝刘盈和汉文帝刘恒的父亲。

缇萦救父

淳于意，是西汉名医，曾经担任齐国太仓县的长官。他性格**耿直**，不愿依附权贵，得罪了一些人。汉文帝在位的第十三年，有人上书告了淳于意一状。他被判有罪，应该处以肉刑[①]，并按照诏令被逮捕起来捆送长安。

淳于意没有儿子，有五个女儿，被逮捕的时候，都**哭着**来送他。他看着女儿，心中不免悲愤，就气呼呼地对着她们骂道："生了这么多孩子，没有男孩，遇到紧急的大难，没有一个能帮忙的！"

注释

①肉刑：施加于罪犯或犯过失者的肉体惩罚。

他最小的女儿名叫缇萦（tí yíng），才十五岁，见到父亲被绑着，听到父亲的话，想到父亲将要遭受的刑罚，哭得更加伤心。她决定随父亲一起去京城。于是，缇萦就跟着父亲的囚车上路，照顾父亲的饮食起居。

到了长安，缇萦大着胆子上书给汉文帝。她写道：“我的父亲为官吏，齐国中都称赞他廉洁公平，现在犯罪应当受罚。我哀痛那些死了的人不能复生，被行刑的人不能恢复身体，即使以后想改正过错重新做人，也没有路可走了。我愿意进入官府当奴婢，以此赎解父亲的刑罚，使他得以重新做人。”

缇萦的上书被送到汉文帝那里。汉文帝读完之后，十分同情这个小姑娘，也觉得她的话有道理，就召集大臣说：“现在人有罪过，还没有进行教育，刑罚就已经加上来了，有人想改正行为去做善事，却没有路可以到达，我很哀怜他们。肉刑截断人的肢体，刀刻人的肌肤，终生都不能再长好复原，这种刑罚何等痛苦而又不道德啊！我命令废除肉刑，用别的代替。”

大臣们就建议，把原来要在脸上刻字、割鼻子、砍脚的刑罚改为打板子。汉文帝同意了，正式下令废除肉刑。缇萦成功营救了自己的父亲。

游侠郭解

郭解，字翁伯，河内郡轵（zhǐ）县人，性格沉静而勇猛，不爱饮酒。他年少时阴狠暴躁，一有不快，就动武杀人，被伤害的人很多。他能**不惜性命**地去报私仇，还藏匿（nì）亡命之徒，进行抢劫盗窃活动，没事时就铸假钱、掘坟墓，劣迹不可胜数。但他的运气很好，总是能在危急时得以脱身。

等到郭解长大成人，便开始反省改过，约束自己，对怨仇回报以仁德，乐善好施而又**清心寡欲**。他当侠士的理想却越发强烈，做了一些挺身救命、不为功名的善事。许多少年仰慕他的**品行**，也学他的样子，还会私下帮郭解复仇，却不让他知道。

郭解姐姐的儿子仗着郭解的声势，在外面行事很霸道。**有一次**，他与别人一起喝酒，非得让人把杯子里的酒全部喝完，那人喝不下，他就强灌。那人大怒，拔剑刺杀了他，然后逃走了。郭解姐姐非常生气地说："竟敢在郭解活着时杀死我的儿子，凶手却逃跑了！"于是她把儿子的尸体放在道路上，不加埋葬，想以此羞辱和激怒郭解。

郭解派人打探到了凶手的去处。**凶手**走投无路，就自己跑回来，将事情经过都告诉了郭解。郭解说：“是我家小儿不讲理。”于是他放走了那个凶手，把姐姐儿子的尸体收殓（liàn）

后安葬。众人听说了这件事，都敬重郭解的道义，跟随他的人也越发多了。

有一次，郭解外出，路上行人都**躲避**他，只有一个人，两腿伸直张开，非常傲慢地坐在那里看着他。郭解问他的姓名，随从想要杀了那人。郭解说：“我住在这片巷舍之间，竟然有人**对我失敬**，这是自己的品德修养不够，他有什么罪过呢！”于是他暗暗告诉尉史[①]：“这个人是我所敬重的，到征召值更[②]之卒时请免用他。”

注释

①尉史：官名。汉朝边郡都尉的属吏，掌管巡逻警戒的事情。

②值更：夜里值班，兼有巡视和警戒的任务。

后来，每到该那人值更时，数次前去，管事的吏员都没有让他当差。他很奇怪，询问原因，吏员告诉他，是由于郭解打了招呼。这个对郭解失敬的人才**登门谢罪**。少年们听到了这件事，都越发敬慕郭解的品行。

郭解保持着恭敬待人的态度。他到别的郡国去**替人办事**，能办成的，一定把它办成，办不成的，也要使有关方面都满意，然后才敢去吃人家的酒饭。因此大家都特别尊重他，**争着为他效力**。

张骞通西域

张骞，是汉中郡人。当时，汉武帝①想联合大月氏（ròu zhī）人一起**打击**匈奴，于是就**招募**敢于出使那里的人。当时张骞以郎官的身份应征。他带着一个叫堂邑父（又名甘父）的奴隶，从陇西出发。

在经过匈奴地区时，他和**随从**都被匈奴人抓获，送到了单（chán）于②处。单于扣留了张骞十余年，还给他娶了妻子，有了孩子。可是张骞始终**保留着**汉朝出使用的符节③，没有丢失。

注释

①汉武帝：即刘彻，汉文帝之孙，汉景帝之子，谥号孝武，庙号世宗。

②单于：匈奴人对他们部落联盟首领的专称，意为广大之貌。

③符节：古代使臣奉命出行，必执符节为凭证，符节上有牦牛尾做的装饰，称为旄（máo）节。

趁匈奴人的监视渐渐松弛，张骞就与部下往月氏方向逃去。张骞为人坚强而有毅力，宽宏大量，待人真诚，各族人都喜欢他。堂邑父是匈奴人，善于射箭，在穷困危急的关头，就射猎禽兽当作食物。

他们向西逃了**数十日**，到达大宛（yuān）国。大宛人早就听说汉朝富庶，想和汉朝往来，但是没能办到。这些人见到张骞来，就问他要到哪儿去。张骞向大宛国王说明了自己出使月氏的使命和沿途的**遭遇**，希望大宛派人当向导送自己一下，并表示如果能回到汉朝，汉朝会赠送非常多的礼物。大宛国王就热情款待了张骞，派了翻译和向导，把张骞一行人送到康居。康居人又将他们送到大月氏。

此时，大月氏已经在新地方定居，这里土地肥沃，很少有外来侵扰，他们想继续过**安宁快乐**的生活，并不愿意再去跟匈奴打仗。张骞在那里停留了一年多，回来时，沿着昆仑山、阿尔金山和祁连山，想从羌族地区返回，可是又被匈奴人抓住。张骞在匈奴被扣留了一年多，恰逢单于死去，匈奴内部混乱，便与他的匈奴妻子及堂邑父**一起逃回汉朝**。武帝见到他居然平安回来，非常高兴，就授予他和堂邑父官职。

当初，张骞出行时随从队伍有一百余人，去了十三年，只有他和堂邑父两人回来。张骞亲身到过的，有大宛、大月氏、大夏、康居等国，而且听说在这些国家旁边还有五六个大国。回到汉朝后，他向汉武帝一一讲述了这些国家的地形和物产。后来，张骞跟随大将军卫青出击匈奴，他了解水草分布的地方，军队才能不缺给养。张骞因此**立功**，被封为博望侯。

武帝多次向张骞询问大夏等国的情况。张骞建议结交乌孙王。武帝认为张骞说得对，让他**率领三百人**，每人配两匹马，赶着上万牛羊，随身携带价值数千万的黄金和礼物，还有许多持节副使一起，出使乌孙。道路方便的话，就派持节副使出使乌孙旁边的国家。

张骞到达乌孙后，将汉武帝的礼物送给乌孙王，并转达了旨意，还派副使分别**出使**大宛、康居、月氏、大夏。乌孙王派了翻译和向导护送张骞，还有数十名使者、数十匹马，随他回汉朝答谢武帝。

一年多后，张骞去世。又过了一年多，他派去大夏等国的副使大都与这些国家的使节一同回到汉朝，西北各国与汉朝的交通往来就这么开始了。由于张骞开辟了通往西域的道路，后来出使西域的人都仿效张骞，称博望侯，来取信于外国，外国人也因此信任他们。

终军请缨

终军，字子云，济南郡人。他年轻时爱好学习，因善辩博闻、会写文章而在郡中闻名。十八岁时，他被举荐为博士[①]弟子，选送到京城。去太守府报到时，太守听说他**才能出众**，就召见了他，认为他很不一般，和他结为好友。终军辞别太守赴京，到长安上书言事。汉武帝看了，认为他的文辞与众不同，就任命他在朝廷当官。

有个名叫徐偃（yǎn）的博士奉命出使，巡视郡国的风俗教化。徐偃假托朝廷命令行事，让胶东、鲁国铸铁晒盐。回京后，他汇报了所做的事，被认为假托朝廷命令行事，是国家的大害，依照法律应该处死。但徐偃认为根据《春秋》[②]之义，大臣出了**疆界**，遇

注释

①博士：古代学官名。春秋战国已有这个称呼，起初泛指学者，战国末年齐、魏、秦等国将它变成了官职。秦、汉初充当皇帝顾问，参与议政、制礼，典守书籍。西汉前期，诸子、儒经、术数、方伎等皆立博士。武帝改置五经博士，兼具学官职能，掌教授经学、考核人才、奉命出使等事务。

②《春秋》：中国古代儒家典籍之一，是东周时期孔子亲自修订的鲁国史书。

上能够安定社稷、抚慰万民的事情，可以专断处理。负责审判的官员只能根据法律判定徐偃的罪名，却不能驳倒他用来辩护的《春秋》之义。

汉武帝命终军去审问。终军责问徐偃：“古时候的诸侯，国家不同、风俗有别，百里之间不能相通，时常有朝见、会盟的事情，安定或危亡的形势在呼吸之间就会发生变化，所以有不经请示假托朝廷命令而专断行事的例子。如今天下统一，万里之内风俗相同，所以《春秋》上说‘王者无外’。你在疆域内巡视，说出了疆界是什么意思呢？况且，盐铁郡里都有多余的储藏，纵使废掉胶东、鲁国的盐铁，也无关国家利害，你却拿安定社稷、抚慰万民来说事，又是为什么呢？”

终军又追问徐偃：“胶东一直用的是周围四郡的盐铁。你算一下四郡的人口、田地，再算一下它们的铁制用具、食盐，难道不足以供给胶东、鲁国吗？你让他们铸造铁器，说辞是想赶上春天耕种，保证百姓有铁器使用。但如今鲁国铸铁，需要先做好各种准备，到秋季才能点火冶铸。这岂不是和实际需要不一致吗？你三次奏请胶东、鲁国经营盐铁，朝廷都没有同意，你不去思考为什么得不到批准，却直接假托朝廷命令作威作福，以此博取名誉，这是圣明的君王必定加以诛罚的行为。”徐偃辞穷理屈，甘愿服罪。终军奏报了审问的情况，武帝非常欣赏他的表现。

当初，终军从济南赴京城拜见博士时，步行通过函谷关，守关的官吏交给他一块用帛制成的符信③。终军问："用这干什么？"官吏回答说："回来时当凭证，经过这里拿它合符。"终军说："大丈夫西游，终不须靠它当回来时的凭证。"扔下符信走了。终军被任命为官员后，奉诏持符节出函谷关东行，守关的官吏记得他，说："这位就是以前抛弃帛制符信的儒生。"终军巡视郡国，把见到的对国家有利的事记录下来，返回后上奏武帝，武帝听了十分高兴。

南越国想与汉朝商量和亲，于是武帝派终军出使，游说南越王，让他入京朝见。终军自告奋勇说："希望陛下给我一条长缨（yīng）④，我一定绑住南越王，把他带到陛下的宫殿前。"

南越王听了终军的话，同意率领全部南越人内附，归属汉朝。武帝非常高兴，让南越王统一使用汉朝的法令制度，来改变他们的风俗习惯，还让终军作为使者留下来，抚慰南越，让这里安定。

注释

③符信：通行的信物，即凭证。

④长缨：长绳子。

飞将军李广

李广，陇西郡成纪人，他家世代学习射箭。文帝在位时，匈奴大举入侵，李广以良家子弟的身份从军，抗击匈奴，因为擅长射箭，杀死、俘虏了很多敌人，当上了军官。李广常随从文帝出猎，格杀猛兽，文帝说："可惜啊，你没有碰上好时机。假使你处在高帝①的时代，封个万户侯也不在话下呀！"李广曾跟随周亚夫平定"七国之乱"，立功显名。

匈奴侵入上郡，汉武帝派中贵人②**跟随**李广统率亲兵抗击匈奴。中贵人带着几十名**骑兵**外出，遇见了三个匈奴人，被射伤，骑兵几乎全被杀光。中贵人跑到李广跟前，李广就带领一百名骑兵去追赶那三个人，追上之后，李广射死两个，活捉一个。

他们捆绑了那个人上山，**望见**匈奴有几千名骑兵。匈奴骑兵看见了李广，以为是来引诱他们的，都吃惊了，上山摆好阵势。李广的一百名骑兵都大为惊恐，想往回跑。李广说："我们离开大军几十里，现在就这样逃跑，匈奴兵追赶射击，我们就会立即死光。现在我们停下来，匈奴一定以为我们是替大军诱敌的，不敢来攻击。"

注释

①高帝：即刘邦，谥号高皇帝，庙号太祖。

②中贵人：帝王宠幸的近臣。

李广命令部下前进到离匈奴阵地约二里的地方，下马，并解下马鞍。敌人以为有诈，始终不敢来攻击。

有一个骑白马的将领出阵来监护他的士兵，李广上马，与十多个骑兵奔驰过去，射死了这个将领，然后又回到自己的骑兵当中，解下马鞍，命令士兵都把马放开并躺下。这个时候，正好快黄昏了，匈奴兵始终摸不着头脑，不敢进击。夜半时，匈奴兵以为附近有埋伏，就全部撤退了。

有一次，匈奴兵多，打败了李广的军队，活捉了李广。单于一向听说李广有才能，下命令说：“捉到李广一定要活着送来。”李广当时受伤，被安置在两马之间用绳索结成的网兜里。他装着昏死过去，趁其不备，夺取了匈奴人的马，又收集了自己的残余部队。几百名匈奴骑兵来追捕他，李广一边跑，一边拿匈奴人的弓箭射死了追兵，因此得以脱身。李广在边郡时，匈奴人给他“汉飞将军”的称号，一直避开李广，好几年不进入边界。

李广出外打猎，看到草丛中的石头，以为是老虎，一箭射去，箭镞扎了进去，走近一看，是块石头。后来又去射，却始终不能再扎进去了。

李广曾经率领四千骑兵从右北平出发，走了大约几百里，被匈奴左贤王带领四万骑兵包围。士兵们都很害怕，李广就派他的儿子李敢快马冲击敌人。李敢独自带了几十名骑兵飞奔而去，直扑匈奴骑兵的包围圈，击穿敌军的左右两翼而回，报告说匈奴人容易对付。士兵才安定下来。在李广的指挥下，士兵们布成圆形阵势，面朝外，向着四周，坚持到了第二天，支援部队来了，匈奴军队撤围而去。

李广带兵行军，遇到**断粮缺水**时，见了水，士兵不全喝到水，他不靠近水边，士兵不全吃上饭，他不尝一口饭。他对待士兵宽厚，士兵们因此喜欢替他效力。

汉武帝派大将军卫青率领大部队攻打匈奴，李广担任前将军。卫青命令李广的部队跟右将军的部队合并，从东路出击。但李广的部队迷了路，落在大将军后面。大将军与单于**交战**，单于逃跑了，没能取得战果而回。大军向南越过沙漠，才遇到李广的部队。

大将军派人问李广迷路的情况，说要写报告给汉武帝。李广说：“各校尉③无罪，是我自己迷失了道路。”他对部下说：“我从年轻时起与匈奴大大小小经历了**七十多次战斗**，这一次有幸随大将军迎战单于的直属部队，可是大将军又调我走远路，偏又迷失了，难道不是天意吗？况且我六十多岁了，毕竟不能再对付审问人员的侮辱了。”便自刎了。老百姓听到这件事，不论是认识的还是不认识的，不论是年老的还是年轻的，都为他流泪。

注释

③校尉：秦汉时为领兵武官，略次于将军，高于都尉，出征时临时任命。又有常设的专职校尉，依照具体职务冠以名号。后来督抚少数民族的军政长官也称校尉。

李陵的悲剧

李陵，字少卿，是李广的孙子。李陵善于骑射，爱护关心他人，对部下谦让，名声很好。汉武帝觉得他有李广的风度，曾经让他带领八百骑兵，深入匈奴领地二千多里。后来他担任骑都尉①，率勇士五千人，在酒泉、张掖地区教**射箭**，以防备匈奴侵犯。他在边塞，执行过行军、迎军和驻屯的任务。

有一年，汉军出击，攻打匈奴。汉武帝召见李陵，想让他负责运输军队物资。李陵在被召见时叩头自请："臣所率领的屯边士兵，都是荆楚的勇士、奇才、剑客，力大可擒虎，射箭必中目标，希望独立带领一队，到兰干山南去吸引单于的兵力，不让匈奴**集中攻击**我军主力。"汉武帝说已经派出了很多**部队**，没有骑兵了。

注释

①骑都尉：官名。秦末汉初为统领骑兵的武职，没有定额和固定职掌，不统兵时为侍卫武官。

李陵回答:“无须派骑兵,臣愿以少击众,步兵五千人就可以开进单于王庭。”

汉武帝认为李陵勇壮,便答应了。另一位将领路博德上奏说,现在正当秋天,是匈奴马肥之际,不可与之交战,希望到春天,与李陵各率骑兵五千人,一起出击。汉武帝读完之后,怀疑李陵**后悔**不想出兵,而让路博德上书,就下令让他们赶快出兵。

于是李陵率领步兵五千出发,到达浚稽(jùn jī)山,遭遇了单于的大军,足有三万骑兵,**包围**了他们。李陵的军队在两山之间,以大车为营。李陵带士兵出营排列战阵,前行执戟、盾牌,后行持弓弩,下令:“听到鼓声进击,听到鸣金就收兵。”匈奴见汉军人少,就径直冲到营前。汉军**千弩齐发**,敌军应弦而倒。匈奴退回山上,汉军进击,杀死数千敌兵。

单于大惊,召集左右步兵、骑兵八万多人攻击李陵。李陵向南且战且退,到达山谷中。许多士兵中箭受伤。第二天他们斩杀敌兵三千多人,向东南行进,四五天后到达大泽中,匈奴从上风**放火**,李陵也让军中放火烧出隔离带,这样自救。李陵军在树林中交战,杀死几千匈奴人,单于下山退走。两军一日交战数十回合,李陵军又杀死二千多匈奴人。

匈奴人作战不利,正想退兵,恰好李陵手下的一个将领投降,告诉单于李陵没有后援,箭也快射完了,用精锐骑兵射箭便可消灭汉军。单于大喜,派骑兵猛攻汉军,拦截道路,攻击李陵。汉军在山谷中,匈奴人在山上,四面箭如雨下。汉军一天之内射完了五十万支箭,只好放弃战车退兵。

当时，李陵的士兵还有三千多人，于是砍断车辐（fú）[2]当作武器，军官持短刀，深入到**峡谷**之中。单于断了汉军后路，顺着山势向下扔石块，士兵伤亡惨重，不能行进。

李陵突围无望，让士兵们砍掉所有旗帜，埋藏了**珍宝**，叹息说："再有几十支箭，足以逃走了。今天没有武器再战，天亮了就只能坐等被俘！大家各自逃命，总有人能逃出去再报效皇上。"

他令军士每人带**二升粮**、一大片冰，约定到某个地方集合。半夜时，他和另一位将领韩延年上了马，跟从的壮士有十几人。匈奴数千骑兵追击他们，韩延年战死。李陵说："没有面目去见皇上了！"于是投降了匈奴。

注释

②车辐：车的轮辐。轮辐是轮上的辐射状棒或杆。

苏武牧羊

苏武，字子卿。当时汉朝和匈奴互相扣留了对方的使者。后来，匈奴单于把**扣留**的汉朝使者全部放还。汉武帝称赞他明白大义，就派苏武带着汉朝符节①护送被扣留在汉朝的匈奴使者，并**赠送**给单于许多财物，来报答他的好意。

苏武与副使张胜、属吏常惠等人率领一百多人出使匈奴。完成任务以后，单于正要派使者护送苏武等人返回，正赶上单于的一些部下暗中策划，要劫持单于的母亲去汉朝。苏武的副使张胜也参与了**密谋**。但那些人中有一个向单于告了密，单于派兵击败了密谋者，并让投降的汉臣卫律审理这一案件。

注释

①符节：古代使臣奉命出行，必执符节为凭证，符节上有牦牛尾做的装饰，称为旄(máo)节。

苏武得知实情之后说："事情已发展到这个地步，一定会牵涉到我。受到侮辱之后才死，将更加对不起国家。"于是要自杀，张胜等人一起把他劝住。

张胜被供出，单于**大怒**，召集匈奴贵族商议，要杀死汉朝使者。匈奴大臣建议让他们全部投降。单于便派卫律召苏武来审问。苏武对部下说："使自己的节操和国家的使命受到屈辱，即使不死，还有什么脸面回到汉朝？"

拔出佩刀自杀。卫律让医生救活了他。常惠等人哭着把他抬回营帐。单于非常佩服他的气节，派人早晚探问他的病情。

苏武的伤势**逐渐好转**，单于想迫使苏武投降。处死密谋者后，卫律软硬兼施，想威逼利诱苏武投降匈奴。苏武丝毫不为所动，痛斥卫律不顾礼义廉耻，**不主持公正**，破坏两国关系。卫律没有成功，只好把情况汇报给单于。

单于见到苏武如此有气节，更想让他投降，就把他囚禁在大窖里，不给他供应饮食。天降大雪，苏武就**卧在地上**，吞食雪团与毡毛，这才没被饿死。匈奴以为他是神人，就把他迁到北海②没有人烟的地方，让他放牧公羊，放话说，

注释

② 北海：指今天的贝加尔湖。

直到公羊产乳生仔才允许他回来，并把他与属吏常惠等人分开，安置在不同的地方。

苏武被流放到北海以后，匈奴不给他粮食，他只好挖掘野鼠所贮藏的草籽充饥。他拄着汉朝符节**牧羊**，时时刻刻把符节带在身边，以至于上面的旄牛尾都脱落了。

苏武与李陵以前同在汉朝为官。苏武出使匈奴的第二年，李陵投降匈奴，不敢求见苏武。过了很长时间，单于派李陵过来，为苏武**置办酒宴**，陈设乐舞，趁机劝说苏武投降。苏武坚定地拒绝了。李陵见他对汉朝如此忠诚，感叹之后，流着泪与苏武告别。李陵羞于亲自赠送苏武财物，就派妻子给苏武送去几头牛羊。

武帝去世，儿子昭帝**即位**。过了几年，匈奴与汉朝和好。汉朝寻访苏武等人，匈奴撒谎说苏武死了。后来汉朝使者又到匈奴，常惠请求看守他的人和他一起晚上去见汉使，详细叙述了事情的经过。汉使非常高兴，责问单于。单于只好承认苏武确实活着。

单于召集苏武的属吏，除去已投降的和死去的，随苏武返回的总共九人。苏武在匈奴被扣留十九年，出使时年富力强，等到返回时，须发已经全白了。

司马迁著《史记》

司马氏的祖先世代主管周朝的历史。到了西汉，有一位司马谈，曾任太史令。他向很多学者**学习**了天文、历法、哲学、历史知识，立志写一部通史，所以在任职期间搜集了许多资料，还撰写了部分文章。

司马谈有个儿子叫司马迁。司马迁生在龙门，小时候在那里过着耕读放牧的生活，十岁时已能识读**古文**著作。他二十岁外出游历，遍访河山，搜集遗闻古事。他南游江淮，登上会稽（kuài jī）山，探访禹穴；到九嶷山，考察舜的遗迹；北渡汶水、泗（sì）水，在齐、鲁之都**研讨学业**，观察孔子教化的遗风；最后经过梁、楚之地回到长安，在朝廷任官。

司马谈生了病，死前流着泪抓着司马迁的手**嘱咐**："我们祖先是周朝的太史[①]，远在上古虞舜夏禹时就取得过

注释

①太史：官名。夏商周三代为史官和历官的长官。春秋时期，掌管起草文书，记录给诸侯、卿、大夫的命令，记载史事，编写史书，还兼管国家典籍、天文历法、祭祀等事务。秦汉两朝设置太史令，在西汉初期，掌管编写史书和天文历法。

显赫的功名，主管天文工作。你继为太史，就可以接续我们祖先的事业了。我死以后，你一定会做太史；做了太史，你千万别忘记我要编写的史书啊。过去的四百多年，由于诸侯兼并混战，史书丢失，记载零散。我们如果不编书，国家的历史文献就会中断，对此我十分不安，你可要记在**心里**啊！”司马迁低下头流着泪说：“孩儿虽然不聪明，一定把父亲编纂历史的计划全部完成，不敢有丝毫缺漏。”

司马谈死后三年，司马迁当了太史令，阅读和摘抄了石室金匮（guì）[②]收藏的图书档案，然后开始按次序**编写**史书，依据事实进行论述考订，略述三代，详叙秦汉，从黄帝写起，直到当朝汉武帝，总共三千多年的历史，囊括在“十二本纪、十表、八书、三十世家、七十列传”里。

写作的第十年，司马迁因为替投降匈奴的李陵**辩护**，惹怒了汉武帝，被关进了监狱，最后判处宫刑[③]。由于司马迁不富有，没法出钱赎罪，所以只好接受刑罚。

注释

②石室金匮：古代国家秘密收藏重要文书的地方。

③宫刑：古代的酷刑之一，割掉男子的生殖器。

司马迁受刑以后，做了中书令[4]。他在给朋友的信中说，“假如我伏法就死，好似九头牛身上失去一根毫毛般微不足道，和一只蚂蚁被踩死有什么区别呢？人们也不会觉得我是为气节正义而死的，只不过认为我**智穷虑尽**，罪大恶极，终于被杀。人总是要死的，有的重于泰山，有的轻于鸿毛，这是因为他们在死的作用上有所不同。我之所以忍辱苟活下来，甚至陷入粪土之中也不推辞，是因为遗憾自己的意志还没有表达出来。如果默默地死去，我的文章著述就不能流传于后世了。近年来，我**搜罗**天下散失的遗闻旧事，考核历史事实，研究事业成败的原因，探索朝代兴衰的道理，想用它来反映自然和社会的关系，通晓从古到今的变化，形成一家的学说。我痛惜全书没有完成，因此遭受极刑也没有**怨恨**的表现。等我完成了这部书的写作，藏于名山，传给志同道合的人，即使被杀，我也绝不后悔！”

于是，司马迁忍受着巨大的痛苦和压力，坚持著书，最终完成了这部大作。全书总共一百三十篇，五十二万六千五百字，这就是《太史公书》，后来被称为《史记》。司马迁死后，他的外孙平通侯杨恽（yùn）最先开始陈述司马迁的著作，于是《史记》得以**公布于世**，逐渐流传开去。

注释

④中书令：官名。西汉武帝时设置，负责收纳尚书奏事、传达皇帝诏令。

奇人东方朔

东方朔，字曼倩，平原郡厌次县人。汉武帝即位不久，诏告天下推荐方正、贤良、在文学方面等有才能的士人，表示要破格授予**职位**，四方士人纷纷上书议论国家政事的得失。

东方朔刚到长安，就上书说：“臣东方朔从小失去父母，由哥哥嫂子养大。十三岁开始读书，三年学会文书和记事。十五岁学击剑。十六岁学《诗经》《尚书》，背诵了二十二万字。十九岁学习《孙子兵法》，也背诵了二十二万字。我总共背诵了四十四万字，还经常熟习子路的**言论**。我今年二十二岁，身高九尺三寸，眼睛像珍珠那样明亮，牙齿整齐洁白如同编成串的贝壳，勇猛，敏捷，廉洁，守信，像我这样的人，可以做天子的大臣了。”东方朔的文辞毫不谦逊，大肆赞美自己，汉武帝读完觉得此人**气概不凡**，命令他在公车官署随时准备听皇帝召唤，但俸禄微薄，一直得不到接见。

过了很久，东方朔哄骗看管御马圈的侏儒说：“皇上认为你们这些人位居百姓之上，当官不能治理民事，参军不能征战杀敌，对国家

没有丝毫用处，只会耗费衣食，所以要把你们全都杀掉。”侏儒们听了**非常害怕**，哭哭啼啼。东方朔故意对他们说：“皇上即将从这里经过，你们要叩头请罪。”

过了一会儿，听说武帝路过，侏儒们都哭着跪在地上**磕头**。武帝问为什么，侏儒们回答：“东方朔说皇上要把我们全都杀掉。”武帝知道东方朔花花肠子多，就召见东方朔，责问他：“你为什么恐吓那些侏儒呢？”东方朔回答：“侏儒高三尺多，臣东方朔高九尺多，但俸禄跟他们一样，侏儒饱得要死，臣东方朔饿得要死。如果皇上**愿意**重用我，希望改变礼节对待我；如果不愿意重用我，就让我回家，不要让我白吃长安的米。”武帝听了大笑，因此让东方朔待诏金马门①，经常召见他，后来任命他为随侍左右的近臣。

在一个三伏天②，武帝下令赏肉给侍从官员。负责分肉的官员直到天色已晚还不来，东方朔独自拔剑割了块肉，对同僚说：“三伏天应当早回家，请允许我接受皇上的赏赐。”随即把肉包好，**揣在怀里**离去。分肉的官员将此事上奏武帝。武帝在东方朔入宫的时候问他：“昨天赐肉，你不等诏令下

注释

①金马门：汉代宫门名，旁边有铜马，所以叫金马门。待诏的意思是，随时听候皇帝的诏令。

②三伏天：是小暑与处暑之间，一年中气温最高、潮湿、闷热的时段。

达，就用剑割肉走了，是为什么？”东方朔摘下**帽子**下跪谢罪。武帝说：“先生站起来自己**责备**自己吧。”东方朔再拜说：“东方朔呀！东方朔呀！接受赏赐不等诏令下达，多么**无礼**呀！拔剑割肉，多么豪壮呀！割肉不多，又是多么廉洁呀！回家送肉给妻子吃，又是多么仁爱呀！”武帝笑着说：“让先生自责，竟反过来称赞自己！”然后赐给他一石[③]酒、一百斤肉，让他回家送给妻子。

注释

③石：此处为中国古代容量单位，一石为十斗。

张汤审判老鼠

张汤，是杜陵人。他幼年时，父亲任长安县丞[①]。一天，他父亲有事出门，让他管家。不料老鼠悄悄出来，把**家里**的肉吃掉了。

他父亲回家后，发现老鼠偷了肉，大发脾气，用**鞭子**抽了张汤一顿。

张汤受了责打，**气极了**，就把家里的地面挖开，找到了老鼠洞。他再往下挖，找到了偷肉的老鼠和吃剩的肉。

注释

①县丞：官名。战国设置，协助县令治理一县政事。秦汉继续设置，职掌文书及仓狱事宜。

于是张汤在家里厅堂上把桌椅摆成公堂的**样子**，像个审判官一样端坐在上面，陈述老鼠的罪状，然后拷打审问偷肉的老鼠，并提取剩下的肉作为证据，拟出文书，判定了罪名，完成了**审判程序**。待案卷齐备，张汤亲自在厅堂下面处决了偷肉的老鼠。

他父亲见到这情景，又看到他所写的判决书文辞好像老练的狱吏一般，非常惊奇，就让他学习办理**刑狱文书**。张汤长大后，成了著名的执法官员。

西汉的富商

在汉朝，民间有这样的**谚语**：“穷人要想发财致富，种田不如做工，做工不如经商，绣花不如当街做买卖。”也就是说，经商是穷人发财致富的可靠途径。当时在四通八达的都市，百姓们对食物、布匹、日用品之类的**需求量**非常大，每年居民要购买的品种有酒、醋、酱、盐、豆豉（chǐ）①、马、牛、羊、猪、鱼、米、柴草、船、木材、竹竿、各类车辆、木器、铜器、铁器、帛、丝絮、布、缎、皮革、漆、枣子、板栗、皮衣、毡毯、各类果菜等。商人们获利丰厚，收入可以和千户侯②相比。

比如，蜀郡卓氏是当地有名的**大富商**。卓氏的祖先是赵国人，靠冶铁致富。秦国攻破赵国时，把卓氏流放到蜀郡，夫妻俩推着小车前去。

注释

①豆豉：一种食品，把黄豆或黑豆泡透，蒸熟或煮熟，经过发酵而成。

②千户侯：古代的封号，意为食邑千户的侯爵，有向一千户以上人家征税的权利。

一同被流放的人中，稍微有点儿余财的就争着送给管事的官吏，**乞求**迁徙（xǐ）到近一点的地方，比如被安置在葭萌（jiā méng）县。只有卓家人说：“葭萌县地方狭小，土地贫瘠（jí）。我听说岷（mín）山脚下土地肥沃，出产大芋，有它**充饥**，老死也不会挨饿。那里的百姓很善于经商，做买卖方便。”于是他要求流放到更远的地方。官吏把他家遣送到临邛（qióng），全家人非常高兴，就在有铁矿的山里开矿炼铁，铸造铁器，妥善**筹划盘算**，精心经营，和滇、蜀地区的人做买卖。卓家富裕到家有奴仆八百人，平时钓鱼游猎，快乐得能和国君相比。

宣曲县任氏的祖先，做过督道地方的仓库管理员。秦朝败亡时，地方豪杰争抢金银玉器，只有任氏用地窖把仓库里的粮食都藏了起来。楚汉在荥阳地区相争时，农民都无法耕种，粮食价格涨到每石一万钱，大家不得不拿出很多钱购买，结果豪杰们的金银玉器全到了任氏手中。他家因此发财致富。

当时的富人们花钱往往大手大脚，攀比享受，任氏却不摆有钱人的架子，节俭度日，大力经营农田畜牧。人们喜欢争着购买便宜货，任氏却偏爱买价贵质高的东西。他家的财富延续了好几代。任家的家规说：“不是自家种田畜养得来的东西不吃，公事不完成不许饮酒吃肉。”因此，任家成为乡里的表率，还得到了皇帝的尊重。

相如和文君

司马相如，字长卿，蜀郡成都人。他少年时**喜好读书**，还练习击剑。他善于写辞赋，在外游历，却没有遇上赏识自己的大人物，所以回来了，但家中贫穷，无事可干。

司马相如一向与临邛县令王吉要好，王吉让他来临邛，居住在城外的旅舍里。然后王吉故意装作恭敬，每天去拜访。司马相如开头还见他，后来声称有病，让随从辞谢，而王吉表现得更加**谨慎**。临邛城中有许多富人，卓王孙有家奴八百人，程家也有几百个家奴。这些富人把县令的表现看在眼里，就互相商量："县令**有贵宾**，我们得办酒食宴请一下。"

于是卓家大摆宴席，邀县令王吉来自己家，还请了几百个宾客。到了中午，卓家特地派人去请司马相如，司马相如回复说有病不能前往。王吉连饭都不敢尝一口，**亲自去迎接**司马相如。司马相如这才来到卓家，满座的人都很倾慕他的风采。

酒兴正浓时，王吉捧着琴上前请司马相如弹奏。司马相如就弹奏了一两支曲子。

卓王孙有个女儿叫文君，丈夫刚刚死去，所以回到父亲家居住。她听说县令的贵宾来家里做客，就偷偷地从门缝里窥视，看到司马相如坐着马车前来，仪表堂堂，神态从容，举止文雅，甚为**俊秀**。她喜欢音乐，听到司马相如弹琴，心里欢喜，进而仰慕他，担心自己配不上。而司马相如早就知道文君的美名，所以借着弹琴，故意用琴音去打动她。

弹完琴，司马相如派人重赏文君的侍者，以此向她转达自己的心意。文君趁夜间**逃出**家中，去找司马相如，然后一起赶着马车回到了相如的家乡成都。卓王孙因为女儿私奔大发脾气，说女儿不成材到了极点，一个钱都不分给她。

司马相如家中空空，只有四面墙壁。文君跟着他在成都生活了一段时间，觉得日子太艰苦，就**建议**一起回到临邛，哪怕向兄弟们借钱，也足以维持生活。于是，司马相如与文君一同来到临邛，把车马统统卖了，买下一间酒坊，做起卖酒的生意来。他让文君当垆（lú）[①]卖酒，自己亲自穿上围裙，和工人们在集市上清洗酒器。

注释

①当垆：对着酒垆、在酒垆前。垆是放酒坛的土墩。

卓王孙听说后认为是**奇耻大辱**，气得闭门不出。兄弟和长辈们轮流前去劝说王孙："你只有一儿两女，所缺的又不是钱财。如今文君已经**委身**于司马长卿，长卿虽然家贫，但他的才能是可以依靠的，况且又是县令的贵客，为什么偏偏让他们受这样的委屈呢！"卓王孙不得已，分给文君家奴一百人，钱一百万，还有她**出嫁**时的衣裳、被褥和钱财、物品。文君便与司马相如回到成都，置买田地房屋，成为富人。后来，汉武帝读到了司马相如的文章，非常喜欢，就让他做了侍从官。

霍光辅政

霍光，字子孟，是霍去病同父异母的弟弟。霍去病长大成人后，被封为骠骑将军，去攻打匈奴，**路过**河东，见到了霍光。回程的时候，霍去病又经过河东，于是把霍光带到了长安。

当时霍光才十几岁，就被任命为皇帝身边的侍卫，后来又升了官。皇帝出行时，他经常随侍身边；皇帝在宫内，他就侍奉左右，一直**小心谨慎**，未曾有过差错，很受皇帝的亲近和信赖。

汉武帝年纪大了，打算立一个**继承人**。他的小儿子刘弗陵当时才五六岁。武帝认为他体格健壮、聪明伶俐，很像自己少年时，就特别宠爱刘弗陵，有意传位于他。

于是，武帝开始为日后做打算。他观察群臣，认为霍光可以担当重任，安定社稷。武帝就让宫廷画师画了一张周公[①]背着成王接受诸侯朝贺的画，赐给了霍光。

注释

①周公：名姬旦，是周文王的儿子、周武王的弟弟，西周初期政治家。周武王去世，儿子成王年幼，由周公摄政。周公制礼、作乐，天下大治。

后来，武帝病得快死了，霍光流着泪问：“如果皇上有不测，应该由谁来继位？”武帝说：“难道您还不明白上次送给您的画的意思吗？立我的小儿子为帝，您要像周公辅佐成王那样行事。”霍光**叩头**，谦让说：“我比不上金日磾（mì dī）。”金日磾说：“我是匈奴人，不如霍光。”武帝于是任命霍光为大司马大将军，金日磾为车骑将军，上官桀（jié）为左将军，桑弘羊为御史大夫。他们接受命令，辅佐年幼的君主。第二天，武帝驾崩，太子继承皇位，就是汉昭帝。昭帝即位时年仅**八岁**，政事全由霍光来决定，天下人都仰慕他的风采。

霍光性格沉静，思虑周到。每当他**出入殿门**的时候，前进、停止都有固定的位置。有官员暗中做记号来观察，发现不差分毫，他的天性就是这样端正。皇宫中曾经出现**闹鬼**的事，整夜群臣都很惊慌，霍光召见掌管符玺②的郎官，郎官不肯把玺给霍光。霍光想夺取符玺，郎官按剑说道：“我的头你可以得到，玺却不可为你所得！”霍光很敬佩郎官的行为。第二天，就下令把这个郎官升了两级。没有谁不赞许霍光的这种行为。

注释

②符玺：符是古代朝廷传达命令或征调兵将用的凭证。玺，即印，自秦代以后专指帝王的印。

忠诚孝敬的金日磾

金日磾，字翁叔，本来是匈奴休屠王的太子。汉武帝时，匈奴的昆邪、休屠两部打算转投汉朝。休屠王后来**反悔**，昆邪王就把他杀了，率领他的部下一同投降。金日磾和他的母亲、弟弟就变成了官奴婢。他被送到宫里养马，这一年才十四岁。

后来，武帝要检阅各部所养的马匹。武帝站在殿上，两侧满是**后宫嫔妃**，金日磾等数十人牵着马从殿下走过。其他人经过殿前时都会偷偷朝上瞄一眼，只有金日磾腰杆挺直、目不斜视地牵着马走了过去。金日磾身高八尺二寸，容貌很威严，马又养得膘肥体壮，武帝感到好奇，就问他各种**问题**，他如实作答。武帝觉得此人不凡，当天就让他洗澡换衣服，任命他为养马总管，又升他为侍中、驸马都尉①、光禄大夫。

注释

①驸马都尉：古代官职名。汉武帝时始置，掌副车之马。驸，即副。皇帝出行时自己乘坐的车驾为正车，其他随行的马车均为副车。正车由奉车都尉掌管，副车由驸马都尉掌管。在后世“驸马”成了皇帝女婿的头衔。

金日磾受到皇上亲近后，不曾有过失。武帝很信任和喜爱他，赏赐他**很多金子**。武帝出宫他就陪乘，在宫内就侍奉在身边。

贵戚都私下抱怨："皇上随便得到一个匈奴小子，反而器重他！"武帝听到了这些话，更加厚待金日磾。

金日磾的母亲教导两个儿子很有分寸和方法，武帝听说后就**表彰**了她。她病死后，武帝下诏叫人替她画像并放在甘泉宫[②]，还写了名号。金日磾每次见到都要**叩拜**，面对画像流泪哭泣，然后才离去。

莽何罗兄弟谋划刺杀武帝。金日磾见他们**心志异常**，就开始怀疑，于是暗中观察他们的动静，同他们一起出入宫殿。莽何罗也觉察到金日磾的提防，因此很久不能动手。有一天，金日磾因为一点儿小病在住处躺着休息。莽何罗兄弟就假托皇帝的命令夜晚出来，一同把使者杀了，然后发兵谋反。

注释

②甘泉宫：宫殿名。武帝常在此避暑，处理政事。

第二天早上，武帝还没有起床，金日磾上厕所时忽然心有所动，立即进了里面的屋子，坐在那里守着。莽何罗在袖子里藏着匕首进来，看见金日磾，脸色顿时一变，朝皇帝卧房快步奔去。金日磾乘莽何罗碰倒乐器的机会抱住了他，然后高声呼喊：“莽何罗造反了！”武帝受惊，连忙起身，左右的人拔出刀想斩杀莽何罗，武帝怕误伤金日磾，就叫他们不要动手。金日磾抓住莽何罗的脖颈，把他扔到殿下，卫士这才抓住了莽何罗，把他绑了起来。参与谋反的人都被抓住了。从此金日磾以忠诚孝敬著称。

明辨是非的汉昭帝

大将军霍光与左将军上官桀同是汉武帝委任的辅政大臣。两人原本**关系亲密**，霍光的女儿嫁给了上官桀的儿子上官安。后来，上官安的女儿被册封为皇后，上官家族的地位就高了起来。霍光有时休假出宫，上官桀就进宫代替霍光处理政事。上官桀父子位尊势盛之后，不满意霍光独揽朝政，就与霍光争夺权力。

燕王刘旦[①]自以为是昭帝的哥哥，却没有继承帝位，就常抱有**怨恨**之心。还有御史大夫桑弘羊，因为提议建立酒类专卖、盐铁官营的制度，为国家增加了财富，便居功自傲，打算为子弟**谋取官职**，没有如愿，因此也怨恨霍光。

于是上官桀、上官安以及桑弘羊这些人就与燕王刘旦一同密谋，假装让人替燕王来上书，说："霍光出城校阅羽林[②]，在路上的威仪像皇帝出行那样，僭越了。霍光还擅自调人来增加手下的校尉。霍光专权放肆，恐怕有不良的企图。

注释

①刘旦：汉武帝的第三子，被封为燕王，都城在蓟（jì，今北京西南）。因为武帝的长子和次子已死，刘旦认为自己有资格继位，但武帝厌恶他争权，选择了昭帝。

②羽林：汉代皇帝的禁卫军。武帝置，掌禁卫皇宫。

臣愿交还燕王的符节玺印，入朝值宿守卫，审察奸臣的阴谋。”他们等霍光出宫**休假**，乘机送上了这封奏书。而且，他们已经商量好，等上官桀从宫内直接发出命令，桑弘羊就和其他大臣一起将霍光逮捕，并解除他的职务。

奏书交上去后，昭帝留住了它，不肯下令。第二天早晨，霍光听说了这件事，就留在殿前的画室中，没有进去**朝拜**。昭帝问：“大将军在哪里？”上官桀回答：“因为燕王告发他的罪行，所以不敢进来。”

昭帝就下诏召见大将军。霍光进来后，取下**官帽**，叩头谢罪。昭帝说：“大将军请戴上帽子，我知道这封奏书是假的，大将军没有罪过。”

霍光很惊奇，就问：“陛下凭什么知道我没有罪呢？”昭帝回答：“大将军校阅羽林，并没有超越**职权**，而且校阅是近来发生的事，调选校尉到现在也不过十天，燕王在那么远的地方，是怎么知道这些事的？况且大将军要做非法的事，也不需要校尉。”

这时候昭帝年仅十四岁，尚书以及左右的大臣都很吃惊，而且呈送奏书的人果然逃走了，官府开始**紧急搜捕**。上官桀等人感到害怕，就劝昭帝不要追究，昭帝没有听从。后来上官桀的党羽凡有说霍光的坏话的，昭帝就生气地说：“大将军是忠臣，先帝托付他来辅佐我，谁敢说他坏话，就判谁的罪。”

这以后上官桀等人就不敢再说霍光的坏话了。他们密谋摆酒席请霍光赴宴，准备**埋伏**士兵击杀他，再乘机废掉昭帝，迎立燕王。谋反的事情被发觉，霍光就将上官桀、上官安、桑弘羊等人全都诛杀了。燕王也自杀了。昭帝成年后，就正式委任霍光执政，到昭帝十三年，百姓生活**丰足富裕**，四方的各少数民族都来归服。

故剑情深

刘病已，是卫太子①的孙子。卫太子**被逼造反**，失败后自杀。他的妻子、儿女也都被处死。刘病已刚出生几个月，就被关进了监狱。管理监狱的官员同情他的遭遇，非常照顾他，他才平安活了下来。

后来汉武帝下令把他**收养**在掖（yè）庭②，并录入皇家宗谱。此时的掖庭令张贺是卫太子往日的侍者，**怀念旧恩**，同情刘病已，就对他百般照顾，还自己出钱供他读书。等到刘病已长大，张贺就张罗着为他娶一个妻子，本来打算把自己的孙女嫁给他，但张贺的弟弟反对，就没有办成。

刘病已在掖庭，与许广汉住在同一处官舍。许广汉是张贺的下属，负责织作染练。当时许广汉有个女儿叫平君，正好是可以出嫁的年纪。

注释

①卫太子：汉武帝的长子刘据，被立为太子。他的母亲是皇后卫子夫，所以被称为“卫太子”。

②掖庭：也写作“掖廷”。宫中旁舍，妃嫔居住的地方。掖庭的长官是掖庭令，掌管后宫宫女及供御杂务，管理宫中诏狱。

本来平君已经定了一门亲事，但该出嫁的时候，未婚夫去世了。

张贺听说了之后，就摆下酒席宴请许广汉。喝到**畅快**的时候，张贺对他说，刘病已是皇上的近亲，哪怕才能低劣，将来也能有个**官爵**，劝他把女儿许配给刘病已。许广汉答应了，于是重新请人做媒，把女儿嫁给刘病已。两个年轻人结婚后，日子过得很幸福。一年以后，许平君生下了一个儿子。

汉昭帝去世，没有儿子。大将军霍光请昭帝的皇后上官氏召昌邑王[3]为帝。但昌邑王行为不守法度，霍光只好奏请**废掉**他。然后，大臣们经过商议，认为刘病已是汉武帝的曾孙，读过诗书，操行节俭，仁慈爱人，可以做昭帝的继承人。昭帝的皇后表示同意。于是，刘病已被接到皇宫，继承皇位，改名刘询，就是汉宣帝。

汉宣帝**继位**之后，许平君被封为婕妤（jié yú）[4]。大将军霍光有一个女儿，名叫霍成君。

注释

③昌邑王：即刘贺，是汉武帝第五子昌邑王刘髆（bó）的儿子，继承了父亲的爵位。刘贺后来被汉宣帝封为海昏侯。

④婕妤：古时候妃嫔的等级称号，汉武帝时所置，当时仅次于皇后。

霍光的妻子想让自己的女儿成为皇后。霍光是辅佐昭帝、册立宣帝的大功臣，而许平君的父亲许广汉只是一个身份非常低微的小吏。

于是，商议册立皇后的时候，大臣们倾向于霍成君，但他们也知道汉宣帝的元配妻子是许平君，所以谁都不肯先站出来发言。

这时候，宣帝突然下了一道诏书，没有指名是给谁的。其中说，我还处于贫贱的时候，有一把旧宝剑。虽然是旧的，但我很喜欢它。现在，谁能帮我找到这把旧宝剑呢？

大臣们读完诏书，明白了宣帝的意思，于是上奏请求册立许平君为皇后。

聪敏明察的黄霸

黄霸，字次公，淮阳郡阳夏县人。他负责掌管郡里的钱谷出入工作，记账不欺瞒，上司发现他廉洁，就给他升了职。黄霸为人善于观察，**思维敏捷**，又熟习法律条文，待人接物温良谦让，善于团结众人。他做太守的下属时，处事议政合乎法度，顺应人心，太守十分信任他，老百姓也敬爱他。

黄霸后来做了太守。当时汉宣帝专心治理天下，多次**颁布诏书**给民众，有的官吏却不让百姓知道。而黄霸专门选择了优秀的下属吏员，到各处去传达诏书，让民众都能知道**皇帝的旨意**。他还让乡官都养上鸡和猪，以赡养年老贫穷的人。然后又制订了条令教则，颁行于民间，劝说百姓严防盗贼，勤奋耕织，节约财物，种树木，养牲畜，戒掉浪费。

黄霸曾经派一位清廉老成的官吏去**访察秘事**，并告诉他绝对不能泄密。官吏依言出发，途中穿着普通衣服，不敢对人说自己的真实身份，也不敢住在邮亭[①]，饿了便躲在路边悄悄地吃些食物。

注释

①邮亭：传递文书的人沿途休息的处所；驿馆的别称。

这时忽然有一只乌鸦飞来，抢走了他手里拿的肉。正好有个要到郡府汇报事情的百姓看到了，就和黄霸讲了。后来，官吏回来拜见黄霸，黄霸迎上前，慰问他说：“太辛苦了！在路上吃饭还被乌鸦抢走了肉。”官吏大惊，以为黄霸对他外出时的起居情况都已知晓，所以丝毫不敢隐瞒地把调查结果报告给黄霸。

郡中若有老弱贫困的人死了没钱安葬，乡吏上书报知以后，黄霸都能为他们分别妥善处理，说某处有棵大树可以做棺材，某处有头小猪可以祭供，乡吏依令去取，果然都跟黄霸所说的一样。黄霸掌握情况清晰到这样的程度，不知底细的官吏民众都称他是神明。盗贼们也都纷纷去了其他郡，在本郡的日渐减少。

黄霸注意成全和维护下属官吏。许县的县丞年纪老了，耳朵也聋了，有人报告黄霸，想要辞退他。黄霸说：“许县的县丞很廉洁，虽然上了年纪，但还能应付例行公事，即使很聋，又有何妨呢？还是好好地帮助他，不要让贤德的人失望。”

有人请教原因，黄霸说："一再更换长吏[2]，送旧迎新的费用，以及奸猾官吏乘机**销毁**账册文书盗窃财物，会导致公家和私人的损失很大，所有的费用都得百姓供给，换上的新官又未必贤德，或者还不如前任，白白地增加混乱。"

黄霸以**外宽内明**的作风赢得了属吏和民众的心。郡内户口逐年增长，治理情况堪称天下第一。

注释

②长吏：地位较高的县级官吏。

萬章不贪财物

萬（yǔ）章，字子夏，是长安人。长安这个地方十分繁华，街市中有很多**豪侠之士**，萬章便是其中一个。他住在城西的柳市，人称“城西萬子夏”。

后来，他做了京兆尹[①]下属的官吏，曾跟随京兆尹一起去殿中。在那里，各种**高官显贵**都争着和萬章打招呼，却没有人去找京兆尹交谈。京兆尹见萬章在场的时候自己竟然受到冷落，从此之后，再也不让萬章陪着自己出去了。

萬章与中书令石显很要好。借了石显有权有势的光，许多人都来拜访和

注释

①京兆尹：古代京师的地方长官。

结交萬章，所以他家门前的车马总是接连不断，声名也随之更**响亮**。到了汉成帝[2]初年，石显因专权擅势的罪名而免了官，搬回家乡去。石显家财千万，临走时要把值**数百万钱**的床席器物等送给萬章，但萬章不肯接受。

有些宾客觉得好奇，就去问萬章：“这些好东西价值**昂贵**，做工精美，为何您不肯收下呢？”萬章感叹道：“我本是一个身穿布衣的平民百姓，承蒙石君**厚爱**，得以有今日。现在石君家破业败，我不能相救，反而还去接受他的财物，难道石家的祸事，我萬家反而当作福气吗？”

众人听闻他这番话，无不口服心服，并**交口称赞**他的为人。

注释

② 汉成帝：刘骜（ào），谥号孝成，汉元帝之子，汉宣帝之孙。

楼护不忘老朋友

楼护，字君卿，齐国人。他小时候就随父亲在长安行医，出入于贵戚之家。楼护诵读了数十万字的医经、本草、方术书籍，长辈们都喜爱看重他，说他是个人才，可以学习做官。楼护便辞别了父亲，开始学习经传，到京城当了数年小吏，声誉很高。

楼护**擅长**辩论，听众很敬服他。他结交士大夫，对自己的一切无不倾露，对长辈更亲切敬重，大家都因此佩服他。

这时王氏刚刚兴盛起来，满门都是宾客，五侯[1]兄弟争名夺利，招揽才士。他们各有厚待的人，宾客很难左右逢源[2]，只有楼护同时被收入五人门下，并得到了他们每个人的**欢心**。楼护的母亲去世了，送葬的人乘坐的车就来了两三千辆，人们编歌唱道：“楼君卿治丧五侯忙。”

注释

①五侯：汉成帝即位之后，给太后王政君的五个兄弟全部封侯：王谭封为平阿侯，王商封为成都侯，王立封为红阳侯，王根封为曲阳侯，王逢时封为高平侯。五人同日封侯，因此世人称他们为“五侯”。

②左右逢源：原意是做学问功夫到家后就能用之不尽，取之不竭。后来指做事得心应手，非常顺利。也可以比喻为人圆滑，两头讨好。

楼护住在长安城的里巷之中。当时成都侯王商任大司马卫将军，一次上朝过后，想去看望楼护，一个下属劝阻他："将军您**身份尊贵**，不宜出入里巷之中。"王商不听，去了楼护家。那里十分狭小，随从官吏只能站在车下。王商在楼护家待了好长一段时间，天要下雨了，那个下属就对其他人说："大家**不肯劝阻**将军，现在我们只能站在里巷之中淋雨！"话里带着埋怨的意思。王商回去后，了解到这个下属的话，对他十分反感，便以调动工作为由撤了他的职，再也没有让他**当官**。

楼护年老后，失去了官职，回到了里巷之中，当时五侯都已死去，宾客也越来越少。王莽当皇帝后，王商的儿子王邑当了大司空，**地位**十分尊贵。王商的旧日朋友都很敬重王邑，惟有楼护仍按以前的礼节对待他，王邑也将楼护看作父辈，不敢失礼。

当初，楼护有个老友叫吕公，年老后**没有子嗣**，便来楼护家寄住。楼护和妻子每天与吕公夫妇一起用餐。等到楼护丢了官职居家，楼护的妻子有些厌烦吕公了。楼护知道了此事，便哭泣着责怪妻子："吕公因故旧之情和孤苦穷老而寄住到我家，从道义上说我们应该奉养他。"于是奉养吕公终身。

公平仁厚的薛宣

薛宣，字赣（gàn）君，是东海郡郯（tán）县人。他年轻时在地方上担任过各种官职，清正廉洁，颇有才干，因为治理政事有名声，而且熟悉法令条文，所以升到朝中做官。陈留郡有大盗作乱，破坏安定局面，皇帝就调薛宣为陈留太守。他很快平息了强盗，官吏和百姓都敬重他的威望和信誉。

当初，高陵令杨湛、栎（lì）阳令谢游都贪婪狡诈，毫不恭顺，掌握郡里长官的短处，上级官员屡次考查都无法追究。薛宣任职时，他们到府署来拜见，薛宣安排酒饭，和他们对坐而食，招待非常周到。他随即暗中访求这两个人犯法的事实和证据，完全掌握了他们接受和索取贿赂（huì lù）①的情况。薛宣察觉杨湛有改正过错、尊敬自己的表示，就在文书上亲笔一条条列举他非法取得的贿赂，密封后送给杨湛说："百姓像文书上所写的那样逐条揭发您，有人认为您有犯法的嫌疑。我很敬重您，不忍心揭露，所以秘密地写信告诉您，

注释

①贿赂：用来买通别人、为自己谋取不正当利益的财物。

想让您自己考虑进退。如果您没有做这些事，就把信密封了还给我，让我能够替您证实清白。”杨湛自己知道信上记录的都是事实，而薛宣**言辞温和**，没有伤害自己的意图，于是他解下印绶（shòu）②交付给属吏，写信感谢薛宣，始终没有怨恨不满的话。

而栎阳令谢游自认为是大儒③，有名望，轻视薛宣。薛宣移送文书公开责备他：“官吏和百姓**揭发**你治理政务烦琐（suǒ）苛刻，非法敛（liǎn）取钱财几十万，供给自己挥霍。经调查事实确凿，你自己考虑，我正要调人去接替你的职务。”谢游收到文书后，也解下印绶离开了。

频阳县是几个郡的会合处，**盗贼**很多，县令薛恭不曾治理过百姓，职责内的事情没有办好。而粟邑县小且偏僻，坐落在山里，百姓谨慎质朴，容易管理，县令尹赏是长时间在郡里管事的官吏。薛宣就依照法令奏请，让尹赏与薛恭交换当县令的地方。两个人任职几个月后，两个县都治理得很好。

注释

②印绶：印指印信，绶指古代用来把佩玉、官印等东西系在身上的丝绸带子。

③大儒：学问渊博的著名学者。

薛宣做官赏罚分明，运用法律公平而且执行坚决，又仁厚宽恕，**爱护别人**。到了冬至，官吏按规定休假。属吏张扶不愿意休假，到官署办理公事。薛宣**开导**他说：“礼仪崇尚谐和，社会的道德规范注重通行。官署虽然有公家的职责事务，但家里也盼望私人的恩爱情意。你应该依从众人，回家陪伴妻子儿女，安排酒菜，宴请邻里，一起欢笑取乐，这也是很合宜的呀！”张扶很**羞愧**。属吏们都认为薛宣的话很对。

薛宣为人**注重仪容**，威严端正，举止文雅大方。他性情安静，经常思考省察官吏的职责，寻求便利安逸的办法。官吏和百姓都称赞他，郡中安静太平。

陆续

《后汉书》

里故事多

昆阳大战

西汉末年，外戚王莽[1]篡位，建立新朝。王莽的统治很糟糕，导致农民起义爆发。有一支**起义军**力量逐渐壮大，拥立了一个西汉宗室刘玄当皇帝，恢复汉的国号。刘玄派刘秀[2]等将军带兵进攻昆阳。他们很快拿下这里以及临近的**几座城池**。

王莽知道后，派出王寻、王邑等率领四十多万军队向昆阳**进发**。为了壮大声势，王莽还找了又高又壮的猛士带了猛兽助阵。

注释

①王莽：字巨君，西汉末年著名的政治人物。他的姑母是汉元帝的皇后王政君，王氏家族因为她的缘故得到高官厚禄，权倾朝野。王莽靠外戚身份和政治手段很快升官，最后夺得国家大权，代汉称帝，建立新朝，后被农民起义军推翻并处死。

②刘秀：字文叔，南阳郡人，汉高祖刘邦九世孙，东汉王朝的建立者。公元 8 年，王莽篡位，建立新朝。22 年，刘秀随兄长起兵。25 年即位，光复汉室，定都洛阳。平定动乱、实现统一之后，他励精图治，开创“光武中兴”时代。死后葬于原陵，庙号世祖，谥号光武皇帝。

此时驻守昆阳的起义军只有八九千人。一些将领和士兵见到王莽兵马众多，害怕打不过，就主张撤离。刘秀对大家说：“现在我们兵少粮缺，敌人又非常强大，如果我们**同心协力**，拼命和他们一战，或许还有成功的希望。如果四散离去，昆阳失守，我军也会被逐个消灭，到那时候，大家更不能保全自己了。”将士们觉得刘秀说得有道理，但又担心王莽的军队太强大，单靠这八九千人守不住，于是让两名将领留守昆阳，让刘秀带一支人马突围出去，调集救兵过来。

当天晚上，刘秀带着**十二个勇士**，骑着快马，趁黑夜冲出昆阳城。王莽的军队没有防备，所以他们成功突出重围。

接下来的时间里，王莽的军队不断攻城，但昆阳的起义军防守严密，一直坚持着。

刘秀到了其他军队所在的地方，要把这里的人马全部调到昆阳去。有些将领贪图财产，不愿意离开。刘秀劝他们：“我们到昆阳去，如果打败了敌人，立了大功，要多少**财宝**都可以得到。要是死守在这里，昆阳如果被攻下，敌人打过来，咱们性命都难保，还能保住这些财物吗？”将领们被**说服**了，都带着兵马跟随刘秀去救援昆阳。

这时候，王莽的士兵已经团团围住了昆阳。刘秀亲自带着一千多名骑兵和步兵组成先锋部队，直冲上前，在离敌人四五里的地方摆下阵势。王莽军派出几千士兵**应战**。刘秀趁敌人还没有站稳阵脚，指挥部队先发制人冲杀过去，接连斩杀敌人。

后面赶过来的起义军见刘秀他们如此勇猛，**受到鼓舞**，也纷纷冲上去战斗。王莽军虽然人多，竟然打不过刘秀带来的援军。于是，刘秀带了三千名敢死队员，冲入王莽军的大本营，越战越勇，竟然斩杀了大将王寻。

这时，昆阳城中的守兵见城外援军打了胜仗，就开启城门冲杀出来。起义军内外夹攻，喊声**震动**天地。王莽军听说主将被杀，全都慌乱起来，无心战斗，争先恐后地奔走逃命，结果在路上自己人踩伤自己人，或跌倒被踩死，伤亡惨重。

正在这个时候，天空突然暗下来，接着一声响雷震耳欲聋，然后狂风席卷，大雨倾盆，王莽军更加慌乱，奔走逃窜。此时河水因为**大雨**上涨，溃兵掉进水里，被淹死了很多。当他们狼狈回到洛阳的时候，四十多万大军只剩下几千人了。起义军打扫战场，获得了许多兵器、战车和粮草。

大树将军

冯异，字公孙，颍川郡父城人，和邓禹[①]等跟随光武帝[②]起兵。有一天，光武帝率领部下将士行军，到达饶阳时已近**深夜**，天气严寒，一行人都又饿又冷又累，不能再赶路。于是当夜就宿在那里，冯异急忙煮了豆粥给大家吃。第二天

早晨，光武帝起来，对诸将说："昨晚吃了公孙的一碗豆粥，饥寒都不觉得了。"

他们**继续**行军，又走到南宫，遇到了大风雨。光武帝率领部下将士到路旁的空屋中避雨休息。冯异又亲自煮了麦饭给光武帝**充饥**。后来，冯异追随刘秀平定天下。

注释

①邓禹：字仲华，南阳新野人，东汉初年的军事家和战略家。年轻时曾在长安学习，与刘秀交好。后追随刘秀，提出"延揽英雄，务悦民心，立高祖之业，救万民之命"的方略，协助刘秀建立东汉，是"云台二十八将"之首。

②光武帝：即刘秀，东汉的开国皇帝，谥号光武皇帝，因此经常被后世称为光武帝。

冯异善于用兵，恩威并施，累建奇功，但他为人处事谦虚退让，从不自夸有功劳有才能。他乘马车出门时，如果在路上与别的将军相遇，就驶开避让。他所率领的军队，前进停止都有明确的**信号**，在各部队中号称最有纪律。行军时到了一个地方，所有将士停下宿营，其他将军喜欢坐在一起讨论功劳。每当这种时候，冯异就会独自**退避**到树下，不参与他们的聊天，所以将士们都称他为“大树将军”。

光武帝的军队攻破邯郸之后，要重新安排各将领的任务，给他们分配隶属的部队。士兵们都说**愿意**跟随大树将军。光武帝因为这个情况，对冯异大加赞扬。

聪慧的东海公

光武帝刘秀带领的军队经过数年的战争，平定天下，建立了东汉王朝。为了**巩固统治**、增加国家收入，他考虑着手重新丈量全天下的田地，**清查人口**，以确定税收依据，于是下令进行“度田”，即在各州郡丈量土地和清查户口。

负责执行这件事的刺史、太守们表现很不一样。有些人能够遵守要求去度田，但另一些官员袒护那些**有钱有势**的大户人家，瞒报他们的田产。因为报上去的田产少了，交的税也就少了。然后官吏故意把百姓的田地往高了报，通过盘剥他们来补少收的税。这种行为激起了很大的民愤，不少百姓拦在路上哭天抢地。

当时，每个郡要各自派使者去京城汇报度田的情况。他们把数据呈给朝廷，光武帝会亲自**审阅**。有一天，光武帝正在浏览陈留郡报上来的数据，忽然发现文书中间夹着一封拆过的信。他好奇地打开信，只见上面写着“颍川、弘农可问，河南、南阳不可问！”。

光武帝看了半天不知道什么意思，就把陈留郡报数据的官吏喊来，追问这封信的来历。

那官吏一见信，脸色大变，说话结结巴巴，一开始不肯**承认**，说不知道信是哪里来的，后来又说是在长寿街上捡到的。光武帝见他这样，心中明白肯定有鬼，非常愤怒。

这时候，**帷幕后面**传出一个少年的声音：“这大概是官吏们接到上级指示，让他们在**度量**田地的时候有所关照吧！”

光武帝转身一看，原来是自己十二岁的儿子东海公①。他觉得东海公说得有些**道理**，便问：“那为什么河南、南阳不可问呢？”

东海公想了想，回答说：“河南郡是**都城**所在之地，高官显贵多；南阳郡是父皇您的故乡，皇亲国戚多。所以这两个地方有很多田地和房宅是超过规定的，自然不可问。”

注释

①东海公：即汉明帝，姓刘名庄，东汉第二任皇帝，光武帝刘秀之子，谥号孝明皇帝，庙号显宗。

光武帝命令侍卫盘问那个官吏，官吏见无法抵赖，这才如实招供，情况正如东海公所说。于是，光武帝派出得力可靠的官员，到各地巡察度田工作，发现了许多弄虚作假的问题。光武帝震怒，下令严办涉案官员，处死了包括大司徒在内的一帮高官显贵。

老当益壮

马援，字文渊，扶风郡茂陵人。他十二岁时就成了**孤儿**，年少而有大志，哥哥曾教他学诗，但他心志不能拘守于章句之间，就辞别哥哥，想到边郡去**耕作放牧**。哥哥说："你有大才，应当放长一些时间成材。优秀的工匠不会将未完成的作品出示于人，我看还是按你的想法去做吧。"

马援后来做了郡里的督邮①，因为**可怜**囚犯，将他放了，自己逃亡北地。获得赦免后，就留在那里经营畜牧业，不少宾客②归附于他，于是拥有役属数百家。

注释

①督邮：古代官职名，是督邮书掾(yuàn)、督邮曹掾的简称，汉朝各郡的重要属吏。代表太守督察县乡，宣达政令兼司法等。每郡分若干部，每部设一督邮。

②宾客：汉朝投靠在贵族、官僚、豪强门下的一种非同宗的依附者。也称客。为主人营治产业，出谋划策，奔走效命。遇到战乱，也常被主人征发作战。

他常对宾客们说：“大丈夫的志气，应当在穷困时更加坚定，年老时更加壮烈。”他从事耕作放牧，**家产**达到牛马羊数千头、谷数万斛（hú）③。但他叹气说：“凡是从农牧商业中获得的财产，贵在能施救济于人，否则就不过是个守财奴罢了！”于是，他将**财产**全部分给了哥哥和朋友们，穿着羊皮衣服**过日子**。

到了东汉初年，马援归顺光武帝刘秀。西羌（qiāng）④多次侵犯边境，光武帝任命马援为陇西太守。他率兵击破羌人军队，在陇西派置官吏，修理城墙，建立小城镇，开垦水田，劝以耕牧，郡中得以**安居乐业**。皇帝给他的赏赐，他常常分给部下和宾客。

后来，马援被召回京师任官。岭南造反，马援被封为伏波将军，率军平乱。他每到一处，都组织人力修理城墙，开渠引水，便利百姓。

注释

③斛：度量器，也指容量单位。古代以十斗为一斛。

④羌：中国古代西部的民族，分布在今甘肃、青海、四川一带，以游牧为主。和汉族杂处的部分羌人逐渐从事农耕，与汉族融合。

马援凯旋回京，朋友们纷纷欢迎慰劳。平陵人孟冀以有计谋著称，来祝贺马援。马援对他说："希望你有善言**勉励**我，你反而同众人一样么？先生有什么能帮我的呢？"孟冀说："我没有想到。"马援说："现在匈奴、乌桓[5]还在北部**侵扰**，我想请求去讨伐，男儿应当死于边野，以马革裹着尸体回来安葬，哪能在妻子儿女环绕中死在床上呢？"孟冀说："真正的烈士，应当是这样的。"

后来，汉军战败，马援请求出兵。这时马援已六十二岁，光武帝担心他年老，不同意。马援自请说："臣还能**披甲**上马。"光武帝令他试试。他在马上据鞍左顾右盼，以表明可用。光武帝笑着说："这个老头好健康啊！"于是派遣马援率兵出征。

注释

⑤匈奴、乌桓：都是中国古代在北方一带活动的游牧民族。

伏湛赈饥平盗

伏湛（zhàn），字惠公，琅琊（láng yá）郡东武人。他生性孝顺**友爱**，年轻时继承父亲的教学事业，有几百名弟子。

刘玄登位，任用他做平原太守。当时**突然**兵乱兴起，百姓惊慌，人心浮动，而伏湛**独自**很镇定，每天在公务余闲仍旧以经术教授弟子。他对妻子儿女说：“要是一季粮食没有收成，**国君**都会吃不下饭；如今百姓都饿着肚子，我们怎么能独自饱餐呢？”于是大家一起改吃粗粮，把俸禄①分送穷苦乡邻。靠他家养活的，约有一百多家。

注释

①俸禄：古代政府按规定给予各级官吏的报酬。主要形式有土地、实物、粮食、钱币等。

光武帝登基，知道伏湛是名儒老臣，召他**进京**负责机要事务，委派他担任尚书，主管制定旧有制度。光武帝出外征战时，他常常留京镇守，总管各部门。

当时，**贼人**徐异卿率领一万多部下占据富平，声势浩大。官兵屡次去攻打，他总是顽强抵抗，不肯归顺。光武帝知道青州、徐州的百姓**信服**伏湛，就派他去招抚徐异卿。徐异卿本来曾经说过："愿意向伏公投降。"伏湛到达之后，徐异卿带领部下当天归降，并且护送他回到洛阳。

志高力行的张堪

张堪，字君游，南阳郡宛人。他早年成为孤儿，把父亲留下的数百万财产都让给了侄子。他十六岁时，在长安求学，志向美雅，能够自励，儒生们都称他为“圣童”。光武帝还是平民的时候，**了解**张堪的志向和节操，经常称赞他。即位之后，有人推荐张堪，就把他征召来授予官职。

他被派往蜀地运送丝织品和战马，交给将军吴汉讨伐公孙述。在路上，光武帝又委任他为蜀郡太守。当时吴汉的军队仅剩下七天的口粮，**暗中准备**船只要撤兵。张堪听说后，急忙赶到吴汉那里，分析公孙述必败，不应退却。吴汉采纳了他的建议，于是显示软弱引诱敌兵。公孙述果然亲自出战，结果在城下被**击杀**。攻克成都之后，张堪首先**占据城池**，检查府库所藏财物，把珍宝收拢在一起，全部列出清单上报，一点儿都没有装入自己腰包。他安慰招抚城中的官员和百姓，蜀地之人非常欢悦。

张堪在蜀郡任职两年，被召回京城，后来又去担任渔阳太守。他在那里追捕打击奸猾之徒，奖赏惩罚**言而有信**，官吏和百姓都乐意为他所用。

匈奴曾出动一万名骑兵入侵渔阳，张堪率数千名骑兵奔袭攻击，大败敌军，渔阳界内从此安定无事。他令百姓开垦稻田八千余顷，劝谕耕种，因此使郡中殷实富庶（shù）[1]起来。百姓作歌说：“桑树无乱枝，麦穗有两歧。张君施政，乐不可支。”

张堪任渔阳太守八年，匈奴不敢入侵边塞。光武帝曾召见各郡负责财政的官吏，向他们询问风土人情及前后任职的**长官**有没有能力。蜀郡的官员樊显进奏：“渔阳太守张堪先前在蜀地，广施仁政，官民深得**恩惠**；威令严明，奸邪多被惩治。先前消灭公孙述时，珍宝堆积得像小山一样。张堪掌握的财物，足可使十代成为巨富，但他离去时，只乘了**一辆车辕**[2]折坏的车子，随身带些布口袋而已。”

注释

① 富庶：物产丰富，人口众多。

② 车辕：车前部驾牲口的两根直木。

隐士严子陵

严光，字子陵，会稽郡余姚人。他年轻时就有很高的名声，曾经与刘秀一同游学。后来光武帝**登基**，他改换姓名隐居乡间，躲起来不见面。

光武帝却念念不忘严子陵的才德，因为不知道他人在哪里，就把面貌**特征**写明了，派人向各处访求。后来有人上书，说有一男子，披着羊皮衣服，在大泽中钓鱼。光武帝料到这男子一定是严子陵，特地备好车子和礼物，派使者去聘请。使者三次往返以后，严子陵盛情难却，只得动身到洛阳去。光武帝让他住在北军[①]，给他床褥，由太官[②]早晚供应饮食。

严子陵到达京城当天，光武帝到他住的客馆去拜访。严子陵却躺在床上不起来。光武帝就走进他的卧室，摸着他的肚子说："唉，子陵，你就不能帮助我治理国家吗？"

注释

①北军：汉代屯卫京城的禁卫军之一。

②太官：官名，也是官署名，又写作大官，掌管帝王饮食、宴会等。

严子陵仍旧睡着不动，过了好一会儿，他才睁开眼睛端详着光武帝，说："从前有个巢父，有人告诉他说'唐尧做皇帝了'。他便用水洗耳，表示不愿意听到这种功名利禄的事。可见各人有各人的志趣，你何必这样**强迫**我呢？"光武帝说："子陵，我竟然不能使你顺从吗？"于是登车叹息而去。

过了几天，光武帝请他入宫，**畅谈**从前同学时的故事。光武帝从容地问严子陵："我比过去怎么样？"他回答说："陛下比过去稍微胖了一点儿。"夜间两人**同睡一床**，严子陵竟然毫不客气地把自己的脚搁在光武帝的肚子上。第二天，太史[③]**上奏**说，有客星冒犯帝座，很紧急。皇帝笑着说："我同老友严子陵在一起睡觉了。"

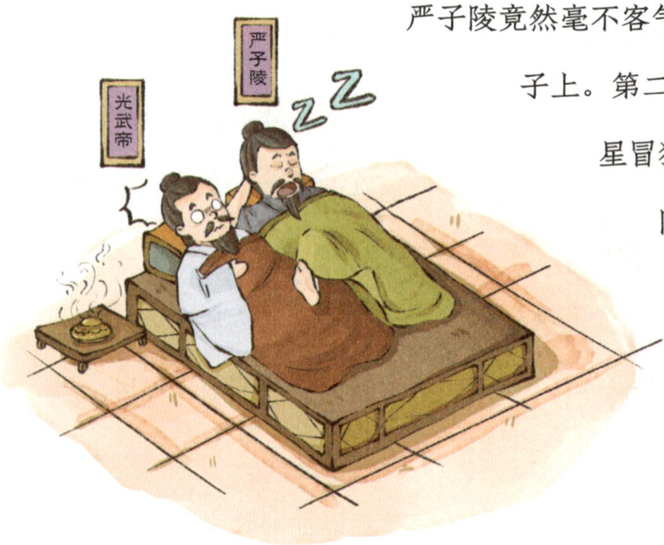

光武帝想授予严子陵官职，但他不接受，而是去了富春山种田。

注释

③太史：古代官名，负责起草文书、记载史事，兼管天文历法等。

后人将他**钓鱼**的地方取名为严陵濑（lài）。后来光武帝又特别召见他，他不去。严子陵八十岁时在家中去世，皇帝对此**表示**悼念惋惜，下诏书要郡县赐给他家人**一百万钱**和一千斛粮食。

“强项令”董宣

董宣，字少平，陈留郡圉（yǔ）人。光武帝任命他为洛阳令。当时，湖阳公主[1]的家奴在大白天杀了人。董宣知道后，命差役**抓捕凶手**。但那凶手杀人之后，就躲在湖阳公主的府中，所以差役无法逮捕他。

过了几天，凶手以为没事了，就在公主外出的时候也去跟车。董宣早就**料到**会有这种时候，所以预先在夏门亭等着。公主经过这里时，董宣上前拦住马车，用刀划地不准再走，当众大声宣布公主窝藏**凶手**的罪状并且逼令凶手下车，立刻把他杀死，以抵偿杀人的罪过。

湖阳公主立即进皇宫向光武帝**告状**。光武帝非常生气，召见董宣，要用鞭子打死他。董宣磕头说：“请让我说一句话再死。”光武帝说：“你想说什么？”董宣说：“皇上您复兴汉朝，是有圣德的人，为什么要纵容家奴杀害良民，从此以后，将凭什么治理国家呢？不须用鞭打，请让我自杀！”

注释

① 湖阳公主：姓刘名黄，是东汉开国皇帝刘秀的姐姐。

说完，他把自己的头向**柱子**上撞去，血流满面。光武帝怕他真的撞死在殿上，便命人把他按住了，逼着他向公主**叩头谢罪**，就算了事。

董宣不甘屈服，小太监硬按着让他磕头，但他两手撑在地上，始终不肯低头。湖阳公主对光武帝说："您从前还是平民百姓的时候，包庇罪犯，官吏不敢进门抓人。现在做了皇帝，**拥有**天下，反而不能降服区区一个县令吗？"光武帝笑着说："做皇帝和当百姓是不同的。"意思是说皇帝应该以身作则，不能像平民可以胡乱犯法，包庇罪犯。

光武帝见董宣态度刚正，执法无私，就给他起了个称号"强项令"②，让他平安出宫，还赏赐了三十万钱。

注释

② 强项令：项指脖子，强项令就是硬脖子的县令。

董宣把钱全部分给下属官吏。从此，他办理公事格外认真，豪强[3]们提起他，没有不**心惊胆战**的。京城里的人称他为“卧虎”。

董宣去世后，光武帝派使者探望，只看见布做的被子覆盖着遗体，董宣的妻子和儿女面对面哭泣，家里有几斛大麦、一辆破旧的**车子**。皇帝为他感到伤心，说：“董宣**如此廉洁**，我现在才知道啊！”

注释

③ 豪强：古代民间依仗财、权势力横行不法之人。大多广占土地，役使贫民耕种纳租。许多豪强集地主、官僚和商人于一身。

义仆李善

李善，字次孙，南阳郡淯阳人。他原本是同县李元家的一名仆人。建武①年间，当地**流行疫病**，李元家里的人一个接一个死去，最后只有出生几十天的婴儿李续还活着。李元家里的财产上千万，奴婢们动了贪心，就私下商量，把李续**杀掉**，然后大家瓜分。

李善可怜李氏家族的遭遇，但势单力薄，无法制止其他人的恶行，于是暗地里抱着李续逃离李家，隐藏到瑕（xiá）丘的乡间。李善抱着婴儿李续，喂水喂饭，一天天**照顾**着他长大。乡间的生活条件艰苦，李善辛勤劳作，让两个人都能活下去。李续虽然是个小孩子，但李善就如同对待年长的主人一样**恭敬**，只要有事，都会禀告请示之后再去做。乡里邻居为他所感动，也都跟着他做好事。

注释

①建武：光武帝的年号，时间从公元 25 年到 56 年。

李续十岁时，李善带着他回到家乡的县里，收拾李家的旧产业。李善来到官府，向负责的官员控告当年诸奴婢瓜分主人家产、图谋杀掉李续的罪行，官员把他们统统

收捕处死。瑕丘县令上书推荐李善的德行事迹，光武帝下诏让李善和李续都担任太子舍人②的职务。

后来到了汉明帝在位的时候，因为李善能够治理那些棘手的地方，所以朝廷征召他担任日南太守。李善从京师出发去上任，途经淯（yù）阳，从李元的坟墓路过。他在一里之外的地方就脱去朝服，拿着锄头除草。拜完墓，李善伤心痛哭，停不下来，又亲手烧火做饭，祭祀李元，过了几天才又启程。

注释

②太子舍人：古代官名。秦朝始置，两汉沿袭。轮流宿卫太子所住的东宫。

有情有义的廉范

廉范，字叔度，京兆杜陵人。他年少时跟着父亲住在蜀地，遭遇战乱，父亲死去。他**流离**借居在西州，西州平定之后回到故乡。

十五岁那年，他辞别母亲，又西行到蜀中去运父亲的棺木。这时的蜀郡太守张穆是他祖父的旧属，送他许多财物。他一点儿都不要，自己和家中门客抬着棺木徒步走到葭（jiā）萌，装上了船。**不料**，这艘船在航行时碰到礁石沉没，廉范抱着棺木，一起沉在水中。人们被他的孝心感动，把他救上来医治，这才幸免于难。张穆听到消息后又派人送来财物，廉范再次坚决推辞，自己把父亲的棺木运回故乡安葬。

永平①初年，陇西太守邓融备了**礼物**聘请廉范为功曹②。恰逢邓融被人告发，上级下令审查办理。

注释

①永平：汉明帝的年号，时间为公元 58 年到 75 年。

②功曹：古代官职名。为郡守、县令的主要佐吏。

廉范知道这件案子很难解决，就打算用自己的能力去帮助邓融。于是他称病要求离开，邓融不明白廉范的**用意**，以为他是患难相弃，心中还很怨恨。

廉范离开邓融后，往东赶到京城洛阳，改名换姓，请求担任廷尉的**狱吏**。不久，邓融果然被押解到洛阳，关在监狱里。廉范得以在邓融身边尽心尽力地侍奉，**非常勤劳**。邓融觉得这个人很像廉范，但始终没料到廉范会更名换姓来当狱卒，就问他：“你怎么长得这么像我从前的功曹呢？”廉范假装生气，斥责他说：“您是因为身陷困境看**花眼**了！”从此不再跟他说话。

邓融因为生了病被押解出去，廉范就跟着一起，照顾他养病。直到邓融病死，廉范也没有说明自己的真实身份。他还亲自赶车把邓融的棺木送到南阳，直到安葬完毕才离开。

刚正明智的虞延

虞延，字子大，陈留郡东昏人。他年轻时做亭长①，当时皇帝后宫女官魏氏的门客犯了罪，于是他带领官吏冲入魏氏家，逮捕了那门客。他因为这件事被怨恨，所以不能升官。王莽末年，**天下大乱**，虞延常常披甲戴盔，护卫亲族，抵御强盗，依赖他保全生命财产的人很多。

东汉建武初年，他被任命为细阳县令。后来离职回乡，太守富宗听到虞延的名声，征召他任功曹。富宗性情奢侈放纵，车子及装饰器物很多不符合法度。虞延劝他**节俭**，富宗不高兴，虞延就辞官离开了。过了不久，富宗果然因为奢侈放纵被杀。临刑前，他擦着眼泪**叹息**说："我痛恨自己没有听取功曹虞延的劝告！"

注释

①亭长：秦汉时代官名。十里为一亭，设亭长一人，掌管境内治安捕盗事务。

虞延后来担任洛阳县令。**阴皇后**的娘家有个叫马成的门客，常常干抢劫偷盗的事，虞延收捕审问他。阴家多次请求免马成的罪，每收到一封说情的信，虞延就多打他二百竹鞭。

阴皇后的弟弟、信阳侯阴就把这件事告诉了光武帝，并捏造罪状，说虞延**冤枉**过很多人。光武帝就亲自去检查囚犯的**罪状**。虞延让那些有理可辩的囚犯站在东边，无理可讲的站在西边。

马成想站到东边，虞延上前捉住他，对他说："你是人中的大蠹（dù）虫[②]，一直靠权势包庇。现在审查核实还没完，应当全然依法制裁！"

马成大喊**自己冤屈**，光武帝的近卫将士用兵器刺着虞延，呵斥他放开马成。光武帝知道虞延公正无私，对马成说："你犯了王法，是自己造成的灾祸！"

注释

②蠹虫：咬蚀器物、书籍的小虫子。

光武帝让他站回西边。几天后马成被处死。从此外戚收敛行为，没人敢犯法。

永平初年，有个新野功曹邓衍，凭着外戚子弟的身份常常参加**朝会**。他的容貌姿态举止比一般人出色，汉明帝看见他，回头对身边的人说：“我的仪表相貌怎么像这个人！”就特地赐给他车马和衣服。

虞延认为邓衍虽有仪表，却没有实际品行，不应对他有高于一般人的礼遇。明帝觉得邓衍**与众不同**，就让他到皇宫来，还**给他升官**。可是邓衍在做官期间不为父亲服丧③，明帝听到此事，就叹息说：“‘了解人就是明智，只有皇帝难做到’，这话确实对啊！”邓衍很惭愧，辞去了官职。大家因此认为虞延有知人之明。

注释

③服丧：长辈或平辈亲属等死亡后，在一定时间内穿着白布或麻布丧服，或在袖子上缠黑纱、头发上扎白绳等，表示哀悼。

守诺重义的范式

范式，字巨卿，山阳郡金乡人。他年轻时进入京城的太学[①]读书，与**同学**张劭（shào）成了好朋友。张劭，字元伯，是河南汝南人。后来，两人告假回归各自故乡的时候，范式对张劭说：“两年之后，我要到你家里去看望，拜见你的母亲，也看看你的儿子。”于是两人约好了**日期**，各自启程返乡。

两年之后，约定的日期快要到了，张劭便把自己与范式的约定详细地告诉了母亲，请求母亲预备饭菜酒水，等待范式到来。母亲有些**迟疑**，对儿子说：“你和范式已经分别了两年，彼此相距千里之遥，他从前说过的话，你为什么相信得这么认真呢？”张劭回答说：“我了解巨卿，他是一个信守诺言的人，决不会违约的。”母亲说：“如果他真的会来，我自然应该替你备办酒食。”

注释

①太学：中国古代的国立最高学府，始于西周。西汉在长安设立太学，东汉在洛阳设立太学。

然后张劭的母亲按照他的请求，准备了接待范式的饮食。到了约定的那天，范式果然风尘仆仆地赶到了，恭敬地拜见了张劭的母亲。张劭**殷勤地**招待他，两人饮酒畅谈，尽欢而别。

后来，范式再次进入太学。有一个来自长沙的同学叫陈平子，原本跟范式并没见过面。但陈平子不幸生病，快要去世的时候，对他的夫人说："我听说山阳范巨卿先生极有义气，**可以托付**死后大事。你只要把我的尸体抬到他的屋子旁边去，他会替你设法料理的。"然后，他又写了**一封信**留给范式。

陈平子死后，他的夫人遵照遗嘱，把尸体抬到范式门前去。范式看了陈平子的尸体和那封信，十分悲伤，便对着尸体哭了一会儿，像朋友去世那样，然后安排人手把陈平子的尸体用棺木装好，亲自护送棺木和陈平子的妻小回到他的老家。陈平子的几个兄弟听说了这件事，钦佩范式的高义②，打算邀请他到家款待致谢。可是范式**不愿接受**，早已动身离开了。

注释

②高义：行为高尚，合于道德和正义。

母亲做的饭菜

陆续，字智初，会稽郡吴县人。他很小的时候，父亲就去世了，母亲辛苦把他**抚养**长大。他长大后，担任郡户曹史①。

有一年闹饥荒，太守尹兴派陆续在都亭给老百姓发稀粥。陆续召集**全部饥民**，一个一个问清姓名。待事情办完之后，太守问他有多少饥民吃到了稀粥？陆续立即回答有六百多，并分别说出了每个人的姓名，都没有差错。太守因此觉得他非比寻常，非常赞赏他的才能。在官员考察时，陆续被征召，**升了官**。后来他生了病，就辞了官，回到郡里担任太守的下属。

这时候，楚王刘英谋反，暗地里搜罗天下人才，准备为己所用，并造了一份名册。但谋反的事败露了，名册被送到汉明帝面前，上面写有尹兴。

注释

①户曹史：官名。汉朝郡县的佐吏，为户曹的副职，助户曹掾掌民户、礼俗、祠祀、农桑等事。

于是尹兴被抓起来审问，陆续与其他五百余名属吏也都被逮到洛阳接受审讯。这些属吏由于**不堪痛楚**，死了一大半，只有陆续和其他两人受到各种酷刑拷打，肌肉溃烂，却始终没有认罪。

陆续的母亲从远地赶到京师，打听消息，但因为儿子牵连的案子特别严重，所以没办法见面。她只好做了一些饭菜，交给**看门**的人，托他转送给陆续。陆续虽然已经被打得遍体鳞伤，但说话的时候依旧面不改色，情绪激昂，充满正气。可是，当他看到饭菜，哭得停不下来。审讯他的人觉得**奇怪**，问他为什么受刑的时候能坚持住，看到饭菜却哭得这么厉害。陆续说：“母亲从远处赶过来，我却不能跟她**相见**，所以才哭的。”

审讯他的人大怒，以为是看门的人私下里违背规定传递消息，准备召他来盘问。陆续说：“我是因为吃了送来的饭菜，知道这是母亲亲手做的，所以才知道是她来了，根本没有人告诉我。”审讯的人好奇地问：“天下做饭菜的人那么多，为什么你知道这些是母亲做的呢？”

陆续说：“母亲平日里切肉，都是方形的，切葱按一寸长度为标准，我是根据这个知道的。”

于是审讯的人就去客舍查问，发现陆续的母亲果然来了。他内心里觉得陆续这个人不错，就上书报告了陆续的事迹，为他求情。皇帝知道之后，赦免了尹兴、陆续等人的罪名，把他们都送回乡里居住，这辈子不能再当官。

王景治理黄河

王景，字仲通，是乐浪郡人。他从小学习《周易》①，接着广泛阅读各种书籍，又喜欢天文数术一类的事，所以性格**深沉稳重**，擅长很多种技艺，被征召到司空（朝廷的高官）府中任职。

有人向汉明帝荐举王景，说他能治水。明帝就下了**诏书**，让他与名叫王吴的官员一起修建浚（xùn）仪渠。王吴采用王景提出的低坝挡水的办法，解决了当地的水害。

当时，黄河的**水患**非常严重。起初，在西汉末年，黄河和汴渠泛滥，冲坏了河堤，但一直没来得及治理。到了东汉，朝廷开始讨论治理黄河的事情。这时候河水泛滥也越来越严重了，百姓们都埋怨说朝廷不先考虑最急的事情。

注释

①《周易》：又名《易经》，中国古代经典书籍，包括六十四卦和三百八十四爻（yáo）。

于是，到了明帝在位的时候，皇帝与大臣们商议治理汴渠。他召见王景，询问治水的地理形势和便利条件。王景陈述治水的利害，反应很快，应答流利。明帝很欣赏他，又由于他曾经治水有功，就赐给他许多地理书籍，以及钱财、布帛、衣服和物品。

然后朝廷征调了几十万军队，派王景和王吴修筑渠道和河堤。他们要治理的河段有一千多里长。于是，王景测量地形，打通山陵，清除碍事的石头，直接切断大沟深涧，在要害之处筑起堤坝，又疏通引导阻塞积聚的水流，每十里修造一座水门，让水流能够来回灌注，不再有溃（kuì）决之害。

第二年夏天，水渠建成了。明帝亲自巡视，设置了专门管理河道的官职。王景因为治理黄河出了名，多次升职。后来，皇帝称赞他的功绩，授予他河堤谒（yè）者[②]一职，还赐给他车马、细绢和钱财。

注释

②河堤谒者：古代的官名。西汉时初置，掌管治河事务。

班昭续写《汉书》

班昭，字惠班，是扶风郡班彪的女儿。班家是学问世家，班彪是远近闻名的**学者**。在父辈的影响和熏陶下，班昭学识广博，才华很高。

班昭长大后，嫁给同郡的曹世叔为妻。曹世叔去世得早，她品行端正，举止有礼，符合当时社会的评价标准，为人们所称赞和**尊重**。

班昭的哥哥班固跟父亲班彪一样，是著名的**史学家**。他撰写了《汉书》，记载西汉的历史。但班固没有写完整本书就去世了，而且书稿散乱，还不成形。于是汉和帝下诏，让班昭到东观[①]**藏书阁**继续编纂《汉书》。班昭继承父兄遗志，到藏书阁阅读了大量史籍，整理、核对班固留下来的书稿，还补写了部分内容。

注释

①东观：是东汉宫廷中贮藏档案、典籍和从事校书、著述活动的处所，位于洛阳南宫。章帝、和帝以后，为宫廷收藏图籍档案及修撰史书的主要处所。

除整理、续写《汉书》外，班昭在传播和普及《汉书》方面也做出了贡献。当时《汉书》刚刚整理完毕，人们开始阅读，遇到看不懂的地方，班昭就为他们讲解。班昭的同乡马融就住在藏书阁，向她学习《汉书》。马融后来成为大儒，门下有很多弟子。

由于班昭博览群书，学识渊博，文采出众，所以汉和帝还常常让她到皇宫去，当皇后和妃嫔们的老师，尊称她为“大家”。每当有人贡献稀奇少见的宝贝，和帝就会命班昭作赋写颂。

乐羊子的夫人

在河南住着个名叫乐羊子的人。有一天，他在路上行走时，**捡到**了一块别人丢失的金子。

他把**金子**拿回家，给了妻子。妻子说："我听说有志气的人不喝'盗泉'①的水，廉洁方正的人**不接受**'嗟（jiē）来之食'②，何况是捡别人的失物、谋求**私利**来玷污自己的品德呢！"

注释

①盗泉：比喻不义之物、不义之财。

②嗟来之食：指带有侮辱性的施舍。

乐羊子听后，非常惭愧，就拿起金子出门，把它放在原处。从此，他到四方游历，访寻良师，立志读书。

过了一年，乐羊子回到家中。妻子正在织帛（bó）③，见他突然回来，就跪起身迎接，问他回来的缘故，是不是出了什么事情。

乐羊子说："出门在外久了，心中难免想念家人，没有别的特殊事情。"

他妻子听后，就拿起刀，快步走到织机前说："这些帛都是从蚕茧中生出，又在织机上织成的。一根丝一根丝地积累起来，才达到一寸长；一寸一寸地积累，才能成丈成匹。假使我把这匹正在织的帛割断了，之前的工作就白费了，花的时间和心力也就浪费了。要知道学问无穷，即使天天用功，尚且研究不完。你积累学问，就应当'每天都学到自己不懂的东西'，以此成就自己的美德；如果中途就回来了，那跟割断这匹帛又有什么不同呢？"

乐羊子听了夫人的教训，出门继续求学。七年之后，他成功完成了学业。

注释

③帛：丝织物的总称。

班超投笔从戎

班超，字仲升，扶风郡平陵人，是班彪的小儿子，班固的弟弟。他为人有大志，不拘小节，**博览群书**，很有口才。

班固被征召到洛阳任职，班超就和母亲一同搬去那里居住。家里很贫困，班超经常受官家雇用抄书，拿挣来的钱**供养**母亲。这份工作很累，班超需要长时间伏案。他曾把笔投在桌子上，感叹：“大丈夫没有其他壮志大略，应该效法傅介子、张骞（qiān）[1]，到异域立功来争取封侯，怎么能长久从事**笔墨**相关的工作呢？”同事都取笑他。班超说：“小子们怎么知道壮士的志气呢？”

后来，班超加入了军队，跟随奉车都尉窦（dòu）固的大军**出击匈奴**。班超率领一支军队作战，斩了敌人很多首级回来。窦固认为班超很

注释

①傅介子、张骞：都是西汉时期著名外交家，经营西域，建功立业。

有才能，派遣他出使西域②各国。他所带领的使团，只有三十六人。

他们先到了鄯（shàn）善国③，国王恭敬有礼地接待了他，后来却忽然变得**冷淡**。班超对他的部属说：“你们可曾感觉到鄯善国王对我们的敬意降低了吗？一定是匈奴也派了使臣到这里来，国王现在心怀犹豫，不知道是投顺汉朝好，还是联络匈奴好。聪明的人当事情尚未**发生**，就能够预先料到，况且这是明摆着的事实。”

于是班超叫来侍候的胡人，**吓唬他**说：“匈奴使臣来了好几天了，现在住在什么地方？”那人被他一吓，就吐露了全部情况。班超便把所有侍候

他的胡人关起来，免得走漏风声。然后他把三十多个下属召集起来一同喝酒。

大家喝得高兴的时候，班超忽然站起来，用严肃的**语气激励**他们：“我和你们到这辽远的边疆来，无非要为国家建立一番大功劳。现在，匈奴的使臣来了没几天，鄯善国王待我们的态度就不如从前了。如果他把我们抓起来送给匈奴，那我们不但不能建功立业，骸骨从此也只有给豺狼吃了。你们看怎么办呢？”

注释

②西域：自汉朝以后，对玉门关、阳关以西，葱岭（帕米尔高原）以东，巴尔喀什湖以东、以南及新疆广大地区的总称。

③鄯善国：西域古国之一，本名楼兰，位于新疆若羌附近，扼丝绸之路的要冲。

部下一齐回答说："现在处在危急存亡的时候，死生都由您做主。"班超说："不入虎穴，不得虎子。现在唯一的计策，就是趁着天黑，火攻匈奴使臣的住所。他们不知道我们有多少人，一定会大为**惊恐**，我们便可全部消灭他们。消灭了匈奴人，鄯善王会因此吓破了胆，我们便大功告成，把事情办好。"

大家都说："好！"

天色渐渐晚了，到了初更时候，班超便率领部下奔向匈奴使臣的**营地**。这时正刮着很大的风，班超便命十个人拿着鼓，在匈奴营地后面埋伏，和他们约定一看见火光，就打起鼓来大声呐

喊；又命其余二十多人，都拿着弓弩之类的兵器，埋伏在门两旁。布置完毕，班超便顺风放火，前后鼓噪**震动天地**，匈奴人东奔西逃，乱作一团。班超在这纷乱中，亲手杀死三个人，部下还杀死了匈奴使臣和随从，加起来有三十多，全都砍下脑袋。其余一百多人被烧死了。

第二天，班超请了鄯善国王过来，把匈奴使臣的首级给他看。鄯善举国震惊，班超便加以抚慰，劝说他们归顺。于是，国王归顺了汉朝，情愿把自己的儿子送去做人质。

虞诩增灶破羌

虞诩（xǔ），字升卿，陈国武平人，十二岁便能通晓《尚书》[①]。他早年丧父，在家里孝养祖母，不肯外出做官。直到祖母去世，他服丧结束，才接受朝廷的征召。

朝歌的贼寇攻杀官吏，连年作乱，州郡禁止不了。虞诩被任命为朝歌的长官，他的朋友都来慰问说："去朝歌多么倒楣啊！"虞诩笑着说："不求容易的志向，不回避困难的事情，这是做臣子的职责。不遇到盘根错节的难题，用什么来分辨利器呢？"到任后，虞诩招募曾打劫和偷盗的人，免除他们之前的罪过，命他们潜入贼寇当中，诱骗那些人去抢劫，然后埋伏士兵等待，杀掉了数百名贼寇。贼寇因此害怕并散去，于是大家都称赞虞诩的神明。

后来羌人入侵武都，邓太后因虞诩有将帅之才，让他担任武都太守。羌人首领听说虞诩要到武都赴任，就率领几千人在半路上拦截他。虞诩知道后，命令军队停止前进，扬言要上书请求援兵，等援兵赶到再出发。

注释

①《尚书》：最早题名为《书》，是我国第一部上古历史文件、部分追述上古事迹著作的汇编。

羌人听到消息后信以为真，分兵骚扰其他地区。虞诩趁羌人兵力分散，命令部队**日夜兼程**，急行军一百多里。他还下令，每名士兵要垒筑两个锅灶，每天加倍。这样一来，羌人不敢逼近。

事后，有人问虞诩：“孙膑当年采取减灶的方法，您却反其意而用之，采取增灶的方法。兵法上说每日行进不过三十里，以防不测，您一天**赶路**快二百里。为什么呢？”虞诩回答说：“敌众我寡，行军速度慢怕被他们追上；而行军迅速，他们就摸不到**底细**。

敌人看我军锅灶每天都在增加，一定会认为郡中派兵来迎接了。他们认为我们人多而且行动迅速，一定会害怕，不敢追赶。孙膑减灶，为的是‘示弱’而诱敌深入；而我增灶，是‘示强’使敌人不敢追赶。我与孙膑所用方法不一样，是形势不同的原因。”

到达武都后，虞诩看自己的部队**不满三千**，羌人却有一万多，就命令兵士先用小弩（nǔ）[②]发箭，故意示弱；诱敌前进之后，突然用大弩射击。

注释

②弩：古代一种用来射箭的冷兵器。它是一种装有臂的弓，主要由弩臂、弩弓、弓弦和弩机等部分组成。

羌人大惊，都逃了回去。虞诩率兵追赶，杀伤了很多羌人。然后，他把士兵分为数组，叫他们从**东门**出去，北门进来；接着叫他们换了别的衣服，照样再进出多次。羌人见此情形，不知道汉兵的确切数目，更加恐慌，准备撤退。虞诩预先在中途埋伏**士兵**，等到羌人走近，突然发起攻击，把羌人杀得大败，就此溃散。

虞诩回到武都，建筑军营，驻扎兵士，开辟水运道路；又召集住在荒野的百姓和那些流落失散的民众，让他们开垦土地，专心生产。虞诩刚到任时，当地仅有一万来户。过了两三年，人口便增加到**四万多户**。盐和谷物相当充足，价钱不到原来的十分之一。边境得了保障，而且交通便利，大家安居乐业。

科学家张衡

张衡，字平子，南阳郡西鄂人。他年轻时就擅长写文章，曾经在三辅一带游学，还到洛阳太学读书。张衡学成之后，**通晓五经**，掌握六艺。虽然他才华比一般人高，但并不因此骄傲自大，总是举止稳重，神态淡泊宁静，不喜欢与世俗之人交往。朝廷多次征召他出去做官，他都没有答应。

这时候，社会长期太平无事，从**王公贵族**到一般官吏，没有不过度奢侈、铺张浪费的。张衡于是摹仿班固的《两都赋》，写了《二京赋》，来向朝廷讽喻规劝。这篇赋，他精心构思润色，十年才完成。

张衡**善于**制造器械，在天文气象和历法推算上下的功夫格外多。汉安帝①常常听说他擅长术数方面的学问，特地下令征召他到朝廷做官。

注释

①汉安帝：名叫刘祜（hù），东汉第六位皇帝。汉章帝之孙，汉和帝之侄。

于是，张衡精心研究天文气象历法的**学问**，发现了测天仪器的正确道理，制作了浑天仪②，写出《灵宪》《算罔（wǎng）论》等书籍。

汉顺帝在位时，张衡又造出了候风地动仪。它用**纯铜铸造**，直径八尺，上下两部分扣在一块儿，中央凸起，样子像个大酒樽（zūn）。外面用篆体文字和山龟鸟兽的图案装饰。内部中间有根粗大的铜柱，周围伸出八条滑道，**设置**了枢纽，用来拨动机件。地动仪外壳上有八条龙，每条口中都含着一枚铜丸，龙头下面各有一只蛤蟆，张着嘴巴，准备接住龙吐出的铜丸。

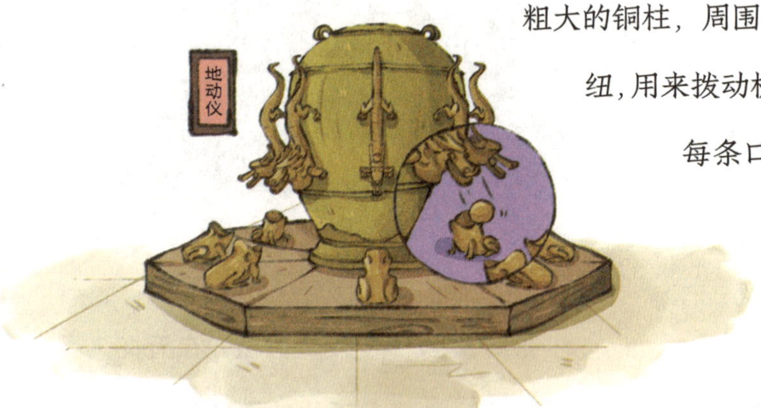

仪器的枢纽和机件制造得很精巧，都隐藏在“大酒樽”中，覆盖严密，没有一点儿**缝隙**。如果发生地震，仪器外面的龙就震动起来，触发机关，吐出铜丸，下面的蛤蟆就把它接住。

注释

②浑天仪：是浑仪和浑象的总称。浑仪是测量天体球面坐标的一种仪器，而浑象是用来演示天象的仪表。

铜丸撞击的声音清脆响亮，守候机器的人因此可以得知发生地震的消息。出现地震时，只有一条龙的机关被触动，另外七个龙头**丝毫不动**。哪个方向的**龙头吐出铜丸**，就说明哪个方向地震了。用实际发生的地震来检验仪器，彼此相符，灵验如神。

有一次，一条龙的机关发动了，可是洛阳并没有感到**地震**，京城的学者全奇怪它这次为什么没有应验。几天后，驿站③传送文书的人来了，证实陇西果然发生了地震，大家这才都叹服地动仪的绝妙。从此以后，朝廷就要求史官根据**地动仪**的感应，记载每次地震发生的方位。

注释

③驿站：古代供传递政府文书、情报的人中途更换马匹或休息、食宿的地方。

蔡侯纸

蔡伦，字敬仲，是桂阳郡人。他在汉明帝时进入内廷当了宦官①，开始为皇家服务。到汉和帝②即位后，蔡伦**升职**了，参与制定政令。

蔡伦虽然是宦官，但富有才学，为人敦厚谨慎，对公事非常尽心尽力。他曾经多次因为公事跟皇帝意见不一致，惹得**龙颜大怒**，而他想的是出谋划策，劝说皇帝不要犯错误。每到休假的日子，他经常关起门来不接待宾客，穿上普通人的衣服，行走在田野之间。后来蔡伦升任尚方令③。他监督制造皇室丧葬所用的刀剑和其他**器械**，都又精美又坚固，后世人们都仿效他采用的工艺。

以前人们大多把文字刻在竹简上，然后用绳子穿起来，编成册，或者用丝织品来写字。

注释

①宦官：古代专供皇帝及其家族役使的奴仆。

②汉和帝：刘肇（zhào），东汉第四位皇帝。汉明帝刘庄之孙，汉章帝刘炟之子。

③尚方令：官名，管理皇室工场，负责制造御用器物。

但是，丝织品很昂贵，普通人家用不起，而竹简又太**笨重**了，不适合携带，这两种书写材料都不方便。也有人用植物纤维来造纸，但这种纸太粗糙，不适合写字。蔡伦经过长期试验，改进了造纸的**方法**。

他用树皮、麻头和破布、渔网等常见又便宜的材料，让工匠把它们切碎剪断，放在大水池中浸泡。过了一段时间，纤维不易腐烂，就保留下来，其他东西都不见了。他再让工匠把**浸泡**过的原料捞起，放入容器中不停搅拌，直到变成浆状物，然后用又薄又长的细竹片把**浆状物**挑起来，等干燥后揭下来，就得到了纸。

蔡伦带着工匠反复试验，最后造出了既轻薄柔韧、适合写字，又取材便利、成本很低的纸。他把这种纸和制造方法献给汉和帝。汉和帝见了非常高兴，大为赞赏蔡伦的才能。自此之后，大家都使用这种物美价廉的纸。蔡伦在宫廷做了许多事情，被封为龙亭侯。人们因此把他造的纸称为“蔡侯纸”。

善于识人的郭泰

郭泰，字林宗，太原郡介休人。他身长八尺，相貌魁伟，口若悬河，声音嘹亮，博通群书。朝廷征召他去做官，他不肯**答应**，去周游郡国了。后来他闭门教书，学生有好几千人。他的声誉，也因此一天比一天高。

郭泰善于**慧眼识英才**，特别喜欢褒奖鼓励后辈，发掘和培养了不少人才。陈留人左原，原本在郡学①读书，因为违背规则，被学校斥退。郭泰知道了他的事情，有一天在路上遇见，就拿出酒菜招待他，劝他**从此改过**。左原答应了。有人对郭泰说："像这样的坏人，你为什么要和他来往呢？"郭泰说："这种人，用言语好好感化他才是。如果和他蛮干，一定会越弄越僵！"左原非常**怨恨**一些同学，就带了几个流氓到学校里，打算报复他们。这一天正好郭泰也在学校里。左原见了他，很惭愧，最后没有动手，从此决心学做好人。

注释

①郡学：郡国的最高学府。自西汉开始，在郡国设有官办学校。。

陈留人茅容，四十多岁了，在田间耕种。有一天下雨了，他和农夫们在树下避雨。农夫们都**散漫地**蹲着谈笑，不注意形象举止。只有茅容端端正正地跪坐着不动。郭泰走过树下，看见茅容，觉得惊奇，就跟他交谈，两人非常投机。

天色已晚，茅容就请郭泰到他家中留宿。第二天，茅容杀了一只鸡，郭泰还以为是准备给客人吃的。不料茅容把鸡煮熟后，连忙拿去献给**母亲**，自己却拿了几盘蔬菜与郭泰一同吃饭。郭泰非常佩服他的贤孝，就劝他读书。后来茅容成为有德之人。

钜鹿人孟敏，背了一口煮饭的瓦甑（zèng）②在路上走，稍微不注意，瓦甑掉在地上摔破了。孟敏头也不回，若无其事地**继续向前走**。郭泰问他为什么不回头看看，孟敏回答说：“甑已经摔破了，看它做什么？”郭泰见他言词爽直、态度大方，很看重他，劝他出去求学。十年之后，孟敏出了名。

注释

②瓦甑：陶制的炊器。

梁上君子

陈寔（shí），字仲弓，颍川郡许县人。他小时候与伙伴戏耍，都能得到大家的拥护。他有志好学，无论坐着还是站着，

都坚持读书，后来进入太学。有个小吏曾经冤枉陈寔，等陈寔当了上级官员，对这个小吏却依旧以礼相待，人们都很佩服他的德行。他在太丘县当官的时候，讲究德化，清静无为，百姓安居乐业。

后来，陈寔不做官了，回家住在乡间，心境平和，处事公正，堪称表率。百姓有了争执，都会到陈寔这里请他判决。

陈寔会对百姓说清道理曲直，大家回去后没有埋怨的。大家都感叹：“宁愿被刑罚处治，也不愿被陈寔批评。”

这时候，发生了饥荒，百姓没有收入，生活困苦不堪。有个小偷趁着夜色溜进陈寔家里，躲在房梁[①]上。陈寔暗中看见了，于是起床，穿好衣服，整理卧具，打扫卫生，然后把子孙叫到一起，**正色训诫他们**：“人不可以自己不努力。不善良的人本性不一定是坏的，坏习惯往往因不注重品性修养而形成。‘梁上君子’就是这样的人！”小偷听了大吃一惊，赶紧下到地上，跪倒**叩头请罪**。陈寔开导他说：“看你的样子不像坏人，应该深刻反省，从此做个好人。然而，你应当是因为贫困才干这事的。”于是，他让家人赠送两匹绢[②]给小偷。自此之后，全县没再发生盗窃事件。

注释

①梁：架在墙上或柱子上支撑房顶的横木。泛指水平方向的长条形承重构件。

②绢：一种丝织物，薄而坚韧。

偷牛还剑

王烈，字彦方，是太原郡人。他青年时在陈寔门下**学习**，品德高尚，**办事公正**，很受乡里的人敬重。

有个偷牛贼被牛主人抓住了，**恳求**牛主人："情愿到官府去受刑罚，只愿不要让王彦方知道这件事。"王烈听说后，派人去看望，还送给他一端①布。

注释

①一端：古代布帛二端相向卷起来，合成一匹，一端就是半匹，长度相当于两丈。

有人问这是为什么，王烈说：“偷牛贼怕我知道他的过错，可见他自己也有些**难为情**。既然心怀羞耻，必然能够改正错误。所以我送他布，使他更加惭愧，从此做个好人。”

后来有个**老翁**，在路上丢了一把宝剑。有个过路客人见到，就守候在宝剑旁，直到**傍晚**，老翁回来找寻，便把宝剑还给他。老翁非常**感激**，回去就把这事告诉了王烈。

王烈听了，觉得非常奇怪。他调查了几次，才知道那位还剑的客人，就是从前的偷牛贼。

物归原主

王忳（zhūn），字少林，广汉郡新都人。有一年，他到洛阳去，在路旁的一间空屋中看见有个书生躺在床上。书生的脸色很差，非常虚弱地对他说："我是到洛阳去的**旅客**，不幸在途中得了重病，马上要死了。我的身边还有十斤金子，现在送给你，请你在我死后埋葬我。"

王忳正要问他的姓名，那书生断气了。在书生身边，王忳找到了**十斤金子**。于是他就用一斤金子办丧事，让书生入土为安，同时把剩余的金子都埋在棺材下面。

几年以后，王忳回到**家乡**，做了亭长。刚到的那天，不知从哪里跑来了一匹马，闯入亭中；又有一条不知道是谁家的绣被，被大风吹来，落在王忳面前。王忳不敢**据为己有**，马上把实情报告给县里。县官批准，把马和绣被给了王忳。

后来王忳骑着这匹马到雒（luò）县去。那匹马走在路上，突然开始不听指挥，最后闯进了一户人家里。主人一见它，**惊喜**交加，连忙问王忳："这匹马，你是从哪里得来的？"王忳就把自己如何得到马和绣被的事情都讲了出来。

主人大为惊奇，对他说："马和**绣被**，原来都是我家的东西。有一天，绣被让旋风①吹走了，马也不见了。想来你一定是做了什么积德的好事，所以才会得到这两件东西。"王忳听了这话，想了一会儿，**回忆起当年**埋葬书生的事，于是就把书生的形貌和埋金子的事情都讲了出来。

注释

①旋风：螺旋状运动的风。

主人听了，大吃一惊，立刻掉下了眼泪：“那书生就是我的儿子啊！他姓金名彦，几年前到洛阳去，从此没有回来，也没有**音信**，哪里想到您已经埋葬了他。这种恩德，我还不曾报答，今天先生被马带到这里来，莫非是天意吗？”王忳将马和绣被还给**主人**。主人不但不要，还送他些财物作谢礼，王忳推辞之后离开了。

金彦的父亲因此格外**感激**王忳，便把这事的经过告诉县官。然后趁王忳休假，他们一起来到埋葬金彦的地方，把棺材挖出来运回家乡。当年埋在棺材下面的金子还都在，金彦的父亲因此更加钦佩王忳的**诚实不欺**。王忳从此也出了名。

杨震不受黄金

杨震，字伯起，弘农郡华阴人。他少年时热爱学习，博览群书，专心探究学问；长大后通晓经籍，当时的儒生**称赞**他是“关西孔子杨伯起”。杨震住在家中，几十年都不肯接受**礼聘**出去做官，直到五十岁之后，才肯担任官职。

后来，杨震升任东莱太守。前去上任的**路上**，他经过昌邑，在这里住宿。他从前推举的荆州茂才①王密，正好是昌邑县长。王密就去看望杨震，两人欢聚叙旧。到了晚上，王密悄悄拿了十斤金子，过来要送给杨震。

注释

①茂才：汉朝选举科目。西汉称秀才，东汉避光武帝刘秀讳，改为茂才，或茂材。

杨震说："咱们是老朋友了。我是很**了解**你的，但你为什么不了解我这个老朋友呢？"

王密说："现在是深夜，没有人知道我给你送金子这件事。"

杨震说："天知、神知、我知、你知，怎么能说没有人知道呢？"

王密听了这话，带着十斤金子**惭愧**地走了。

后来，杨震转任涿（zhuō）郡太守。他公正廉明，不接受私人说情和私事**拜托**。子孙吃的是普通的粮食和蔬菜，出门都是步行，生活节俭朴素。一些老朋友或长辈劝说他为子孙考虑，置办一些产业，

好留给他们。杨震不肯，说："让后世的人称他们为清白官吏的子孙，我留给他们这个，不是很好吗？"

清廉能干的张奂

张奂，字然明，是敦煌郡渊泉人。永寿元年，他**调任**安定属国都尉[1]，刚刚到职，南匈奴七千余人起兵进攻，东羌也出兵**响应**。

那时候，张奂营垒中只有二百人左右。听到**消息**后，他马上带领军队出击，军吏认为己方抵挡不了对方，争相磕头阻止他。张奂不听，**率兵前进**，在长城驻扎。他召集兵士，并派遣将领前去招降东羌。张奂占据着龟兹，让南匈奴不能与东羌勾结。

注释

①安定属国都尉：汉代管理内附匈奴人的军事长官。西汉元狩二年（公元前 121 年），武帝下令将降附的匈奴人安置在沿边的陇西、北地、上郡、朔方、云中五郡，各依本族之风俗而归属于汉，统称五属国。朝廷分别派将领治理，称属国都尉。后来武帝将北地郡西部析出，另置安定郡，军事长官称安定属国都尉，并延续至东汉。

羌人各部相继和张奂示好亲近，同汉军一道攻打南匈奴叛军，不断取得胜利。匈奴十分害怕，向张奂**投降**，这样郡内才得以安宁。

东羌部落的首领感激张奂的恩德，献上二十匹马，另一位首领也送来八件金耳环。张奂都接受了，然后便命下属官吏召集羌人各部前来。当着首领们的面，他举杯将酒倒在地上说：“即使马像羊一样多，我也不会把它们收入马厩；即使**金器**像谷粒一样多，我也不会把它们收入怀中。”然后，他把金、马全都归还了。

羌人很看重官吏的清廉。张奂自身端正，品行高洁，恩威和教化得以广泛推行。朝廷调张奂**担任**使匈奴中郎将。匈奴的休屠各部落与乌桓一起反叛，汉军非常**惊恐**，都想逃跑。张奂安坐帐中，若无其事地与弟子讲诵学问，军士们渐渐安定下来。他私下里联系并降服乌桓，然后让乌桓斩杀了休屠各部落的首领，最后袭击并打败了叛军。

后来，张奂担任武威郡太守。他护境安民，移风易俗，老百姓在他的管理和教导下安居乐业。张奂**升职**，鲜卑人听说他调离后，就多次攻掠边境，抢劫杀害百姓。朝廷很担心这件事，又任命张奂担任护匈奴中郎将。匈奴和乌桓听说张奂到来，就相继投降，**总共二十万人**。

张奂年轻时立下志向，曾对朋友说：“大丈夫活在世上，一定要为国家在边境立功。”到后来成为**将帅**，果然建立了功勋。

《搜神记》里故事多

干将莫邪

楚国的干将、莫邪（mò yé）夫妇给楚王**铸造宝剑**，过了三年时间才完成。楚王生气了，想杀死他们。

宝剑有雌雄两把，当时莫邪身怀有孕（yùn），将要分娩[①]。干将对莫邪说：

“我替楚王铸剑，三年才完成，楚王一定会生气。我去见他，他一定会杀我。你如果生的是男孩，等他长大了，就告诉他：‘出门望着南山，看见一棵**松树**长在石头上，宝剑就在那树的背上。’”

干将只带着雌剑去见楚王。楚王果然非常生气，让懂得剑的人来仔细检查。那人看完之后说：“宝剑共有两把，一把雄剑，一把雌剑，雌剑送来了，雄剑还没有送来。”楚王发怒，立刻杀死了干将。

注释

①分娩：母亲把孩子生出来。

莫邪的儿子名叫赤。他长大了之后就问母亲:“我的父亲在哪里?”他母亲说:“你父亲给楚王铸剑,三年才完成,楚王发怒把他杀了。他离家时嘱咐我:‘告诉我儿子:出门望着南山,看见一棵松树长在石头上,宝剑就在那树的背上。’”

于是儿子走出门去**向南望**,没有山,只看见堂前有一根松木柱子,立在基石上面。儿子就用斧头劈破松木柱子背面,得到了宝剑。他日思夜想,要向楚王报仇。

这时候,楚王梦见一个男孩,两条眉毛之间有一尺宽,说要报仇。楚王就**悬赏千金**捉拿他。

莫邪的儿子听到消息,急忙逃走,躲进深山,一边走着一边悲哀地唱歌。有一个侠客②遇见他,问:“你年纪还小,为什么哭得**这样悲伤**呢?”他回答说:“我是干将、莫邪的儿子。楚王杀死了我的父亲,我要向他报仇!”侠客说:“听说楚王悬赏千金要你的脑袋,把你的宝剑和脑袋拿来,我为你报仇。”莫邪的儿子说:“太好了!”就割下自己的头,两只手捧着头和宝剑交给侠客,身子还**僵硬地站立着**。侠客说:“我不会辜(gū)负③你。”于是尸体才倒下去。

侠客带着人头去见楚王,楚王十分高兴。侠客说:“这是勇士的头颅,应当用大汤锅来煮它。”楚王依照他的话去做。男孩的头被煮了三天三夜,却一

注释

②侠客:在中国古代通常指那些武艺高强、四处游历、讲义气的人,他们不求回报,帮助别人,主持正义。

③辜负:让别人或自己的希望落空;对不起别人的好意、帮助或希望。

丝也没有烂，头在滚水中跳出水面，**瞪着眼睛**，充满愤怒。侠客说："这个小孩的头煮不烂，希望大王亲自到汤锅边**去察看**，这样一定能够煮烂。"楚王就走到汤锅边上去看。侠客用宝剑向楚王的头砍去，楚王的脑袋随即掉进滚水中。侠客也挥剑**自刎**，头掉进滚水中。最后，三颗人头都被煮烂了，无法分辨出是谁的。楚王的手下只好把他们都**埋葬**了，所以统称为"三王墓"。

左慈戏曹操

左慈，字元放，庐江人。他少年时就学会了法术。

有一次，左慈参加曹操[1]举办的宴席。曹操笑着对众宾客说：“今天高朋满座，山珍海味都准备得差不多了，只差吴地松江的鲈（lú）鱼[2]了。”左慈说：“这事好办。”他要了一个铜盘，盛满水，用竹竿挂上鱼饵，没过一会儿，就从盘中钓出一条鲈鱼来。曹操拍手叫好，众宾客感到十分惊奇。曹操又说：“一条鱼不够招待大家，有两条就好了。”于是左慈再用竹竿和鱼饵在盘中垂钓，又钓出一条鲈鱼来。两条鱼都有三尺多长，新鲜活泼。于是曹操亲自下厨烹（pēng）饪，一一赏赐给在座宾客。

注释

①曹操：字孟德，小名阿瞒，东汉末年的政治家、军事家，在群雄割据中取得胜利，统一北方。他的儿子曹丕逼迫皇帝让位，建立魏国。

②鲈鱼：鱼身色白，有黑点，嘴很大，鳞很细，肉质鲜美，在古代已经是人们喜爱的美味。

曹操说："现在鲈鱼有了，可惜没有蜀地的生姜作调料。"左慈说："这也好办。"曹操怕他到附近去买，于是赶紧说："我已经派人到蜀地去买**彩锦**，你告诉我的使臣，叫他多买四丈。"

左慈去了，一会儿就带回生姜，还对曹操说："在蜀锦市场见到了你的使臣，已经告诉他多买**四丈彩锦**。"一年以后，使臣回来，果然多买了四丈。曹操问他，他说："去年某月某日，我在市场见到一个人，他把您的命令传达给了我。"

后来曹操到近郊**游玩**，随从官员有一百多人。左慈拿着一坛酒和一片肉干，亲自为这些官员倒酒端肉，大家都酒醉肉饱。曹操觉得很奇怪，派人追查原因。调查的人走到**一家酒店**，得知昨晚这里的酒肉全不见了。曹操生气了，暗中打算杀掉左慈。

左慈本人正在宴会上坐着，曹操让人捉拿他，他却隐入墙壁之中，忽然不见了。于是曹操下令，悬赏捉拿左慈。可是，一整条街的人都同左慈长得一个模样，谁也分辨不出哪个才是真正的他。

后来有人在阳城山头见到左慈，就去捉他。左慈混入了羊群。曹操知道左慈不容易捉住，就让人对羊群说：“曹公不再杀你，原来不过是试一试你的法术，现在已经应验了，只想与你见面。”忽然有一只老公羊，弯着两只前脚，像人一样站起来说：“何必慌忙成这个样子。”那个人立刻说：“这只羊就是左慈。”大家纷纷扑向这只羊。这时候，一群上百只羊都变成了老公羊，弯着两只前脚，像人一样站起来说：“何必慌忙成这个样子。”最终，曹操和他手下的人也没办法把左慈捉住。

黄衣少年

杨宝是汉代弘农郡人。九岁时，他到华阴山北边去玩耍，看见一只黄雀被鸱枭（chī xiāo）①击伤后坠落在

树下，无助地倒在地上，被一群蚂蚁围困起来。杨宝怜悯（mǐn）黄雀，就把它捧起来，带回家，放置在一个小木箱里，每天用菊花来喂养它。

注释

①鸱枭：古人对猫头鹰的叫法。

过了一百多天，黄雀的伤养好了，羽毛也长全了，它**每天**早上飞出去，晚上又飞回来。

有一天晚上，到了三更，杨宝还在读书，尚未**睡觉**。忽然，一个穿着黄衣服的少年走了进来，向杨宝行再拜礼。他对杨宝说：“我是西王母②的使者，奉命出使**蓬莱仙山**，不小心被鸱枭击伤。承蒙您怜爱救助，非常感谢您的大恩大德。”

说完，黄衣少年送给杨宝四枚**白玉环**，并说：“让您的子孙像这白玉一样品行高洁，位居三公。”

注释

②西王母：上古女神的名字。始见于《山海经》，因所居昆仑丘位于中原的西边，故称西王母。

细腰

张奋是东汉魏郡人，家里原先非常富裕，后来忽然家道衰败，财产也没有了。于是，他把**住宅**卖给了程应。程应刚刚搬进去住下，全家人都生了病。程应就又把住宅卖给了邻居何文。

何文也知道了房子之前的各种事情，所以买下住宅后，他先独自一人手持大刀，在傍晚时分来到北面的堂屋，爬到梁上藏了起来，**悄悄观察**下面的动静。

夜里三更将尽，门口忽然走进来个身长一丈有余、戴着高帽子、穿着黄色衣服的人，一到堂上就大声喊道：“细腰！”

立刻便有一个细长的人应声作答。黄衣人问：“怎么屋里有生人的气味呢？”细腰**回答**说没有生人。黄衣人听了他的回答，随即离开。不一会儿，又来了个戴着高帽子、穿着青色衣服的人。

在他之后，又来了个戴着高帽子、穿着白色衣服的人，问话和回答都跟黄衣人那次一样。天要亮的时候，何文从梁上下到堂屋里，学着那三个人的方法来呼唤细腰。他问细腰：“刚才穿黄衣服的人是谁？”

细腰回答：“那是**黄金**，就住在堂屋西边的墙壁下。”

“穿青衣服的人又是谁呢？”

细腰回答：“那是铜钱，住在堂屋前面距离井边五步远的地方。”

“穿白衣服的人又是谁呢？”

“那是白银，就住在**墙壁东北角**的柱子下面。”

“你又是谁？”

“我是木杵（chǔ）[1]，如今住在**灶台**下面。”

天一亮，何文到细腰说的三个地方去挖掘，得到了五百斤**黄金和白银**、千万贯（guàn）[2]铜钱。然后，他在厨房找到了一根木杵，用火烧掉。从此，何文非常富裕，住宅也变得清静安宁。

注释

①杵：捣粮食等或洗衣服时用来捶打的圆木棒。

②贯：一千个钱叫一贯。

孝子董永

汉朝的董永，是千乘县人。他小时候母亲就去世了，和父亲一起生活。他很勤劳地种地，还用鹿车[1]载着父亲，让他坐在里面**陪着**自己。

后来，父亲也去世了。因为家里没有钱来支付丧葬费用，他就把自己卖给一户有钱人家当奴仆，用得到的钱来办理丧事。买主知道他**贤能孝顺**，就给了他一万文钱，让他先回家去守孝。

董永守完了三年孝，想要回到买主那里，尽当奴仆的**义务**。半路上，他碰到一个年轻女子。这女子对他说：“我愿意做您的妻子，跟您一起去主人家做工。”然后，她和董永一起走到了买主的家里。

注释

①鹿车：古代一种窄小的车子。

买主见他来了，就说：“我已经把钱奉送给您啦，您回家过日子就行，不必来做奴仆。”董永说：“承蒙您的恩德，我死去的父亲才得到安葬。我虽然是个卑微的人，也不能白白拿您的钱，一定要尽心竭力为您做事来报答大恩。”

买主见有女子跟他一起来，就问：“您妻子会做什么呢？”董永回答说：“她会**纺织**。”买主说：“您一定要报答我的话，就让您妻子给我织一百匹细绢[2]吧。”

于是这个女子为买主家纺织，只用了十天就完成了一百匹**细绢**。

董永就跟买主告辞，领着女子出门回家。这女子走出买主家的门后，对董永说：“我是天上的**织女**。只是因为您极其孝顺，天帝才命令我来帮您偿还欠债。”话刚说完，这女子就腾空而去，不知到了什么地方。

注释

②绢：丝织物，薄而坚韧。

于吉请雨

孙策[①]想渡过长江袭击许昌，带上了道士于吉一起出发。当时天气**干旱炎热**，他们所在的地方就像被火烤着一样。孙策催促全体官兵，让他们快一点儿把船拉过来准备渡江进军。但因为天气太热了，将士们都十分疲惫，做事快不起来。

孙策心里急躁，一大早就亲自去督促拉船，却看见许多将士聚集在于吉那里。孙策因此被**激怒**了，气呼呼地说："难道我做得比不上于吉吗？你们竟然都跑去他身边依附他！"就派人去抓于吉。

于吉被抓来了，孙策就责备他说："天气干旱，一直不下雨，江水也浅，不知道什么时候才能拉齐船只渡过江去，所以我一早出来动员大家。你不和我共患难，却安心坐在船中，装神弄鬼，扰乱军心，败坏军纪。今天该把你杀掉！"

注释

①孙策：东汉末年人，字伯符，是吴国政权的奠基者之一，孙坚长子，孙权之兄。

然后孙策命令部下把于吉绑了，扔在外面的地上，让太阳晒他，还命令他求雨：如果他能感动上天，中午就下雨，就宽大赦（shè）免他；否则，就杀掉他。没想到，过了一会儿，云气向上蒸腾，一块一块地合拢。到了中午，倾盆大雨下了起来，河流山川都满得溢出来了。

将士们**十分高兴**，认为于吉一定会得到宽大赦免，就一起到于吉那里庆贺慰问。孙策见到将士们这么爱戴于吉，更加生气，下令把于吉杀了。将士们觉得又悲痛又**可惜**，就把他的尸体藏了起来。那天夜里，忽然有乌云升起，把尸体盖住了。第二天一早，**将士们**跑去一看，不知道于吉的尸体到什么地方去了。

孙策杀了于吉以后，每当一个人坐着，就仿佛看见于吉在**旁边**。他心里非常厌恶，精神也有点儿失常。后来他受了伤，伤口刚刚长好，拿起镜子来照自己，却看见于吉在镜子中。他很生气，发现只要自己看镜子，里面都有于吉。于是他扑倒在镜子上大叫大嚷，刚长好的**伤口**又裂开了，很快就死了。

蚂蚁报恩

董昭之是吴地富阳县人。有一次，他过钱塘江，船行到江水中间，他看见江中有一截短短的芦苇，上面趴着一只蚂蚁。蚂蚁从芦苇的这端爬到那端，又从那端爬回来，不断反复，看上去很害怕的样子。

董昭之说：“这只蚂蚁害怕被淹死。”就想把蚂蚁救上船来。但船上有人骂道：“蚂蚁有毒，不能救它。你如果把它弄上来，我就要踩死它。”董昭之可怜这只蚂蚁，就想了个救它的方法。他用一根绳子绑住芦苇，让船拖着走。船靠岸后，蚂蚁沿着绳子爬了上来。

当天晚上，董昭之梦见一个穿着黑衣服的人，带领一百多个人前来致谢。黑衣人说：“我是蚁王，不小心落入江中，感谢你把我救出来。以后，你如果遇到什么危难之事，可以告诉我。”

十多年后，董昭之所住的地方闹盗贼，有人诬陷（wū xiàn）①他，说他是盗贼首领。他被抓了起来，关押在**牢房**中。此时，董昭之忽然想起蚁王在梦中所说的话，就打算求助。但是，现在到哪里去找蚁王呢？

董昭之一脸愁容，被关在同一牢房的人看到了，问怎么回事，董昭之告诉了他。这个人对董昭之说：“你只用找到两三只蚂蚁，放在手掌上对它们说话就行了。”

董昭之照他说的方法做了。到了晚上，董昭之又在梦中见到了黑衣人，**黑衣人**对他说：“你赶快逃到余杭山里去。现在天下已经非常混乱，过不了多久，朝廷就会发布赦（shè）令②。”

董昭之醒来后，蚂蚁已将**门锁**咬断，他便从牢房逃了出去，渡过钱塘江，一直逃进余杭山中。不久，朝廷大赦天下，董昭之也得以免罪。

注释

①诬陷：伪造事实，以言语冤枉好人，或是刻意假造罪状，陷害他人。

②赦令：古代君主发布的减免刑罚或赋役的命令。

七枚玉璧

汉朝永平[1]年间，会稽地方有一个人名叫钟离意，字子阿，做了鲁国的相。

鲁国是孔子[2]的故乡，建有孔庙。到任后，钟离意拿出一万三千文自己的钱，交给一个名叫孔䜣的官员，让他用这些钱去修理孔子的马车。他还亲自到孔庙去，把桌子、坐席、刀剑、鞋子都仔细擦了一遍。

有个干活的男人名叫张伯，在堂下除草时，从泥土里捡到了七枚玉璧[3]。张伯把其中一枚藏

注释

①永平：东汉第二个皇帝明帝的年号，自公元 58 年到 75 年。

②孔子：中国古代著名的思想家、教育家，儒家学派创始人，被后世尊为孔圣人、至圣、至圣先师等。

③璧：古代的一种玉器，扁平，圆形，中间有小孔。

在怀里，只拿了六枚报告给钟离意。钟离意就让手下官员把它们供在桌子前面。

孔子传道授业的讲堂前的**床头**，悬挂着一个瓮（wèng）④。钟离意召见孔䜣，问他：“这是什么瓮？”孔䜣回答说：“这是孔夫子的瓮。里面装有丹书，没有人敢**打开**它。”

钟离意说：“孔夫子是圣人。他之所以**留下**这瓮，是想把它挂在这儿让后代的贤良之士打开来看。”于是就把它打开了。里面放有一块帛书，上面写着：“后

代研究我著作的，是董仲舒⑤。保护我车子、擦拭我鞋子、开启我**书箱**的，是会稽人钟离意。玉璧有七枚，张伯私藏了其中一枚。”

钟离意就召来张伯，责问他说：“玉璧有七枚，你为什么要藏起一枚呢？”张伯磕头求饶，马上把藏起的那枚玉璧交了出来。

注释

④瓮：一种盛东西的陶器，口小腹大。

⑤董仲舒：西汉哲学家。汉景帝时任博士，讲授《公羊春秋》。董仲舒“罢黜百家，独尊儒术”的主张被汉武帝所采纳，使儒学成为中国社会正统思想，影响长达两千多年。

杨伯雍种玉

洛阳县有一个人名叫杨伯雍，本来靠经商过日子。他非常孝顺父母，父母过世之后葬在无终山上，他就也搬到那里住下了。

这座山从**山脚**到山顶约有八十里，山上没有地方可以取水，要喝水必须到山下去打，大家都觉得非常不方便。杨伯雍看到这种情形，就想办法解除他们的困苦。于是，每天他到山下去打许多水上来，**煮了茶**放在山坡上，供过路的人喝，让大家都能享受方便。

过了三年，有个到他那里去喝茶的行人拿了一斗石子送给他，对他说道：“你拿这石子去种在山顶平坦有石头的地方，将来会生出**玉**来的。”这时候杨伯雍还没有娶妻，那人又对他说：“将来，你还会娶一位贤德的夫人。”

说完这些话，那人便不知去向了。杨伯雍照着他的话把石头种到山上。**过了几年**，他去那个地方，果然看见有许多宝玉生在石头上。这件事除他以外，没有一个人知道。

有一户姓徐的人家，是右北平地方的望族[1]。徐家有一个女儿，非常有**德行**，前去求婚的人很多。杨伯雍听说后，也跑去徐家求婚。徐家见他只是一个什么都没有的普通人，以为他精神不正常，就跟他开玩笑说："你如果能够拿一对白璧来做聘（pìn）礼[2]，就答应你的求婚。"

杨伯雍**信以为真**，就去自己种玉的田里，找到了五对白璧，把它们都送到徐家做聘礼。徐家见他一下子拿来五对白璧，大吃一惊，于是信守自己的话，把女儿许配给了他。就这样，杨伯雍得到了一位贤德的夫人。

杨伯雍因为**德行**高尚得到异人救助这件事一传十、十传百，渐渐地传到了皇帝的耳朵里。皇帝认为他是贤人，就让他做了官。后来，杨伯雍在种玉的地方四角各建了根一丈长的大石柱，中央一顷（qǐng）[3]大的地方，取名为玉田。

注释

①望族：有名望的大户人家。

②聘礼：男女订婚时，男方准备了钱财和礼物，由媒人送到女家去。

③顷：古代田地面积单位，一顷等于一百亩。

隗炤藏金

隗（wěi）炤（zhāo），是住在汝阴郡鸿寿亭的一个普通百姓，**精通**《易经》[①]。他临死时写了一块板，交给妻子，说："我死后，会有严重的灾荒。尽管这样，你千万别把家里的房子卖了。

到五年后的春天，会有皇上委派的使者来到这鸿寿亭住宿，他姓龚（gōng）。这人欠我黄金，你拿着这块板去**讨债**。记住，千万别违背了我的这些话啊！"

他死后，家中果然变得十分贫困。他妻子几次想卖掉房子，但每次回想起丈夫的话，就又打消了卖房的念头。

到了那预定的日期，果然有一个龚使者到亭中住宿，他妻子就把这块板给了龚使者，向他讨债。

注释

①《易经》：中国古代经典书籍，包括六十四卦和三百八十四爻（yáo）。

龚使者拿着这块板，不知道说什么才好："我从来不欠人家的钱，这是怎么回事呢？"隗炤的妻子说："我丈夫临死的时候，亲手写了**这块板**，他吩咐我这样做的，我并不敢乱来。"

龚使者**沉思**了好长时间才明白过来，让人拿蓍（shī）草[②]来为此事占了个卦。卦占好后，他拍着手赞叹道："妙啊，隗先生！你不暴露自己的明智，隐蔽起自己，因而没有人**知道**你。你真可以说是一个明察穷困通达、洞悉吉利灾祸的人啊！"

然后他就告诉隗炤的妻子："我不欠他黄金，你那贤能的丈夫本来就有黄金。因为他知道死后你们会遭到短时间的贫困，所以他藏起黄金，等太平的日子来了再说。他之所以不告诉妻子、儿子，是怕你们早早把黄金用完了，以后要一直贫困下去。他知道我**精通**《易经》，所以写了这块板来把自己的用意传达给我。五百斤黄金，他用青色的瓷瓶装着，用铜盘盖着，埋在堂屋东头离墙一丈、深九尺的地方。"

隗炤的妻子回家，按照卦上所指示的地方挖下去，果然得到了**五百斤黄金**。

注释

②蓍草：一种植物，高五六尺，一本一二十茎，至多者五十茎，它"生便条直"，跟其他蒿草不一样，常常被古人用来占卜。

颜超延寿

管辂（lù）[①]善于给人看相。有一次，他到平原去，见到一个名叫颜超的少年。管辂发现他的**面色异常**，预示着年纪轻轻就会死去。

颜超的父亲得知这件事，就请求管辂想办法延长颜超的寿命。

管辂说：“你回去预备一壶清酒和一斤鹿肉干，在卯（mǎo）日[②]那天，让你儿子带着这两样东西，到刈（yì）[③]麦地南边的**大桑树**下面去。有两个人在那里坐着下围棋，让他只管给他们倒酒端肉干，直到一壶酒、一斤肉干吃喝完了为止。假如他们问起话来，就只管对着他们磕头，千万不要开口说话！这样做，**一定**会有人救他命的。”

到了那一天，颜超按照管辂的吩咐，带了酒肉到那个地方，果然看见有两个人坐在大桑树下**下围棋**。于是他端了肉干、倒了酒放在他们面前。

注释

①管辂：字公明，平原郡人，三国时期曹魏术士。精通《周易》，善于占卜和看相。

②卯日：古时候用天干地支纪日，卯日，就是地支为卯的日子。

③刈：收割。

那两个人下围棋下得非常投入，全部心思在这上面，不经意地就吃了肉干、喝了酒。等到他们把一瓶酒、一斤肉干全吃喝完了，坐在北面的那人忽然发现了颜超，就非常生气地责问他：“你为什么会在这里？”

颜超牢记管辂吩咐的话，也不开口，只是向他们磕头。

坐在南边的那人看了颜超**可怜**的样子，说：“我们刚才吃过他的酒肉，难道要这么无情吗？”

北面的那人回答：“并不是我不肯救他，只是文书上已经写定了，还有什么办法呢？”

南面的那人说：“请你把文书给我看一看。”北面的那人便将文书交给了他，只见上面写着：“颜超应享寿十九岁。”

南面的那人想了一想，便拿起笔来，将“十九”两字，颠倒地钩了一下，变成了“九十”。他**笑着**对颜超说：“救了你，让你活到九十岁吧！”

颜超连忙磕头拜谢这两位下围棋的人，然后**回家**去了。

他把这件事告诉了管辂。管辂说：“这真是大大地帮助了你，我也很高兴你能增加寿限。坐在北面的是北斗星，坐在南面的是南斗星。南斗星管生，北斗星管死。人只要成了胎，都在南斗星那里定好生日，再在北斗星那里定好死日。有什么请求，都得去拜北斗星。”

寿光侯捉妖

寿光侯是汉章帝①在位时候的人。他能惩罚各种**鬼怪**妖物，命令它们捆绑自己，露出原形。

离他住处不远的地方，有一个妇人被妖怪所害，生了很厉害的病。她家里的人急得没法，就上门来求寿光侯，请他去**捉妖**。寿光侯去了之后，作法降妖，就出现一条几丈长的大蛇，死在门外，那妇人的病也立刻好了。

后来，有一棵**大树**，里面有妖精，人走到树下就死亡，鸟飞到枝叶间就坠落下来。寿光侯于是前去捉妖。他施法之后，明明是盛夏时节，这棵树却突然枯萎落叶，出现了一条七八丈的大蛇，吊死在上面。

章帝听说了寿光侯捉妖的故事，**大为吃惊**，便派人去召他过来，问他：“听人说你会捉妖，可是真的？”

注释

①汉章帝：东汉的第三个皇帝，名叫刘炟（dá），谥号孝章皇帝，所以被称为汉章帝。

寿光侯回答说:“是的,我会捉妖!”

章帝说:“我的宫殿里有妖怪。夜半时候,常有几个穿着大红色衣服的人,披散了头发,拿了火,走来走去。像这种妖物,你能够捉住吗?”

寿光侯说:“这是些**小妖怪**,很容易除掉的。”

实际上,章帝有意试试寿光侯的法术是否真的**那么神奇**。所以他找了三个人,假扮成妖怪,让他们夜半时候穿着大红色衣服,**披散头发**,拿着火在殿下走来走去。寿光侯作起法来,那三个人立刻都倒在地上,没了呼吸。

章帝大吃一惊,赶紧解释说:“这三个人不是妖怪,是我叫他们假扮来试试你的!”

于是,寿光侯又对他们作法。过了一会儿,他们就都苏醒了过来。

熊妈妈

东晋升平①年间，有个人进山去打猎。正在林子里走的时候，他脚下**忽然**一空，掉进了地坑中。

地坑非常深，不可能自己爬出去。这个人看了看四周，发现了**几头熊崽**。他觉得事情有些不妙。

不一会儿，一头大熊走了进来，见到这个人之后瞪大了眼睛。他心想：糟糕，大熊看见生人出现在熊崽身边，可能把自己吃掉。

可大熊只是看了他一阵子，并没有去吃他或者伤害他。而且，过了一会儿，大熊还拿出储藏的野果，分给每个熊崽吃，最后还留了一份，放在这个人面前。他这会儿已经非常**饥饿**了，也顾不得太多，拿过野果全部吃掉了。

注释

①升平：晋穆帝的年号，公元357年到361年。

不久，这个人就和大熊亲近起来。大熊是熊崽们的妈妈。熊妈妈每天早晨外出，寻觅野果等食物回来分给**熊崽们**，每次总要留一份给这个人吃。他在这个地坑里，就靠着熊妈妈给的食物活了下来。

熊崽们**长大**之后，熊妈妈把它们一个个背出了深坑。熊崽全部出去后，这个人看着空荡荡的地坑，伤心又**害怕**，觉得自己根本找不到出去的路，一定会死在这个深坑中。

没想到，过了一阵子，熊妈妈又重新回到**深坑**中，坐在这个人身边。他想了想，明白了熊妈妈的意思，就抱住了它的脚。熊妈妈把他带出深坑，放在地面上，他幸运地活着回到了家。

李寄斩妖蛇

东越国闽（mǐn）中有一座庸（yōng）岭，高几十里。在西北部的低湿之处，住着一条大蛇。它的身体有七八丈长，十多围粗，当地人都很害怕。当地的大小官员，有很多是被这条蛇咬死的。人们一直用牛羊去祭它，所以才没有发生大的灾祸。

后来，据说是大蛇托梦给人，还告诉巫祝[①]，说牛羊已经吃厌烦了，现在想吃十二三岁的小女孩。官员们都很发愁，但大蛇的妖气所造成的灾害又没个完，于是他们只好出钱征募女孩子，养到八月初一祭祀的时候，送到大蛇住的洞口。大蛇就会爬出来，把女孩子吞吃掉。他们每年都这样做，已经给大蛇送了九个女孩子。后来，又到了征募的时候，老百姓都不肯把自家女孩子卖了给大蛇吃，所以官府一直没有找到人选。

将乐县有个人叫李诞（dàn），家里有六个女儿，没有儿子。他的小女儿叫李寄，听说了这件事，就对父母说："父亲和母亲只生了我们六个女儿。我们既

注释

①巫祝：古代称事鬼神者为巫，祭主赞词者为祝，后来人们用"巫祝"指代掌管占卜祭祀的人。

不能像缇萦（tí yíng）[②]那样救父亲的命，又没本事供养父母，养着我们毫无益处，白白地浪费衣食，还不如早些死了的好！把我卖给官府，还可以得到一点儿钱，拿来供养父

母，不是很好吗？”父母疼爱女儿，始终不允许她去**应征**。李寄就一声不响地独自溜出家门，父母也没办法制止。

官府看到有人主动来应征，非常高兴。李寄就**请求**官府给她找一把锋利的宝剑和一只会咬蛇的猎狗。官府答应了她的请求。

到了八月初一，李寄便带上剑，牵了狗，来到祭蛇的庙里坐下。

注释

②缇萦：中国古代著名的孝女。她是汉文帝时候的人，父亲犯了罪，将要被处刑。缇萦上书请求当官府的奴婢，给父亲赎罪。文帝很感动，就赦免了她父亲，并废除了那项刑罚。

她把预先准备好的蒸糯米拌上蜜糖，然后放在洞口。大蛇爬出洞外，头大得像谷仓，眼睛像两面二尺长的**铜镜子**，闻到食物的甜香气味，就先大口吞食起来。

李寄**知道**机会到了，就把手里牵着的猎狗放出去。猎狗冲到大蛇身边，狠命撕咬。这时，李寄举起利剑，跑到蛇身后对着它奋力劈砍。大蛇原本在贪吃食物，一点儿防备也没有，等到受了重伤，更加无力抵抗，翻滚着蹿到**洞外**，没过多久就倒在地上死了。

李寄杀死了大蛇之后，又爬到洞中去查看了一回。她找到了以前被献给蛇作祭品的九个女孩子的髑髅（dú lóu）③，便将它们都**搬了出来**，悲痛地说："你们这些人胆小软弱，所以被蛇吃掉，太可怜了。"然后李寄在众人充满敬意的注视中，缓缓走回了自己家。

越王听说了，**聘娶**李寄为王后。她的父亲被任命为官员，母亲和姐姐们也得到了赏赐。从此，当地再也没有怪异邪恶的东西了，人们编了赞颂李寄的歌谣，一直流传。

注释

③髑髅：死人的头骨。

田螺姑娘

有个少年名叫谢端，是侯官这地方的人。他小时候失去了父母，没有亲人可以依靠。邻居们看他可怜，就都帮忙抚养他长大。他长到十七八岁，为人**严肃谨慎**，自我约束力很强，非常守规矩。他一个人住在父母留下来的家中，邻居们都很**同情**他，希望他快些娶个妻子。但是，他一直没有遇到合适的女子。

谢端以耕田为生，每日很早起身去干活，很晚才回到家中，十分辛苦。有一次，他在村外见到一个大田螺（luó）[①]，有三升的水壶那么大。他觉得很稀奇，就把田螺带回了家，放在瓮中养着。过了十几天，谢端从田里干完活回到家中，看见有吃的饭、喝的汤，还有热水，就像是有人专门帮他做好了。他以为是邻居们替他准备的。

注释

①田螺：一种软体动物，体外有一个外壳。

后来，他每天回家，桌子上都整整齐齐地摆着热气腾腾的饭菜，从不间断。

谢端心里很感激，便去问**邻居们**是谁做的，要跟人家当面道谢。谁知所有邻居都摇头说不知道。谢端觉得很奇怪，想知道到底是谁在给他煮饭做菜，

于是想了个办法。有一天，他故意特别早就出去，刚听到鸡叫声便离开了，等到天亮，又悄悄走到家门口，躲在篱笆外面偷偷往屋子里看。

只见一个少女从瓮中出来，到灶（zào）下去点火做饭。谢端急忙进了门，先去瓮前查看，发现田螺只剩一个**空壳**。于是他来到灶前问这个少女："新来的这位姑娘，你从哪里来？为什么给我**做饭**？"少女又急又怕，想要回到瓮中去，然而谢端挡住了她的路。

她只好开口说："我是天河中的素女，天帝可怜你年少孤苦，待人恭敬谨慎又守礼节，所以派我暂时来帮你守屋做饭，在十年之中，让你家里变得富有。等你娶了妻子，我就可以回天河去。现在，你**无缘无故**地来偷看我，我的身形容貌已经暴露，就不能继续留在这里了，得马上离开。你也因此不能成为富有的人了。以后你勤勤恳恳地耕田捕鱼，

老实干活，用我这个田螺壳藏米，永远不会缺粮食吃。”谢端请少女留下来，少女不答应。这时，天空突然**风雨**大作，少女飘然离去。

谢端为她立了一个神位②，一年四季祭拜她。后来，谢端的生活虽然不算富有，但真的像素女说的那样，**衣食充足**。乡邻很羡慕他，争着跟他结亲。他**成家**之后，又当了官。

注释

②神位：书写神仙名号、封号等内容，以供人们祭奠的木牌。

为虎接生

苏易是庐陵郡的一位妇人，擅长为产妇接生。

一天夜晚，苏易走在路上，面前突然出现一只大老虎。她见到如此凶猛的**老虎**，以为自己要被吃掉了，吓得跑也跑不动。

那只老虎咬住了她，拖着她走了六七里路，来到一座**大墓**中。老虎把苏易丢在地上后，就蹲在一边**看守**着，没有要吃她的意思。

苏易非常害怕，又觉得奇怪。她看了看四周，发现旁边不远处有一只母老虎正在产仔，但虎仔一直待在**肚子里**，迟迟生不下来。母老虎趴在地上痛得死去活来。

不过，苏易发现，母老虎的眼睛总是**向上望**，时不时看她一眼。她很快明白过来，这只母老虎难产，正在向人求助。于是，苏易从地上站起来，大着胆子走到母老虎身边，用自己的接生本领**帮助**它生产。

母老虎总算生下了三只健康的虎仔，然后把苏易驮在背上，**送回了家**。后来，这只母老虎还送了好几次野味①到苏易家门口。

注释

①野味：猎取得来的的鸟或兽，可以吃。

孙登医龙

晋朝时魏郡大旱，农民们来到龙居住的洞里**祈祷**，求到了雨，准备去祭祀那条龙，以示感谢。

孙登看见了，说："这是**有病之龙**降下的雨，哪能使庄稼复苏呢？如果你们不相信，请闻闻这雨水。"

大家一闻，果然带着非常重的**腥气**，看着肮脏浑浊。

降雨的这条龙，当时背上生了大毒疮（chuāng）[①]。听见孙登的话，龙很佩服孙登的见识，认为他是个有本事的人。于是这条龙就变成一个**老爷爷**，来拜访孙登，请他为自己治病，说：“如果我的病痊（quán）愈了，一定有报答。”孙登给他治好了病。

过了几天，又下起了**大雨**。这次的雨水干干净净，没有味道。

人们还看见有块大石头中间**裂开**，出现了一口井，里面的水**十分清澈**。他们都说，那条龙大概是打了这口井，来报答孙登吧。

注释

①毒疮：指皮肤上带有毒性的疮疤肿烂、化脓，又称溃疡病。

一只金钩

京兆长安这地方有个姓张的女子，**独自居住**。有一天，她正坐在屋子里，有一只鸠（jiū）[1]从外面飞进来，停在床上。

她觉得很**奇怪**，便祷告说："鸠呀，你到这里来，倘若是给我带来灾祸的，那么，飞到天花板上去；倘若是给我幸福的，那么，飞到我怀里来！"

刚祷告完，那鸠便飞到了她的怀里。姓张的女子欢喜得连忙用手去**触碰**它，谁知鸠突然消失不见，不知道跑哪里去了。她只觉握住了一件坚硬的东西，举起来**一看**，是灿烂的黄金钩子。她便郑重地把金钩当作宝贝藏了起来。

注释

①鸠：鸟类。外形像鸽子，头小胸凸，尾短，两翼又长又大，善飞。古人称许多鸟类为鸠。

从此以后，张家的子孙渐渐变得越来越富有，旁人看到了十分羡慕。张家得到金钩的故事也一传十、十传百，好多人都知道了。

后来，有个蜀地的商人来到长安，听说了这件事，就动了歪心思。他拿了很多钱，买通了一个张家的侍女，叫她将那金钩偷出来。侍女接受了他的贿赂(huì lù)②，真的这么做了。

姓张的人家失去了金钩，家业逐渐衰败，一天比一天穷。但是，那蜀地的商人，并没有因得到了金钩而富有，反而变得穷困了。商人非常失望，有人告诉他："穷富是有天命的，怎么能强求呢！你偷张家的金钩，居心不良，天意是在惩罚你！"

商人被他这样一说，非常惭愧，就去张家谢罪，把金钩还给他们。张家得到了金钩，又重新兴盛起来。后来这金钩世世代代地传下去，再也没有丢失过。

注释

②贿赂：用财物去收买他人，也指收买他人的财物。

伯裘报恩

南朝时候，宋国有个酒泉郡，太守**到任**，过不了多久就会死亡。后来渤海郡有个叫陈斐（fěi）的人被任命为这个郡的太守，他对此又担心又害怕，闷闷不乐，就到占卜先生那里为自己测算吉凶。

占卜先生说：“疏远诸侯，释放伯裘（qiú）。你如果能够解开其中的含义，就不会有担忧了。”陈斐不明白占卜先生**这句话**的意思，占卜先生回答：“你去赴任，自然就会明白。”

陈斐到任之后，发现周围很多人的名字都带“侯”，伺候他的医生中有人叫张侯，当值的**医生**中有人叫王侯，差役中有人叫史侯、董侯等。陈斐领悟，心想：“原来这些人就是‘诸侯’。”于是把他们赶走了。

要睡觉的时候，陈斐反复思考“释放伯裘”，还是不明白这句话**到底**说的是什么。到了半夜，有一个动物来到陈斐的被子上。陈斐醒了，用被子兜住它，它翻腾跳跃，发出很大的声响。

屋子外面的人听见了，拿着火把进来，想要杀死它。那动物开口说话：“我实在没有恶意，只不过是想**试探**大人而已。如果这一次您把我放了，我一定重重回报您的恩德。”陈斐说：“你是什么动物，居然来冒犯本太守？”

那动物说：“我本来是一千岁的**狐狸**，现在已经变成了精怪，将要转为神仙，而在这个时候触犯大人的威严，会遭遇很大的厄运。我的名字叫伯裘，如果大人遇到急难的事情，只要呼唤我的名字，就一定会化解。”陈斐欣喜地说：“这就是‘释放伯裘’的意思啊！”随即把伯裘放走。被子稍稍打开，就出现一道光亮，红得像闪电，**钻出了屋子**的大门。

第二天夜间，有敲门声响起。陈斐问是谁，屋外回答道：“伯裘。”陈斐问：“你来有什么事？”伯裘说：“有要事禀报。”

陈斐问：“什么事？”伯裘回答：“北面边界处有盗贼出现。”陈斐按照伯裘的话去查探，**果然属实**。后来，每当有事发生之前，伯裘都会来报告陈斐，于是酒泉郡境内没有一点奸邪之徒，人们都说太守大人贤明。

一个多月之后，主簿[1]李音做了坏事，害怕被伯裘告发，于是就与仆役们密谋杀害陈斐。等到旁边无人的机会，这些人就**手持兵器**直接闯进陈斐的房间，要把他杀掉。陈斐惊慌害怕，于是大声呼喊：“伯裘快来救救我！”

这时候，突然出现一个东西，像拖了一匹红色的布，发出轰轰的声响，仆役们倒在**地上**失去了意识。陈斐就把他们逐个绑住。经过审问，他们全都认罪说：“以前是李音**勾结**仆役们，害死了那些前任太守，为的是自己独揽大权。陈斐还没有到任时，李音害怕失去权力，已经与仆役们密谋杀害陈斐。恰好那些人被逐，这事没干成。”陈斐随即将李音这一群人处死了。

一个月之后，伯裘向陈斐**告辞**说：“我今后要上天去了，不能再与大人您来往了。”于是伯裘就离去不见了。

注释

①主簿：古代官名，是各级主官属下掌管文书的佐吏。

桃花源

东晋太元[1]年间，在武陵这个地方，有一个以打鱼为生的人。有一天他**摇船**沿着溪流而行，不知不觉走了很远，最后忘记了路的远近。

忽然间他看到一处**桃花林**，在两岸绵延数百步，其中没有夹杂其他树木。这里的花草鲜嫩美丽又充满芳香，风儿吹过，花瓣儿纷纷飘落在地上。

打鱼人非常惊奇，就继续摇船向前走，想要找到桃花林的尽头。桃花林的尽头就是溪流的发源处。在这里，他见到了一座山。

注释

①太元：东晋皇帝孝武帝的年号，从公元376年到396年。

山脚下有一个小洞，隐约有光亮透出来。打鱼人走下船，从小洞钻了进去。

起初洞内非常狭窄，刚好能容纳一个人通过。又向前走了数十步，眼前忽然变得开阔明亮。这里面有宽阔的土地、整齐的房屋，还有肥沃的良田、美丽的池塘、桑树和竹子之类。田间小路纵横交错，鸡鸣狗叫此起彼伏。男男女女所穿的衣服、来来往往干活的样子都与外面的人一样，老人小孩个个喜笑颜开。

他们看见打鱼人，非常惊讶，问他是从哪里来的。打鱼人一一回答。他们就邀请打鱼人到家中做客，摆酒杀鸡煮饭招待他。

村里的人得知来了这么一个人，纷纷前来问候打听。他们说自己的祖先在秦朝时为了躲避战乱，带领妻子、儿女以及同乡人来到这个与外界隔绝的地方，从此再也没有出去过。他们问打鱼人现在是什么朝代，根本就不知道有过汉朝，更不用说魏朝和晋朝②了。打鱼人把自己知道的历史故事都详细地讲给他们听，村民们全为之感叹惋惜。

注释

②汉朝、晋朝：秦始皇灭六国，建立秦朝。秦朝被推翻后，汉朝建立，前后分为西汉和东汉。汉朝之后是三国，天下分为魏、蜀、吴三部分。三国结束后，晋朝建立，前后分为西晋和东晋。

村里其他人也都各自邀请打鱼人到家中，拿出丰盛的酒菜招待他。逗留了几天后，打鱼人**告辞离开**。村里的人嘱咐（zhǔ fù）他说：“千万不要把这里的情况告诉外面的人啊。”

打鱼人走出山洞，找到自己的船，就顺着来时的路**回去**，留下了许多标记。回到武陵，他就到太守那里报告了这件事。太守立即派人跟随打鱼人前去查探，寻找他回来时所做的**标记**，却迷失了方向，找不到路。

图书在版编目（CIP）数据

典籍里的中国：青少版 / 栗河冰编；马丹红，胡琦楠绘. -- 北京：电子工业出版社，2024.4
ISBN 978-7-121-47399-9

Ⅰ. ①典… Ⅱ. ①栗… ②马… ③胡… Ⅲ. ①中华文化－青少年读物 Ⅳ. ①K203-49

中国国家版本馆CIP数据核字（2024）第049319号

责任编辑：季　萌
印　　刷：天津画中画印刷有限公司
装　　订：天津画中画印刷有限公司
出版发行：电子工业出版社
　　　　　北京市海淀区万寿路173信箱　邮编：100036
开　　本：889×1194　1/16　印张：37　字数：598.5千字
版　　次：2024年4月第1版
印　　次：2024年11月第4次印刷
定　　价：108.00元

凡所购买电子工业出版社图书有缺损问题，请向购买书店调换。若书店售缺，请与本社发行部联系，联系及邮购电话：（010）88254888，88258888。
质量投诉请发邮件至zlts@phei.com.cn，盗版侵权举报请发邮件至dbqq@phei.com.cn。
本书咨询联系方式：（010）88254161转1860，jimeng@phei.com.cn。